南海を巡る考古学

今村啓爾 編

同成社

序

　日本から見て南に広がる海を南海と呼ぶ。また長い南方航路を経てはじめて到達できる地域の国々を南海と呼ぶこともある。私がこの地域と初めて接したのは1967年春、大学1年生のときだった。当時は航空機運賃が驚くほど高く、時間はかかるが船便のほうがはるかに安かった。フィリピンまで往き5日間、帰りは香港経由で7日間だったと記憶する。来る日も来る日も海の上。地球の大きさを実感し、凪いだ海の伸びやかさ、荒れる海の激しさを感じることができた。時間とともに遷り変わる海の表情を見つめ、少しも飽きることがなかった。

　沖縄や東南アジア旅行の大きな魅力は海にある。そしてこの地域の考古学の魅力を深めているのも海である。タイ半島部の海岸で、無数に散らばる唐末〜五代の陶磁器に交じってブルーの釉薬のイスラム陶器や銀色に風化したイスラムグラスを拾い上げた感激は今でも鮮明だ。千年以上前、数千キロも運ばれた品物が今自分の手の中にある。

　ラピタ土器の拡散は別格としても、東南アジアの人びとと海のつながりは密接であった。日本列島の住民が魚をとりに海に出向き、必要によって海を渡ったのに対して、東南アジアの住民の一部は海で暮らしていたかのような観がある。物資運搬の距離と頻度が違う。目的地が見えない海を平気で渡ってしまう。そのようにして運ばれた品物が遠距離にある異なる文化間の交流を証明し、クロスデイティングの証拠にもなる。その明快さが研究者をひきつける。

　本書に収録した論考の多くが何らかの意味で海と関連するが、おそらく南海の航海を経験したことのある人とない人では論文の行間に感じるものが異なるのではないだろうか。本書の表題に惹かれ、ページをめくる方には、ぜひとも一度は南海を体験していただきたいものだと思う。それが本書の魅力を倍加す

るに違いないからである。

　さて、山形眞理子、西村昌也、吉開将人の3氏から、私の東大からの定年退職に合わせて東南アジア考古学関係の記念論集を献呈したいという提案を受けたのは2009年の春であった。ありがたくうれしいお申し出ではあったが、私が指導したと言える人の中に東南アジアを専門とされるかたは多くなく、1冊の論集とするにはもっと広い方々に執筆をお願いせざるをえないであろうこと、そのような方々へ負担をおかけすることを恐れる気持ちからも辞退申し上げた。

　しかし考えてみると、これまで東南アジア考古学に関する論集は少なかったので、そのような取り組みは、東南アジアの考古学に対する門戸を広げるのに役立つのではないか。そして次に思いあたったのが、越日合同調査隊（団長ハ・ヴァン・タン氏、日本側代表量博満氏）によってベトナムのランヴァク遺跡の発掘が行われたのが1990－1991年であり、今年2010年はその20年目にあたることであった。ランヴァク遺跡の発掘は、それまで閉ざされていた日本－ベトナム考古学協力の開幕のみならず、日本の東南アジア考古学にとっても大きな節目になった。もちろん日本人によるベトナム以外の地域での現地調査はいくつか行われてきたが、ランヴァクをきっかけに次のような発展があった。

　調査に参加された方々のうち、山形眞理子氏はベトナム中～南部に広がり南シナ海を取り囲むように関係遺跡が分布するサーフィン文化遺跡から林邑国への展開の研究に邁進し、西村昌也氏は旧石器時代から歴史時代までまさに超人的な調査活動を展開され、菊池誠一氏は16－17世紀に日本人が南海での活動を展開する拠点となったホイアンを中心に歴史時代考古学を推進された。吉開将人氏はベトナムと南中国をつなぎ、考古資料と漢文資料を対比させる研究で独自の境地を拓いてきた。

　それらは一言でいえば文献を主体とする考古学から現地調査中心の考古学への転換であり、日本らしい資料分析中心の考古学をもって現地調査に臨むことであった。ランヴァク遺跡の調査に参加された若手研究者たちが、その情熱をもって東南アジア考古学研究を変え、日越考古学協力を密なものにしてきた

20年といえる。けっして順風満帆ではなかったが、さまざまな困難を若者らしいエネルギーで乗り越え前進する様子に頼もしさを感じてきた。その20年という節目に、成果を集約した論集を作り上げることは時宜にかなっている。献呈論文集というようなことではなく、その編者を私が担当させていただくことになった。

　本書を編むにあたっては、適当な本の大きさと出版費という事情もあり、執筆をお願いする範囲はランヴァク遺跡関係者と編者が個人的におつきあいをしている方々に限らざるをえなかった。取り上げられた問題はベトナムに限定されず、琉球考古学、台湾考古学、陶磁器貿易、オセアニアの土器という広がりを見せたが、いずれも日本から見て南に広がる海でつながれた地域にあり、「南海を巡る考古学」というタイトルでうまく包括でき、適度なまとまりを保ちながらも読者を飽きさせないバラエティーのある論考が揃った。南の海という美しくきらめく背景の中に、学問としての考古学の魅力がちりばめられた本になったと思う。まずは本書に力作をお寄せ下さった執筆者の方々に心から御礼申し上げるとともに、構想から編集全般に尽力された山形眞理子・石井龍太の両氏、ベトナム語翻訳の労を取られた西村昌也・西野範子両氏、中国語翻訳の労を取られた吉開将人氏のご尽力に感謝申し上げる。

　営業的には見込みの小さいであろう本書の出版をお引き受けくださった同成社社長山脇洋亮氏、編集の実務を担当された工藤龍平編集課長のご努力の結果、はじめて日の目を見た出版であることを明記し、感謝のしるしとしたい。

2010年8月1日

今村啓爾

目次

序（今村啓爾）　i

ヘーガーⅠ式銅鼓の南方海域への展開 ………………　今村啓爾　3
　——その年代と歴史的背景——

鋳造技術からみたヘーガーⅠ式鼓に関する考察 ……　西村昌也　23

ハノイ郊外コーロア城における鋳造炉遺構
　………………ファン・ミン・フエン／西野範子・西村昌也編訳　53

銅鼓研究と漢籍史料 ……………………………………　吉開将人　77

「サーフィン—カラナイ土器伝統」再考 …………　山形眞理子　95

考古学から見た台湾の排湾（パイワン）文化の起源
　………………………………………………郭素秋／吉開将人訳　131

南琉球の先史文化と東南アジア …………………　安里嗣淳　159

日本出土ベトナム陶器の生産地 ………………………　菊池誠一　183
　——フエ・フックティク窯業村の調査——

アジア東部島嶼地域における近世瓦文化 ……………　石井龍太　203
　——蝦夷～八重山——

近世の薬種需要と唐薬貿易 ……………………………　堀内秀樹　227
　——中国製唐薬瓶の分析から——

接合法から考える土器技術論 …………………………　根岸　洋　253
　——パプア・ニューギニア東部の土器作り民族誌から——

あとがき（山形眞理子）　281

南海を巡る考古学

ヘーガーI式銅鼓の南方海域への展開
―― その年代と歴史的背景 ――

今 村 啓 爾

発表の経緯と論文の概要

　本稿は1996年3月にフィリピンのマニラで開催されたインド・太平洋先史学協会（Indo-Pacific Prehistory Association）第18回会議で「ヘーガーI式と先I式銅鼓の分布：その時間的変化と歴史的背景」として発表した論文である。ただ発表時間が限られていたため、要約を読み上げ、全文については英文をコピーで配布した。本稿はその英文のもとになった日本文である。会議終了後にその英語論文をBulletin掲載のため銅鼓セッションのとりまとめ役に送ったが、全員の論文が揃わないという理由で今に至るも印行されていない。私にとっては新しい考察を含む大事な論文であるが、以下の理由からも印行を急ぎたい論文であるので、本論集に日本語版の掲載をお願いすることにした。

　本論文の内容は多岐にわたるが、論点の1つは、東インドネシアの銅鼓である。東インドネシアに点在する小島には不思議なことに打面直径100cmを超すような超大型銅鼓が、他のどこよりも集中して発見されているが、それらはほとんどが私の編年で言うベトナムのドンソン系2a期に属するものである。ベトナム自体ではそのような2a期の超大型銅鼓が発見されていないにもかかわらず、その製作地はベトナムと考えざるをえない。東インドネシアの銅鼓が特定時期の大型のものに集中することからみて、普通言われるように、これらが後世になって古くなった銅鼓がその地域に運ばれたと説明することはできず、2a期かその直後に明確な目的地の意識を持って、北海道から沖縄の距離

に等しい2500kmの海上を運ばれたと理解すべきもので、ひいては当時の海上交通が、われわれが素朴に想像するのよりずっと発達していたことを示すものであろう。

　ところが同じマニラの会議で、ベトナムのファン・ミン・フエンが「1988年から2005年の間にベトナムで発見されたドンソン銅鼓」という発表を行い、ドンソン系2b期に属し打面直径106.5cmのHoa Binh鼓の発見を報告した。[1]この発見によって私が「ベトナム自体にそのような超大型銅鼓が発見されていないにもかかわらず」と述べた状況が変わり、少なくとも2b期については東インドネシアの超大型銅鼓に匹敵するものがベトナムに存在することがわかり「（東インドネシアの銅鼓群の）製作地がベトナムである」ことも確認される展開となった。

　このような発見が相次ぐ背景には、近年ベトナムでの銅鼓発見数が急増していることがある。発掘調査での出土以外に、金属探知機を使った金属片探しによるものが多いようで、出土状況の不明なものが多い。上記ファン・ミン・フエンの発表では、1990年発行の『ベトナムのドンソン銅鼓』で図や写真が収録された先Ⅰ式・Ⅰ式銅鼓が115個であったのに対し、同書の編集後の1988年から2005年の間に新たに発見されたものが179個におよび、資料数は実に2.5倍になってしまったという。考古学は資料が命である。これだけの新資料を無視して研究はできない。しかしHoa Binh鼓が行方不明であることひとつとっても、ベトナム中に散らばるこれらの資料を調査して回ることは絶望的に困難であるし、ベトナム人の手によって資料の報告がなされるのを待っていたら、その間にも新資料は増え続け、本論文は永久に発表の機会を失うであろう。

　このような状況の中で本論文を発表するのは無謀というほかないが、私が前もって東インドネシアの超大型銅鼓がベトナム製であることを指摘したように、あるいはたった2個の資料しか知られていなかったときに提唱された先Ⅰ式銅鼓が（今村1973）、現在では50個を超える資料（李昆声2008）によって確固たる存在になったように、研究方法が正しければ、一部の資料からでも相当に正しい結論に至ることができると信じるものである。本稿の主題は、南中

国からインドネシアに至る銅鼓全地域の編年の上に、年代のわかる中国資料を重ねることにより、東インドネシアに銅鼓が広がった時期を特定し、その歴史的背景を考えることにある。おそらくこの方法は、資料の急増によって今後混乱しかねない国際的研究に道筋を示す役割も果たせるのではないかと考える。

本論文では、1992年に発表したヘーガー第Ⅰ型式銅鼓の年代的変遷をもとに、南中国から東南アジアに至る銅鼓の分布の変遷を解明した。1992年（英文は1993年）の編年では1a、1b、2a、2b、3a、3bの6時期に分けたが、この細分を用いると、銅鼓細部の情報の不足によって分類できない個体が多くなるため、今回は1期、2期、3期の大きな区分に、先Ⅰ式を0期として加えた4期区分を基本に用いて分布の変化を追う。

1　先ヘーガーⅠ式とⅠ式の概要

(1)　銅鼓研究の重要性

東南アジア考古学で最も注目され、多くの標本が詳しく報告されている（末尾の参考文献）ことにおいて銅鼓に匹敵する器物はないであろう。そのため、銅鼓という1種類の器物を通して南中国から東南アジア南東端という広い地域の先史時代末期から歴史時代初期にまたがる動きを見渡すことができる。ここに銅鼓研究の特別な意義がある。

(2)　分布の研究と時期区分

器物の分布の背景にある歴史的意味を読み取ろうとする場合、できるだけ継続時間が短くなるように区分して変化を見ることが望ましい。継続時間の長い分布図は、その時間幅の間に起こった現象の累積であるから、歴史のプロセスを読み取りにくいのである。広い地域にわたって器物の同時性を正確に認識し短く時間的に区切ることは、一般に難しい作業であるが、分布地域全体にわたって多くの共通性を維持した銅鼓では、それが相当に可能である。

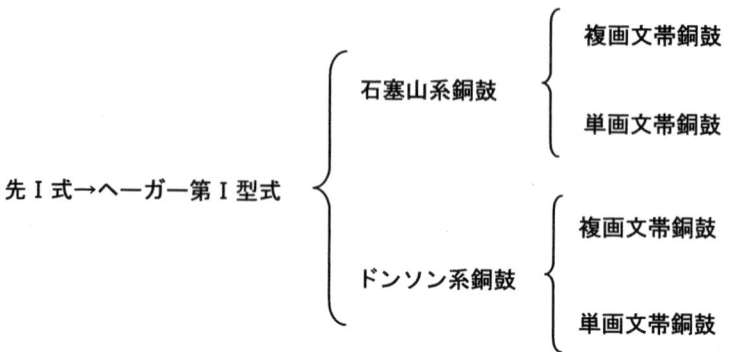

図1　初期の銅鼓の基本的分類

(3) 初期銅鼓内の諸系統（図1、図2）

　銅鼓は形も文様もさまざまであるが、その変化と要素の組み合わせは無秩序なものではない。形や文様などひとつひとつの要素についてきちんと変化をたどり、どの要素とどの要素が同一個体に用いられているかを検討していくと、それらの銅鼓は、連続的に変化するいくつかの流れの中の特定の場所に位置づけられる。初期の銅鼓においては、先Ⅰ式系統、石寨山系統、ドンソン系統（今村1993）という3つの系統が重要である。これらに含めることの困難な標本もあるが、数は少ない。

　以下、結論が先になるが、読者の理解を助けるために銅鼓の変遷と分布の変化の概要を述べておく。

　先ヘーガーⅠ式銅鼓は青銅製の鍋（釜）の天地をひっくり返すことによって生まれたもので（今村1973）、最も早くに（紀元前4～3世紀）中国南部とベトナム北部に分布し、文様が複雑化する方向で一連の系統的変化をたどった。銅鍋のほうも変化したが、無文のままで形だけが変わった。

　先Ⅰ式から中間的な個体を介して生まれたヘーガーⅠ式のうちの石寨山系は、中国南部とベトナム北部を中心とする分布を維持したが、分布は先Ⅰ式よりやや広がり、数点がタイやインドネシアのジャワ島にもたらされている。石寨山系は早くも紀元前1世紀に消滅した。以後短い期間、中国南部（広西・雲

南・四川）はほとんど銅鼓が存在しない状態を経験する（今村 1993）。

　ヘーガーⅠ式のうちのドンソン系の起源ははっきりしないが、その初期の部分は石寨山系と同時期で、ベトナム北部を中心に分布したが、まもなくこの系統は、タイ、マレー半島、インドネシアなどの東南アジア南部に広く、多数分布するようになる。銅鼓分布の南への拡大期であり、紀元前1世紀に起こったことと認められる。この系統は東南アジアの南部の地域で独自のものを生み出した。その一部が後にインドネシアのペジェン型につながる系統になるらしいが、その間をつなぐ資料はほとんど知られていない。

　第Ⅰ型式の末期、紀元後2世紀ごろから東南アジア南部における銅鼓の発見数は少なくなるが、同じころ再びベトナム北部と南中国に分布が集中する。南中国における銅鼓分布の復活は、石寨山系が再生したわけではなく、ベトナム北部で維持されたドンソン系銅鼓が隣接する中国広西地域に拡大することによってなされたものである（今村 1993）。

　その後数世紀を経過してから、中国広西とベトナム北部に集中していたドンソン系銅鼓の末流からヘーガーの第Ⅱ型式が生まれ、また第Ⅰ型式との中間型式を介して第Ⅳ型式が分化する。タイやビルマでは乏しい資料から第Ⅰ型式末期の銅鼓が第Ⅲ型式になることが知られる（Cooler 1995）。

2　型式の時間的変遷

　第Ⅰ型式銅鼓の年代的な変遷は1992年に解明した。ベトナムのドンソン系は、ベトナム北部というひとつの地域内で途切れることのない連続的変化を示すため重要である。この系統を主軸にして他の系統をこれに対応させ、Ⅰ式銅鼓全体の年代関係を整理することができる（図2）。石寨山系もそうであるが、ドンソン系銅鼓も大型で複数の画文の圏を有するものと、小型でひとつの飛鳥画文の圏しか持たないものが作り分けられた。複数の画文の圏を持つ銅鼓は、装飾が豊富で、文様など年代を判断するための手がかりが多い。ひとつの銅鼓の上に加えられたさまざまな文様は、もちろん同時に使われたものである。

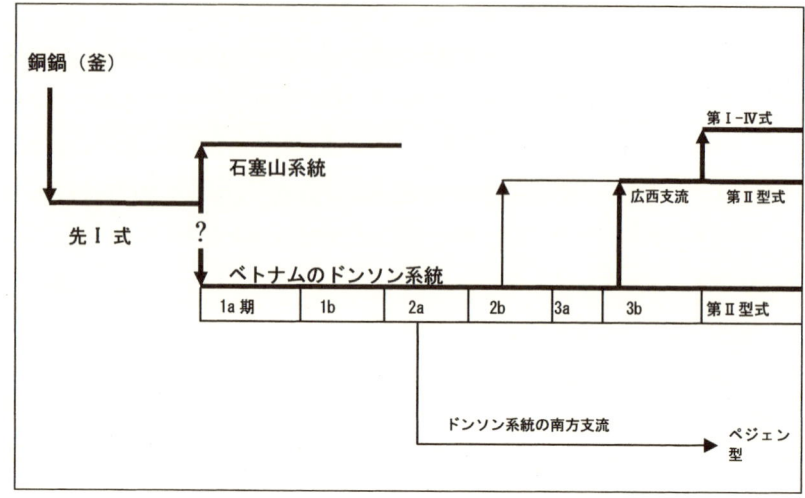

図2　銅鼓の系統関係

　ベトナムのドンソン系複画文帯銅鼓について、文様の種類ごとに変化の順序を整理し、また個々の銅鼓上で別の種類の文様の同時性を検討することにより、確かな年代的序列を与えることができる。この伝統は特徴的な文様をメルクマールにして、1a、1b、2a、2b、3a、3bの6段階に区分された（図3）。
　ドンソン系の単画文帯銅鼓については、複画文帯銅鼓と共通する時期のメルクマールとなる文様を持つ場合に、上記の6段階に対応できるが、それを持たない銅鼓では細かい対比が難しい。石寨山系銅鼓については、石寨山系・ドンソン系共通の要素や、同じ墓におけるドンソン系との共存関係によって時期を決めるが、手がかりの不足のために正確に対比できない個体も多い。ただ石寨山系は全体の継続時間が短く、ほとんど1a期、1b期だけなので大きな問題はない。後で分布の変化を示すとき、6段階ではなく、1期、2期、3期という3区分にする理由のひとつはここにある。なお2b期になると単画文帯銅鼓は少なくなり、3a期、3b期には複画文帯銅鼓だけになる。

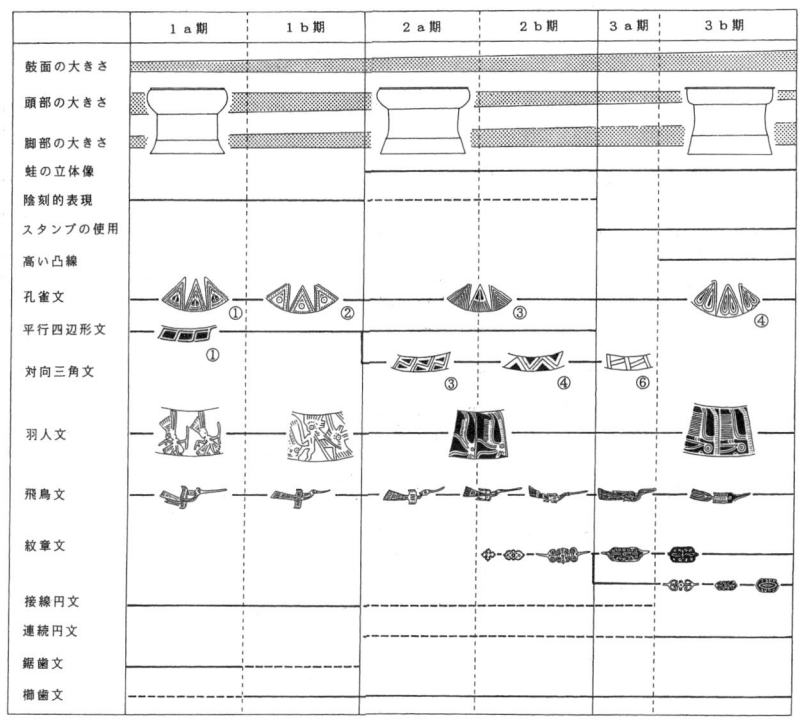

図3 ヘーガー第Ⅰ型式の要素と分期（今村1992、Imamura 1993）

3 実年代

　後で銅鼓の分布を変化させた原因を考えるが、分布の変化と歴史上のできごとを結びつけるためには銅鼓の暦年代を知る必要がある。先Ⅰ式については広西の田東に戦国時代青銅器との共存例があり、紀元前4世紀の年代が知られる（陳其復・黄振良 1993）。中国の石寨山系については紀元前2世紀を示す証拠が多い。

　銅鼓の変遷の軸として採用されたドンソン系は、じつのところ暦年代を知りうる証拠がきわめて少ない。その1b期について紀元前2世紀の広西の墓から

出た例があり（広西貴県羅泊湾漢墓1988）、ベトナム南部 Binh Duong 省 Phu Chanh 遺跡では前漢末期、西暦紀元前後の爬龍文鏡が2期の銅鼓とともに1つの墓から発掘された（Yamagata et al. 2001、Bui Chi Hoang 2008）が、単画文帯銅鼓であるため2a期か2b期か判断することは困難である。

ドンソン系2b期銅鼓のものより便化の程度が増した飛鳥文と羽人文を有する銅盉（銅鼓ではないある種の中国的銅器）について、間接的に西暦100年頃と推定されるものがある（吉開1995）。ここから2b期と3a期の境を西暦100年の少し前と推定し、ひとつ前の2a期と2b期の境界を西暦1世紀のどこか（1〜100AD）に見積もることができよう。したがって2a期の大部分が西暦42年（後漢の馬援が徴姉妹の反乱を鎮圧した年）より後になるといったことが起きることはないであろう。2a期銅鼓は基本的に馬援による鎮圧以前に作られたことになる。

3b期については後漢の建安四年（西暦199年）の紀年銘を持つ資料がある（Loewenstein 1956）。

4 分　布

個々の銅鼓について時期の判定ができれば、あとは時期ごとに発見地を地図上に落としていけば分布の変化が描ける。といっても個々の細部についての写真など十分な情報があるわけではない。そのため1992年の6期区分を用いると分類できない個体が多くなるので、本稿では1期、2期、3期の3区分を用い、これに先Ⅰ式を0期として付け加える。

まずベトナムと中国南部を対比しながら分布の変化を見、次にベトナムを時間軸にして東南アジア全体を見ることにしよう。

(1) 中国南部とベトナムにおける分布

　0期（紀元前4〜3世紀、図4）

先Ⅰ式銅鼓は中国南部の雲南と広西そしてベトナム北部に分布する。中国で

図4　銅鼓の分布　0期（先Ⅰ式）
　　　打面直径70cm以上のものなし

は雲南を銅鼓の起源地と主張する人が多いが、現在知られる最も古い銅鼓はこれらの地域にまたがって分布するのであり、起源を雲南に限定することはできない。タイにも出土地がはっきりしないが先Ⅰ式2点がある。先Ⅰ式に類似する無文の鍋がⅠ式銅鼓の段階まで残ることは注意を要する。

1期（紀元前3〜1世紀、図5）

　石寨山系は中国南部とベトナム北部に分布し、多くの個体が残された。ベトナムには石寨山系もあるが、ドンソン系銅鼓が多く分布した。紀元前1世紀の

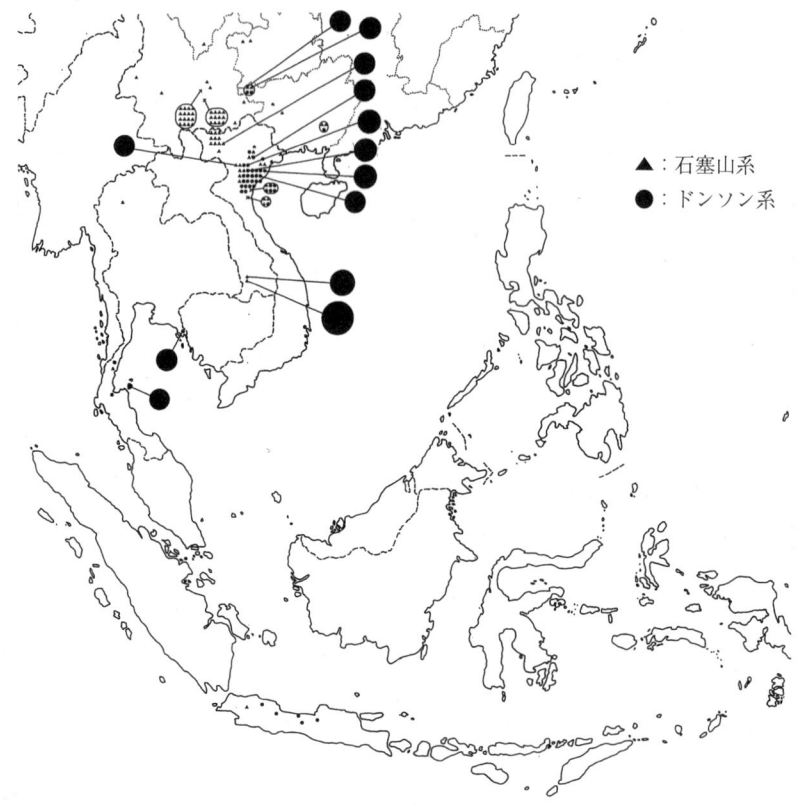

図5 銅鼓の分布 1期（Heger Ⅰ式1a期、1b期）
打面直径70cm以上のものについてはその大きさを共通の縮尺で示した

初めごろ石寨山系銅鼓は消滅した。
　2期（紀元前1世紀〜紀元後1世紀、図6）
　中国では銅鼓が激減し、雲南に2a期初期のものが1点、広西に2b期のもの3点が知られるだけである。2a期に南中国で一時的に銅鼓の分布が消えたらしい。ベトナムで生産と使用は続くが、タインホア省より北の地域では減少する。とくに大型のものが少ない。しかしベトナムで維持されたドンソン系銅鼓は2b期に中国広西に広がり始める。

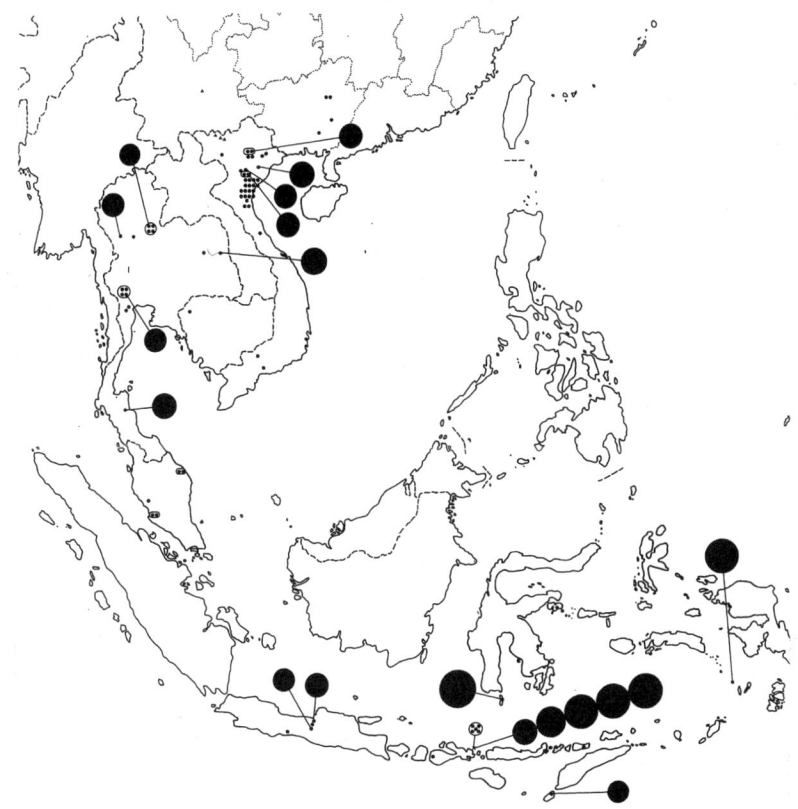

図6 銅鼓の分布 2期（HegerⅠ式2a期、2b期）
打面直径70cm以上のものについてはその大きさを共通の縮尺で示した

3期（紀元後2世紀～?、図7）

　3a期とした資料は非常に少なく、ベトナムに2点知られているだけであるが、ハノイのルンケー（Lung Khe）城内で3a期に年代付けられる銅鼓の鋳型が西村昌也氏によって採集されている（西村2001）。ルンケーは異論もあるが、普通には漢の交趾郡の郡都羸楼に当たるとみられている都市址で、そのような中心地で銅鼓が作られていたことになるが、3a期、3b期の銅鼓の実物はそれ以前と違って、平野部よりも周囲の高地で多く発見されている。このころ銅鼓が

図7 銅鼓の分布 3期（Heger I 式 3a 期、3b 期）

ベトナムの中心的都市で作られながらも、自分たちは使用せず、周囲の少数民族に分配されたことになる。

　3b 期になると他のどこよりも多い銅鼓が広西で作られた。その起源はドンソン系にあるが、ベトナムの 3b 期銅鼓に見られない独自の文様を有するものが多い。多くが直径 70cm を超える大型であるが、直径 90cm を超えるようなものはなく、大きさが揃っている。

　この盛んな銅鼓生産は第 II 型式の時期まで続いた。

(2) 広東における銅鼓の欠如

注意すべきは、1期〜3期の全期間を通じて中国広東省で1点の銅鼓も発見されていないことである。広西とベトナムで銅鼓生産が盛んであった紀元前2世紀、広東の広州には南越国の都が置かれ、それら銅鼓の使われた地域を支配していたのであるから、銅鼓を知らないはずはない。銅鼓を熱狂的に愛好する民族を支配下に置きながらも、自ら使おうとはしなかったのである。中原のイデオロギーの影響で南越は、土民の祭器である銅鼓を見下していたにちがいない。だからこそ、漢が南越を滅ぼしたり滇を支配下に置いたりして漢のイデオロギーが強くいきわたると、広西や雲南からも銅鼓が消滅し、ベトナムでも衰退したのである。

(3) 東南アジア南部における広がり

次にベトナムにおける銅鼓の変遷段階に対比しながら東南アジア全体の銅鼓分布の変化を見よう。

0期（？〜紀元前3世紀）

タイの骨董品点で先Ⅰ式銅鼓2点が発見されたが、発見地など詳細な情報がない。

1期（紀元前3〜1c世紀、図5）

タイで2点、インドネシアで1点の石寨山系銅鼓が発見されている。また1期のドンソン系銅鼓がタイとインドネシアに10点ほどあるが、多くが1b期に属するようで、マレー半島中部とジャワ島に集中する。

2期（紀元前1世紀〜紀元後1世紀、図6）

2a期になると状況は一変する。ベトナムでは数が減り、とくに大型のものが少なくなることを先に述べたが、入れ替わりにタイ・マレー半島・インドネシアに多数の銅鼓が現れる。半数以上が大型の複画文帯銅鼓である。とくにインドネシア東部の小さな島における超大型銅鼓の集中が特徴的である。

インドネシア東部の銅鼓の特殊な様相を、辺鄙な地域におけるおくれた時期の例外的な現象と考える人が多い。しかしその個体を検討すると、形態や文様

の配置、個々の文様がドンソン系2a期に一致する。このようにドンソン系2a期の特徴を示す個体が多い一方、インドネシアには2b期のドンソン系に普及する印章文を有する銅鼓は1点しか知られていない（直径139cmの超大型のもので、その後行方不明になったという。Kempers 1988）ことも、インドネシアに対する銅鼓の拡散の時期を2a期にあてる理由となる。

インドネシアの銅鼓について、製作からかなり時間がたってから大陸部から運ばれたのであろうという意見があるが（Bellwood 1985など）、それでは限定された時期のものだけが特定の地域に運ばれたことが説明できない。生産してすぐに特別な意図のもとに集中的に運ばれたとみるべきである。

タイやマレー半島の状況は複雑である。ベトナムのドンソン系と区別のつかない2a期のものが多くあり、2b期の特徴である紋章文を有する個体も4点知られている。同時にベトナムのドンソン系2期にきわめて類似するものの、ベトナムには見られない特徴を持つ銅鼓がある。第6節で述べるように、ドンソン系をベースにしながらも独自のものの生産が始まったことが認められる。そのようなもののいくつかはインドネシアにも見られる。

3期（紀元後2世紀〜、図7）

ベトナムの3b期に近似する銅鼓がタイとビルマに3点知られている。これらの銅鼓とこの地域の第Ⅲ型式初期の銅鼓には類似点が認められ、第Ⅲ型式がこの地域で生まれたことを示す。

第6節でとりあげるベトナムの2a期に似るが、やや異なる特徴を有する南方の銅鼓の年代は難しい問題である。ひとつの考え方は、2a期に類似し、この地域に及んだことが確かな2b期や3b期の影響を受けていないのだから2a期に属するという自然な判断である。もう少しうがった考え方は、2a期にこの地に至った銅鼓の流派が、ベトナムから新たな影響を受けることなく独自の変化を続けたものであり、2b期や3期まで下る可能性があるとみることである。しかしそのようなものの多くは個々の特徴において2a期のドンソン系とそれほど大きな違いはなく、下っても2b期に収まると思うので、分布図では2期に含めてある。

タイのKham Cha鼓（16）（National Museums and The Fine Arts Department 2003）はさらに変化したもので、きわめて高い台部などバリ島のペジェン型に一定の近似性を見せる。3期まで下ると判断するが、この銅鼓とペジェン型の間にはなおも資料の埋まらない大きな空白がある。このように独自性を強める南部の銅鼓を北部の編年に対比することは難しい課題である。

5　中国とベトナム北部における一時的衰退と南方への拡大の原因

2期の南中国やベトナム北部における銅鼓の衰退や一時的消滅の原因は何であろうか。紀元前1世紀初頭における石寨山系銅鼓の消滅の原因は明白である。漢の南中国征服（紀元前109年）のすぐ後に続いて起こったからである。紅河デルタなど漢の力が強く及んだ地域ではドンソン系銅鼓も減少した。

このころか、やや遅れて起きる東南アジア南部への著しい拡散も同じ原因の延長線上にあるのだろうか。歴史上記録されたできごとで、銅鼓の消滅・衰退や南への拡散を招きそうな大きなものは2つある。上に述べた漢の進出と150年後、後漢の時期におきた徴姉妹の反乱に対する馬援将軍の鎮圧（西暦42年）である。後者のときには銅鼓を集めて鋳潰して銅の馬を作ったと後漢書に記録されているから、確かに銅鼓に対する弾圧があった。

東南アジア南部に対する急激な拡散は、2a期に起こったが、さきほど2a期と2b期の境が紀元後1世紀の中のどこかにあること、2b期と3a期の境が西暦100年より前であることを推定した。この判断が正しいなら、2a期における拡散を西暦42年以後に位置づけることは困難である。やはり前者に銅鼓の南方への拡散の原因も求めるべきであろう。

馬援の銅鼓弾圧を避けるために、それ以前に作られ使用されていた銅鼓が南方に避難したという説明も考慮すべきと思うが、大型銅鼓ばかりがきわめて遠方のインドネシア東部に集中的に運ばれる理由の説明にはならないであろう。私は漢文化の浸透した地域で銅鼓が見下され排除されたのと連動する形で、より南の地域がそれを求めるようになったと考える。

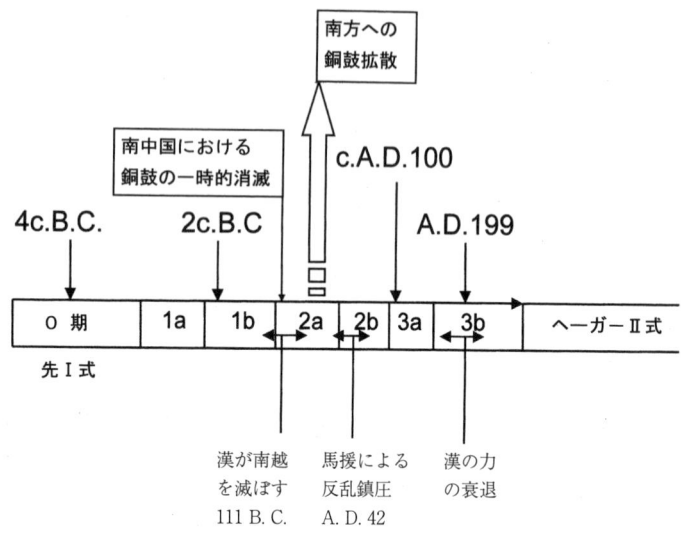

図 8 銅鼓の動きと原因となった可能性のあるできごと

　東南アジア南部とくにインドネシア東部への拡散については、同じ時期のベトナムにも見られない超大型銅鼓が小さな島から発見されることに特徴がある。押し出した側の状況だけでなく、インドネシア東部においてこのような威信財を求める社会が成立したという、拡散のもうひとつの原因を認めなければならないであろう。

　ドンソン系 3a 期銅鼓の少なさは、これが作られた時間が短かかったのか、地域的な流派を 1 つの時期と誤認しているのか、あるいは実際に馬援の弾圧の結果として銅鼓の数が減ったのか判断が難しい。2 点のうち 1 点はベトナム Ninh Binh 省と Thanh Hoa 省の間の山地、1 点はラオス・カンボジア国境に近い高地で発見されたという点も特徴的で、馬援による弾圧後の状況を反映するのかもしれない。しかしこの説明は、鋳型の発見によって、トンキン平野の中心地でその製造が行われていたことが明らかにされたこととやや矛盾の観がある。製造者と使用者が違ったことを考えないとならないであろう。

　3b 期における中国広西での銅鼓の大復活は、ベトナムで維持されたドンソ

ン系銅鼓の北方への拡大であるが、これが起こった紀元後2世紀には後漢の勢力は衰退し、ベトナムにも交趾太守士燮（ししょう）のように独立的な政治を行うものが出た。このような状況と関連するのかもしれないが、このころもベトナムで銅鼓を使用したのは、中央から離れた地方の人々であった。

6　銅鼓の製作地

最後に銅鼓の製作地について考えよう。

先Ⅰ式、石寨山系銅鼓の製作地がその主たる分布域である雲南・広西・ベトナム北部のどこかであることはいうまでもない。ドンソン系銅鼓の製作は1期から3期、続く第Ⅱ型式にもベトナム北部で途切れることなく続いた。この系統は2b期から中国広西に進出し、3b期にはその地が銅鼓の集中地域になった。

最も難しい問題は東南アジア南部の銅鼓の製作地である。タイの骨董品店で発見された1個の先Ⅰ式は、失蝋法で作られたとみられ、この時期中国やベトナムの銅鼓が分割式の鋳型で作られたのと異なる。タイの中で作られた可能性が高い（今村1988）。タイやインドネシアなど東南アジア南部で発見された石寨山やドンソン系1期の銅鼓は、数が少なく、特徴も北の地域のものと異なる点が認められない。交易によって長距離運ばれたものであろう。

問題は2a期の特徴を持つ多数の銅鼓がタイ、マレー半島、インドネシアに現れることである。それらはベトナムのドンソン系と区別がつかないものの他に、ベトナムの物とよく似ているがベトナムには見られない装飾を持つものがある。特有の文様を持つ例はタイに多い。蛙の代わりにベトナムには見られないカタツムリの彫像をのせたものが2例ある。羽人文や飛鳥文についてもベトナムには見られない形のものがある。飛鳥文の圏のほかに無文（？）の圏を有する銅鼓が多い。起源の判然としないある種の幾何学文が、タイ、マレーシア、インドネシアだけに5例知られ、ベトナムには知られていない。以上の理由によって、タイでは2a期ごろにベトナムのドンソン系の流れを受け継ぎながらも少し変化した銅鼓の製作が始まったと考えられる。

インドネシア東部の小さな島々には巨大な多数の銅鼓の存在が知られている。その中のいくつかに見られる写実的な人や動物などの表現は非常に印象的で特殊な銅鼓に見える。しかし巨大であること、写実的文様が新たにつけ加えられたことを除くと、基本的な特徴はベトナムの2a期の銅鼓である。2a期の銅鼓の製作者が特別な銅鼓を作り出すために新たな工夫を加えたとして説明できるのである。このような大型銅鼓によく見られる複段羽人文は、ベトナムでは2例しか知られていない。しかし複段羽人文は大型銅鼓に用いられる文様であるから、大型銅鼓が少ないベトナムの2a期にそれが少ないのは当然なのである。そして次の理由からベトナムで複段羽人文の使用が続いたことが認められる。2b期からベトナムの銅鼓が広西に広がる。そして複段羽人文から変化した文様が、中国の2b期〜3b期には普通に見られる。

このように考えると複段羽人文を持つ大型銅鼓の鋳造がベトナムで続いたとは確かであるから、東インドネシアに見られる2a期の特徴を有する大型銅鼓は、ベトナムには実物が残っていないけれど、それでもベトナムで作られた可能性が強いことになる。先述のように3a期のルンケー城で鋳型が発見された銅鼓の製作地と使用地が大きく離れていた事実を参考にするなら、ベトナムで作られた大型銅鼓がすべてベトナム外に運ばれてしまった可能性がないとは言えないのである。

インドネシアのサライエル鼓のようにベトナムの伝統から相当に外れ、東南アジア南部に固有の幾何学文を有する銅鼓は、ベトナムから運ばれて来たというより、ドンソン系の流れを引き、タイのあたりで変化、特殊化した銅鼓とみたほうがよいであろう。

7　先史東南アジアの一体性

銅鼓は南中国や東南アジア各地それぞれにおいて途切れることなく続いたものではない。地域ごとの盛行や衰退・消滅をくりかえしてきた。そしてそれは他地域との関連の中で起こった。銅鼓の分布の変化は、先史時代の東南アジア

が、自己完結的な小世界の集りではなく、相互に関連し、連動する一体性を有するものであったことを示している。

註
(1) ファン・ミン・フエンのご教示によると、この銅鼓は数人の手を経て現在は行方がわからなくなってしまったという。しかし氏から提供された写真で 2b 期に属すると判断される。同じマニラの IPPA でアンブラ＝カロ氏が Le Quang Chuc 氏鼓として発表したのも同一物である。なおそれまでにベトナムで知られた 2 期最大の銅鼓は 2b 期、打面直径 82cm の Huu Chung 鼓であった。

引用文献
今村啓爾 1973「古式銅鼓の変遷と起源」『考古学雑誌』59 巻 3 号　35-62 頁
今村啓爾 1979「プレⅠ式銅鼓について」『考古学研究ノート』11-22 頁
今村啓爾 1986「出光美術館所蔵の先Ⅰ式銅鼓－失蝋法で鋳造された先ヘーガーⅠ式銅鼓発見の意義」『出光美術館館報』56 号　8-21 頁
今村啓爾 1992「HegerⅠ式銅鼓における 2 つの系統」『東京大学文学部考古学研究室研究紀要』11 号　109-124 頁
西村昌也 2001「紅河デルタの城郭遺跡、Lung Khe 城址をめぐる新認識と問題」『東南アジア－歴史と文化－』30 号　40-71 頁
吉開将人 1995「ドンソン系銅盉の研究」『考古学雑誌』80 巻 3 号　64-126 頁
陳其復・黄振良 1993「田東県出土両面"万家覇型"銅鼓填補了広西銅鼓発展序列的空白」『中国古代銅鼓研究通訊』9 期　3 頁
李昆声 2008『中国与東南亜的古代銅鼓』雲南美術出版社
Ambra Calo 2006 The Distribution of Bronze Drums in Eastern Indonesia. *Paper to be presented at the 18th Congress of the Indo-Pacific Prehistory Association（IPPA）*, Manila March 20-26.
Bellwood, P. 1985 *Prehistory of the Indo-Malaysian Archipelago.* Academic Press.
Bui Chi Hoang 2008 The Phu Chanh Site: Cultural Evolution and Interaction in the Later Prehistory of Southern Vietnam. *Bulletin of Indo-Pacific Prehistory Association,* no.28.
Cooler, R. M. 1995 *The Karen Bronze Drums of Burma.* E. J. Brill, Leiden.
Imamura, K. 1988 The Discovery of a Pre-Heger I Bronze Drum Cast by the Lost-wax Method. *Paper read at the 1st International Conference on Ancient Bronze Drums and Bronze Cultures in Southern China and Southeast Asia*（Chinese Translation in *Southern Ethnology and Archaeology,* vol. 2：51-57）.

Imamura, K. 1993 The Two Traditions of Heger I Type Bronze Drums. *Journal of Southeast Asian Archaeology*, no.13 : 113-130.

Loewenstein, J. 1956 The Origin of the Malayan Metal Age. *Journal of the Malayan Branch of the Royal Asiatic Society*, vol.29 no.2 : 5-78.

National Museums and the Fine Atrs Department 2003 *The Bronze Kettle Drums in Thailand*. Bangkok.

Pham Minh Huyen 2006 Dong Son Drums Discovered in Vietnam from 1988 to 2005. *Paper presented at the 18th Congress of the Indo-Pacific Prehistory Association (IPPA) ,Manila March 20-26*.

Yamagata, M. Pham Duc Manh and Bui Chi Hoang 2001 Western Han Bronze Mirrors Recently Discovered in Central Southern Viet Nam. *Bulletin of the Indo-Pacific Prehistory Association*, no.21:99-106.

本稿で利用した銅鼓に関する情報は主に以下の文献によった。

中国古代銅鼓研究会編 1988 『中国古代銅鼓』文物出版社

広西壮族自治区博物館 1988 『広西貴県羅泊湾漢墓』

Pham Huy Thong et al. 1990 *Dong Son Drums in Viet Nam*. The Vietnam Social Science Publishing House.

Kempers, A.J.B. 1988 *The Kettledrums of Southeast Asia*. Modern Quaternary Research in Southeast Asia vol.10.

National Museums and the Fine Atrs Department 2003 *The Bronze Kettle Drums in Thailand*. Bangkok.

Per Sørensen (ed.) 1988 *Archaeological Excavations in Thailand; Surface finds and minor excavations*. Scandinavian Institute of Asian Studies, Occasional Papers no.1. Curzon Press Ltd., London.

Pham Minh Huyen 1997 Dong Son Drums discovered in Lao Cai Town in1993. *Journal of Southeast Asian Archaeology* no. 17.

鋳造技術からみたヘーガーⅠ式鼓に関する考察

西 村 昌 也

はじめに

　日本の東南アジア考古学研究において大きな結果を出してきた研究のひとつに今村啓爾の銅鼓研究（今村 1973・1986・1989・1997、Imamura 1993・2010）がある。鋳造技術から銅鼓の型式分類と編年等にわたって提出されてきたその研究結果は、考古学的銅鼓研究の基礎を築き上げたといっても過言ではない。本稿では、そうした先学の成果を踏まえ、筆者が近年行ってきた銅鼓の鋳造技術面からの研究を中心として、新しい議論を提出してみたい。なお、ヘーガーⅠ式銅鼓の時期区分について言及する際、大まかな時期区分としては、吉開分類（1998）による前・中・後期を採用し、細かな時期区分に言及する際には、今村編年（1992）を基準とする。文中言及主要例に関しては、図1にその出土位置を示してある。

1　分割式陶製鋳型によるヘーガーⅠ式鼓の湯口について

　銅鼓を分割した鋳型を組み合わせて鋳造する場合（分割鋳型と総称）、紋様部の中心をなす鼓面に合范線を残さないようにするなら、最低でも鼓面の鋳型1個、左右対称の胴部外側鋳型2個、そして胴部内側の鋳型（中子）1個が必要である。土製鋳型の場合、これらを組み合わせ真土で埋めながら、湯口などを成形していく必要がある。

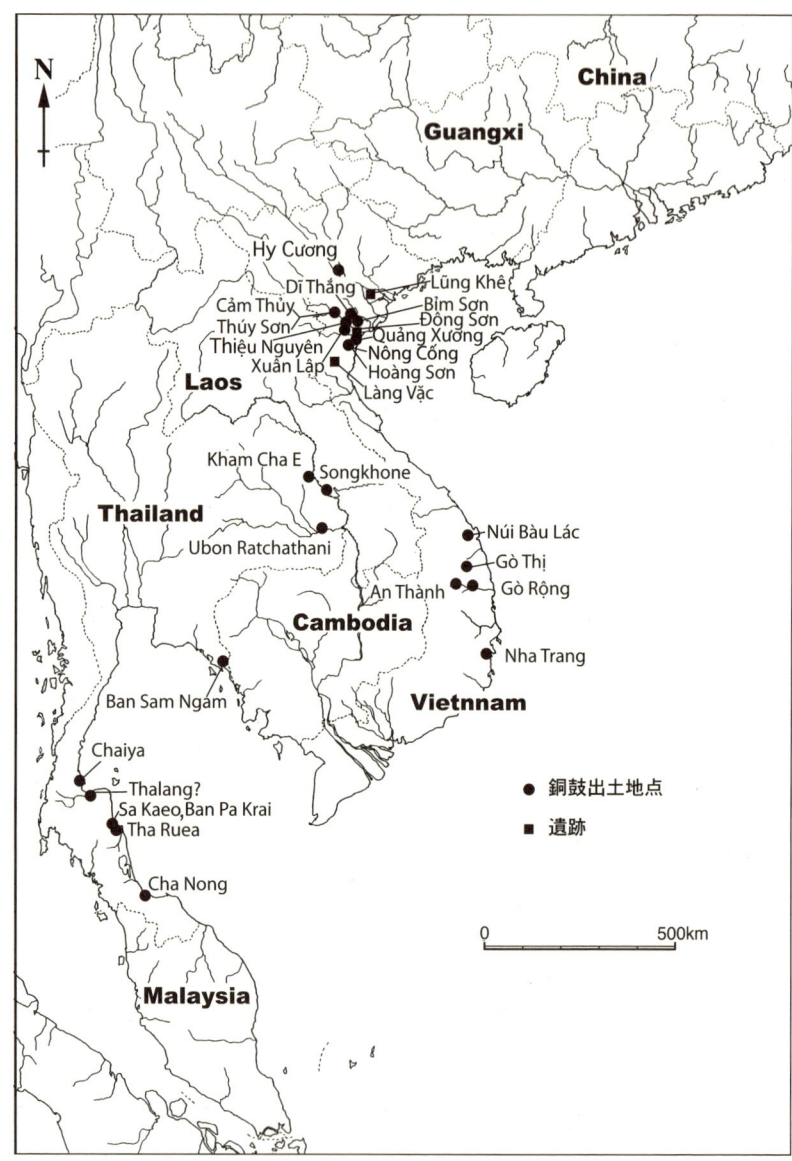

図1　本文で言及する主要銅鼓の出土地点

銅鼓を観察し始めて気づいたことは、ヘーガーⅠ式銅鼓の早い時期のもの（石寨山型など）に関して、湯口の位置が簡単に理解できないことである。たとえば、ベトナムの類2式鼓[1]では、合范線と鼓面裏面に3カ所からなる2つのパターンの湯口痕が観察される（Trinh Sinh 2003）。同じく広西壮族自治区を中心に多く分布するヘーガーⅠ式後期からⅡ式にかけての資料は、合范線が一般的に太く、さらに片側の合范線一部（基本的に頭部が多い）が横方向に膨らんでおり、湯口につながっていたと推測できる。

筆者はヘーガーⅠ式銅鼓の前期のものに関しても、合范線上に湯口痕があるかもしれないと思い観察を続けていた。確かにⅠ式中期以降のものに類似して、合范線部が部分的に若干膨らんでいる例もある。しかし、ほとんどの例は、上部から下部まではほぼ太さが均一で、なによりもその幅は数ミリ程度の細いものである。したがって、合范線部に湯口を想定するのは無理だと思うに至った。ただ、銅鼓の展示の場合、一般的に脚部の接地面から内面にかけては観察できないことが多く、実際にひっくり返せるような条件でないと、正しい理解が得られないことが多い。そこで、2年ほど銅鼓を採拓等もふくめた全面観察を行うようになって、ようやく気づいたことも多い。ここでは、そうした観察も含めて、ヘーガーⅠ式鼓の湯口の位置について考察する。

(1) 鼓面上に湯口が存在する例

以下に掲げる例は、湯口が鼓面の外周無文部にあると考えられる例である。

a. Thiệu Nguyên Ⅱ鼓（図2・3：タインホア省博物館所蔵）　タインホア省（Thiệu Hóa）県発見で、鼓面径49.1cm、器高35.6cmの典型的単画紋帯銅鼓である（今村編年2a期）。鼓面外周の合范線を結ぶ線に直行する両端（つまり把手の間）に、細長く、若干湾曲した線状痕が観察できる。それぞれ、16.3cm、15.5cmの長さのものである。当然この線状痕は紋様ではなく、何らかの鋳造時の技術的痕跡と考えられる。その場合、スペーサーではないかという疑問が浮上するが、銅鼓の場合、スペーサーは、正方形のものを鋳型に貼り付けて配置しているのが通常である。本例においても、正方形の小型スペーサーが鼓面外周部無文部

に、約4-6cmおきに弧をなすように配置されている。また、スペーサー自体の面は、鼓面自体の面より若干凹むか同程度の高さの面を維持しているのに対し、線状痕は鼓面に対してわずかに盛り上がっている。したがって、両者はまったく異なる機能のものと判断してよい。また、体部に縦走する合范線自体は、非常に細く均一な太さのものであり、ヘーガーⅡ式鼓や類Ⅱ式鼓のように、湯口痕が合范線上に存在する余地はない。

b. Bỉm Sơn鼓（図4：タインホア省博物館所蔵）　タインホア省Bỉm Sơn県発見で、鼓面径61.5cm、器高47.8cmの単画紋帯銅鼓である（今村編年2a期）。鼓面外周上に、若干弧状を呈す線状痕が3つ（それぞれ14、14、14.5cmの長さ）あり、ほぼ均等間隔になるよう配置されている。体部の両合范線はともに細く均一である。

c. Quảng Xương鼓（図5：ベトナム歴史博物館蔵）　タインホア省Quảng Xương県発見の鼓面36.8cm、器高30cmの複画紋帯銅鼓（今村編年1b期）である。鼓面外縁無紋帯の把手の間に位置するところに、細長い線状痕が対称的な位置関係で2カ所観察される。

d. Nông Cống鼓（2b期：ベトナム歴史博物館蔵）　タインホア省Nông Cống県発見の鼓面径64cm、器高39.5cmの複画紋帯銅鼓（今村編年2b期）である。鼓面に4体の蛙立像があり、合范線を結ぶ線に直行する位置と蛙の間くらいに、細長い線状痕が1つ確認された。しかし、これ以外の線状痕は確認できず、その個数の同定は不可能であった。

e. Hoàng Sơn鼓（図6：タインホア博物館所蔵）　タインホア省Nông Cống県発見の鼓面径33cmで、器高30cmの単画紋帯銅鼓（今村編年2a期）である。把手間に位置する鼓面の外縁で、約16cm×0.4cmのやや弧状で凸状の線状痕が確認できる。

f. Hy Cương鼓（雄王廟博物館所蔵）　フート（Phú Thọ）省の雄王廟（Đền Hùng）が位置するNghĩa Linh山で発見された当鼓は、鼓面径93cm、器高66cmの複画紋帯大型鼓である。残念ながら筆者自身、実物は未見であるが、鼓面の拓影（雄王博物館所蔵）と写真（Nguyễn Anh Tuấn 2001）から、上述

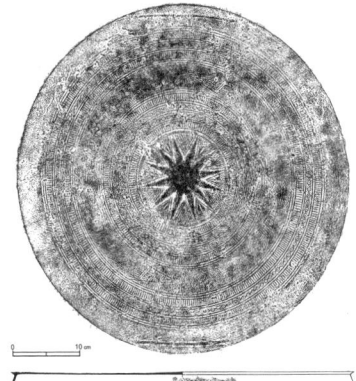

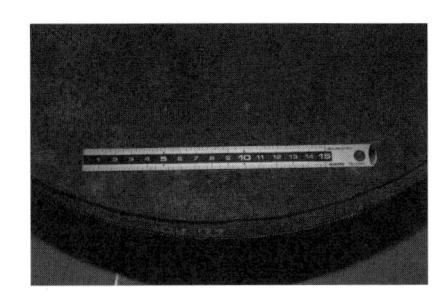

鋳造技術からみたヘーガーⅠ式鼓に関する考察　27

図3　Thiệu Nguyên Ⅱ鼓

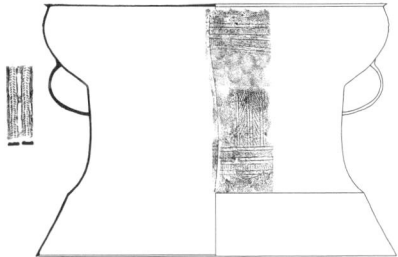

図2　Thiệu Nguyên Ⅱ鼓

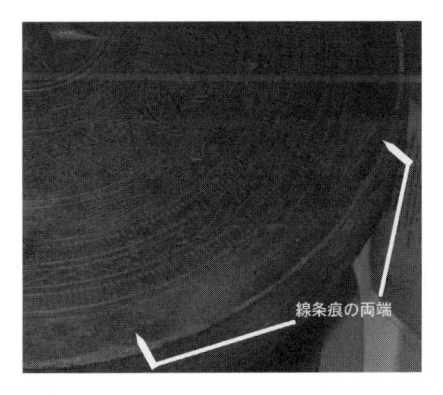

線条痕の両端

図5　Quảng Xương鼓

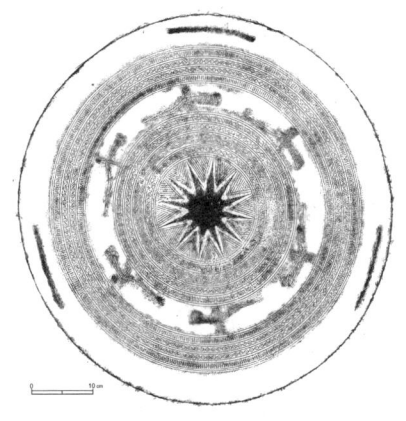

図4　Bìm Sơn鼓

図6　Hoàng Sơn鼓

と同じような、鼓面に対してやや浮き出た細長い線状痕跡があると判断できた。痕跡は4つであり、4体の蛙立像をはさんで等間隔に配置されている。写真から判断すれば、長さ9-11cm、幅1cmに満たないものである。ベトナムの銅鼓研究者も当痕跡を認識しており、Trịnh Sinh（私信）はスペーサーと考えている。しかし、スペーサーは、体部写真などから通常の小型方形のものであり、鋳造時にスペーサーと湯銅の溶着が悪かったのか、多くが抜け落ちている。したがって上述の痕跡はスペーサーとは考えられない。

g. Núi Bàu Lác 鼓（図7：Quảng Ngãi 省博物館所蔵）　クワンガイ（Quảng Ngãi）省 SơnTịnh 県 Tịnh Ấn Đông 社の Bàu Lác 山で出土した当鼓は、鼓面の紋様がはっきりしないところが多い。おそらく単画紋帯で、今村編年2期に所属する。把手に挟まれた鼓面の無紋縁辺部で、細長い線条痕を確認できる。

h. Nha Trang II 鼓（図8・9：Khánh Hòa 省博物館所蔵）　カインホア（Khánh Hòa）省 Nha Trang 市発見の、合范線上の鼓面径62.6cm、器高49.5cmの単画紋帯中型鼓（今村編年1期か2期）である。紋様は陰刻で表現されている。Thiệu Nguyên II 鼓例のように把手の間に位置する鼓面外周無紋帯状に、細長緯線状痕が確認される。片方は15.5cm×0.4cmほどでスペーサーが右側に確認され、もう片方は少し太めで7cm×0.7cmほどのものである。ただし、両痕跡ともに、上述例のように鼓面から凸状に隆起するほどのものではなく、比較的平坦であり、肉眼で凝視すれば、その痕跡と鼓面との境が見えてくる程度のものである。おそらく鋳造後、丁寧に鼓面外周が磨かれたため痕跡が見えにくくなったのであろう。

i. Waisarinci 鼓（図10：ジャカルタ国立博物館所蔵：No.3365）　有名な Makaramanau 鼓が発見された Sumbawa 島 Sangean 近くで発見された当鼓は、直径101cm、器高73.5cmの複画紋帯大型鼓（今村編年2a期）である（Kempers 1988）。鼓面外周無紋帯には4つの蛙の立像が等間隔に配されているが、それぞれの間に1個、2個、1個、2個の線状痕が観察される。体部の合范線自体は0.5-0.6cm幅のものであるが、頭部で1.3cmほどの膨らみをみせるところがあり、合范時の隙間にできた大きな鋳張りと考えたい。

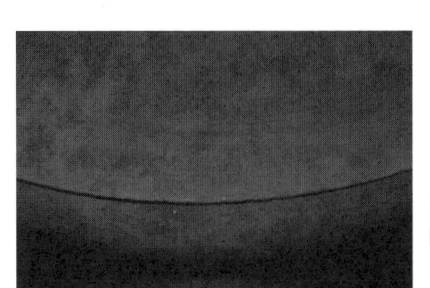

鋳造技術からみたヘーガーⅠ式鼓に関する考察　29

図7　Núi Bàu Lác 鼓

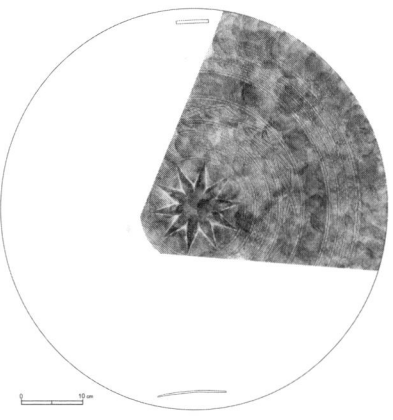

図8　NhaTrang Ⅱ鼓

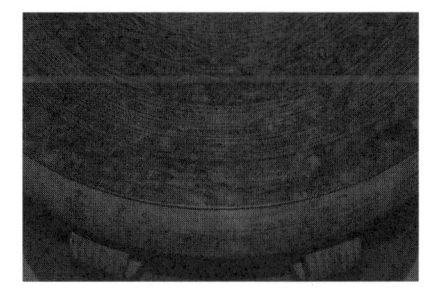

図9　Nha Trang Ⅱ鼓

図10　Waisarinchi 鼓

図11　Tha Ruea 鼓

この他、写真（Kempers 1988、筆者撮影資料）のみからの判断であるが、インドネシア出土銅鼓には、Saritiasangi鼓（Sumbawa島出土、ジャカルタ国立博物館所蔵 No.3367）、Bayumening鼓（Java島出土：ジャカルタ国立博物館所蔵）などに弧状あるいは直線状の凸状帯が観察される。

　j. Tha Ruea鼓（図11：Nakon Si Thamarat国立博物館所蔵鼓）　南タイのNakon Si Thamarat郊外Tha Ruea発見の直径81.5cmの単画紋帯大型鼓（今村編年2a）である。鼓面外周無紋帯上に4体の蛙立像が等間隔で配されている。線状痕は把手の間に位置している。合范線はほぼ均一な太さである。

　この他にも、写真（Phạm Huy Thông et al. 1990, Nguyễn Văn Huyên et al. 1989）からのみの判断であるが、Hà Nội I鼓（個人所蔵）、Vĩnh Ninh鼓（タインホア省Vĩnh Lộc県発見、タインホア博物館所蔵）、Vũng Tàu鼓（ヴンタウ市出土、ヴンタウ博物館蔵）などに、鼓面外縁無紋帯上に細長の線状痕が2本対称関係となる位置関係で確認できる。[2]ただし、把手との位置関係は不明である。

(2)　**合范線上に湯口が位置している例**

　鼓面上に湯口が存在する例ほど普遍的ではないが、合范線部に湯口が接続していたと考えられる例が若干例存在する。

　a. Cẩm Thủy鼓（図12：タインホア省博物館所蔵）　タインホア省Cẩm Thủy県発見の、鼓面径72.5cm、器高49.5の単画紋帯大型鼓である。鼓面の紋様構成は16光芒をもち、2本の圏線と文様帯が交互に同心円状に配置されている。中心から外に向かって、重圏菱形文、重圏菱形文、平行線をよじらせた細長菱形文、変形羽人紋、円紋と"コ"の字紋の組み合わせ紋、同心円紋、弦紋と櫛歯紋の組み合わせ紋、重圏菱形文、そして外縁の無紋帯である。

　胴部の紋様構成は、頭部は同心円紋帯と2本の重圏菱形文帯、変形羽人紋、同心円紋帯からなり、腰部は複段の変形羽人紋と重圏菱形文帯と同心円紋帯からなる。

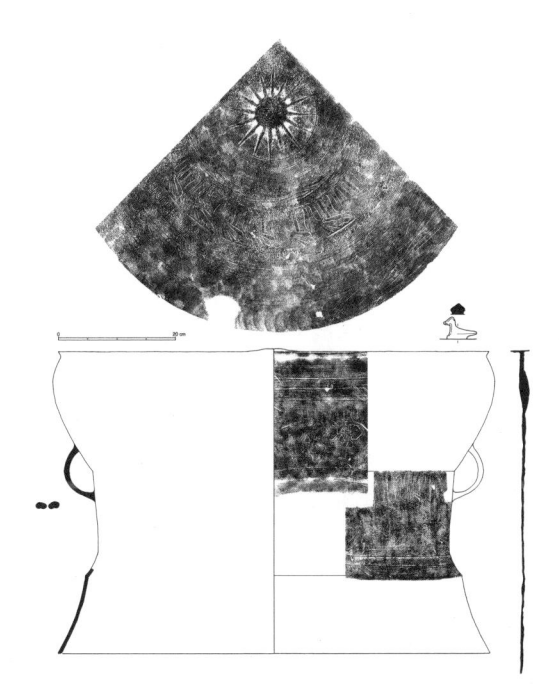

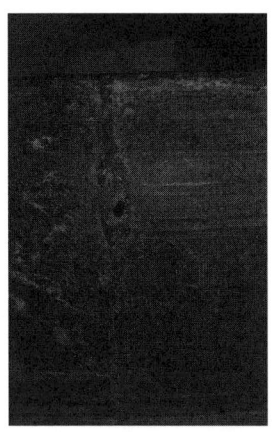

鋳造技術からみたヘーガーⅠ式鼓に関する考察　31

図 13　Cẩm Thủy 鼓湯口部

図 12　Cẩm Thủy 鼓

　合范線は、0.6-0.7cm 程度の幅を最大として、かなり幅を不規則に変えながら器体側面上を走っている。その片方の合范線の頭部部分は、最大幅1.5cm、長さ 8cm 程度のレンズ状になって膨らんでいる（図13）。またレンズ状中央部は抜け落ちており、これは湯口部に湯銅が長時間接したため、土製鋳型が高熱に耐えきれず抜け落ちたことによるものと考えられる。これは、同じく湯口が合范線上にある類Ⅱ式銅鼓にも観察される現象である。

　b. Thúy Sơn 鼓（図14、15、16：タインホア省博物館所蔵）　タインホア省 Cẩm Thủy 県 Thúy Sơn 社発見の鼓面径72cm、器高 49.2cm の単画紋帯大型鼓である。鼓面の紋様構成は16光芒をもち、2本の圏線と文様帯が交互に同心円状に配置されている。中心から外に向かって、摩耗が激しく同定できない文様帯、重圏菱形文、平行線をよじらせた細長菱形文、変形羽人紋、円紋と "コ" の字

図14 Thúy Sơn 鼓

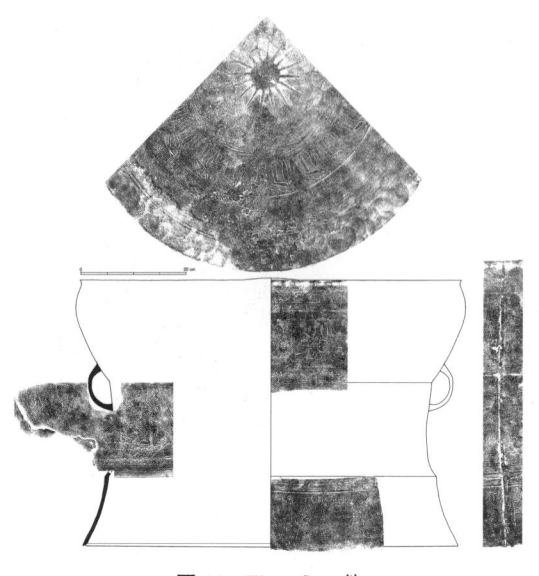

図16 Thúy Sơn 鼓湯口痕

図15 Thúy Sơn 鼓

紋の組み合わせ紋、同心円紋、弦紋と櫛歯紋の組み合わせ紋、重圏菱形文、そして外縁の無紋帯となっている。

胴部の紋様構成は、頭部には変形羽人文が配されており、脚部には、縦列に重圏菱形文、同心円紋、重圏菱形文、S字状紋、並行斜線紋、並行斜線紋の順（反時計回り）で、二重沈線をそれぞれに挟んで1つとした文様帯がめぐらされている。

ところで、Cẩm Thủy 鼓と Thúy Sơn 鼓の鼓面紋様と頭部と胴部の紋様構成はまったく同じである。また、両例は寸法も酷似している。それぞれの羽人紋を図17に挙げておく。図左は拓本をスキャンした後に、白黒を反転させた画像であり、紋様凹部が黒色で表現されている。右のトレース図は拓本の羽人紋

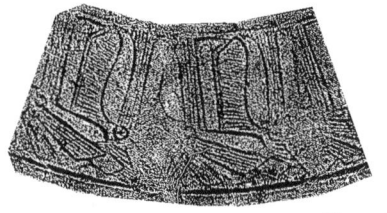

鋳造技術からみたヘーガーⅠ式鼓に関する考察　33

Thuy Son鼓　　　Phu PhuongⅠ鼓

Cam Thuy鼓

図17　Cẩm Thủy 鼓と Thúy Sơn 鼓の鼓面紋様比較

様の1単位をトレースしたもので、この単位はスタンプ状工具（参照：吉開 1995）による施文であり、他の紋様も同様である。そして、両銅鼓の紋様単位を比較すると非常に似ていることがわかる。おそらく、鼓面の各紋様単位も同じスタンプによるものと判断され、同一の工人あるいは工廠で生産されたと考えられる。

　器体側面の頭部から脚部まで完全に残る合范線の方は、0.6-0.7cm 程度の幅で、Cẩm Thủy 鼓とくらべて、より均一な幅で走っており、頭部と脚部でわずかな膨らみをみせる程度である。もう片側の、脚部が欠損し、後代の補修鋳造痕が残る合范線は、当部分でしか確認ができないが、長さ約 10cm ×幅 7cm のやや不整な葉形の凸状痕跡が、オリジナルの器面から段差をつくる形で確認できる（図16）。もちろん頭部から脚部にみられる補修鋳造痕も鼓面より段差を作り出しており、再鋳造痕であることを示しているが、この葉形痕跡と頭部以下の再鋳造痕は一体のものではない。葉形痕跡には、本体と銅鼓と同じよう

な合范線が縦に走っているが、葉形痕跡の下に位置する本体の合范線とのずれも観察できるし、また、頭部以下の大型再鋳造痕が葉形痕に若干重なっているようにもみえる。したがって葉形痕跡は、銅鼓鋳造後、頭部以下の大きな補修鋳造以前にこの部分のみを補修するための加鋳によるものであろう。だとすれば、この痕跡は Cầm Thủy 鼓に見られたような湯口の抜け落ち部を補修するためのものであったと考えるのが適当である。形状の不整さから、蜜蝋などで補修部を埋めて、意図的に疑似合范線ができるように形作り、真土で被って土製鋳型とし、鋳造したと思われる。

(3) 今後の課題

筆者は、本稿で紹介した鼓面に湯口を設ける方法が、3期以前のヘーガーⅠ式銅鼓のかなりに当てはまるのではないかと推測している。ただし、鼓面の外周部全周にスペーサーが定間隔で配置され、線状の長い湯口が配置できる余裕がなさそうなものもある。したがって当方法以外の湯口配置法も考えなくてはいけない。

1つの可能性は Thúy Sơn 鼓や Cầm Thủy 鼓のような側面鋳型の合范線に湯口を合わせた方法で、湯口痕がより小さいという可能性も否定はできない。ただしその場合、それを立証する明確な痕跡をもつ銅鼓に巡り会っていないのも事実である。また、筆者は、ヘーガーⅠ式の早い段階に属す、ベトナム・ラオカイ出土の石塞山系ならびにドンソン系銅鼓を観察する機会があったが、これらについても明確な湯口痕を同定し得ていない。

現在、ベトナム・タインホア省の伝統的青銅器鋳造村では、銅鼓の模造品を鋳造するにあたって湯口を鋳型側面に設ける方法と鼓面中央部（つまり太陽紋の中央突起部）に設ける方法が行われている。後者の場合、鼓面を叩いて音を出したり、鼓面に何らかの見せる機能を求めるなら、丁寧に鋳張り痕を削り取らねばならない。したがって、湯口痕を同定するのは難しいのではないかとする Phạm Minh Huyền（ファン・ミン・フエン）の考え（私信）も、あながち否定はできない。しかし、永年にわたり青銅器美術品を制作し、自身も青銅器

鋳造技術史を研究している小泉武寛氏（京都府在住）によれば、水平な平面に溶銅を流すのは非常に難しく、上述した湯口を複数に分けて平面によく行き渡るようにする方法は合理的とのご教示を頂いた（小泉武寛氏に記して感謝申し上げる）。ベトナム・タインホア省の伝統的青銅器鋳造村の模造品例は、I式鼓より器体が厚手であることから、中央に湯口を設けることを可能にしているのかもしれない。

2　鼓面裏面中央のわずかな凸状円形痕跡

鼓面裏は基本的には無紋であるため、土などの除去も丁寧に行われていない場合が多く、観察しづらいことが多いし、展示品の場合、ひっくり返して観察することもかなわぬことが多い。ただ、これまで若干例を観察した結果、明瞭な痕跡が存在し（西村・ファン 2008 参照）、今回その意味について若干の考察を行ったので、簡単に紹介する。

　a. Xuân Lập I 鼓（図18：タインホア省博物館所蔵）　タインホア省 Thọ Xuân 県 Xuân Lập 発見の鼓面径 35.0cm の小型単画紋帯鼓である。裏面裏に幅 1-2mm 程度のわずかな円状凸線が観察される。直径は 18.0cm である。

　b. Dī Thắng 鼓（図19：タインホア省博物館所蔵）　タインホア省 Thạch Thành 県出土の当鼓は、鼓面裏面中央に直径 6cm 程度の円状痕跡が観察される。

　c. Gò Thị 4 鼓（図20：ビンディン省博物館所蔵）　ビンディン（Bình Định）省 Vĩnh Thạnh 県 Vĩnh Thịnh 社の Gò Thị 遺跡出土で、鼓面が 2/3 程度と頭部の一部が残る中型鼓である（西村・ファン 2008）。鼓面径は合范線上で 48.5cm、その直交線上で 47.0cm である。光芒は 10 芒で、光芒間は重複V字紋様と、三角形とV字紋と櫛歯紋を中心に対称形に配した紋様を交互に充填している。文様帯は、櫛歯紋、点円紋、櫛歯紋、鳥紋 4 羽、櫛歯紋、点円紋、櫛歯紋の順に、2 条の圏線をそれぞれ挟みながらめぐらせている。頭部には点円紋と櫛歯紋を横線で挟み込んだ文様帯がめぐらされている。

　鼓面裏面の中央には径 5.8cm のわずかに凹んだ圏線と、径 23.2cm のわずか

図18　Xuân Lập I 鼓

図19　Dī Thắng 鼓

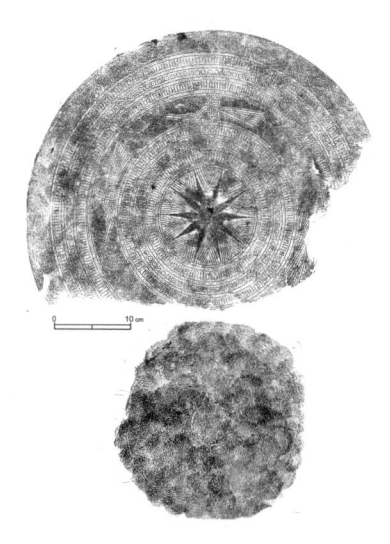

図20　Gò Thị 4 鼓

な盛り上がりをもつ圏線があり、小圏線の内側では非常に浅い削り痕が交差するように走るのが観察される。タインホア省のĐinh Công IV鼓に最も類似している。

d. Gò Thị5鼓（図21：ビンディン省博物館所蔵）　鼓面のみが不完全に残存し、鼓面径は約48cmである（西村・ファン2008）。光芒は10芒で、光芒間は重複V字紋様と、重複V字紋様の先端部に点円紋と二重V字紋をはめ込んだ紋様を交互に充塡している。文様帯は、中心から外縁に向かって不等三角形を向かいあうように配しその間に2重ジグザグ線を入れたもの、点円紋、櫛歯紋、鳥紋4羽、櫛歯紋、点円紋、櫛歯紋の順に、2条あるいは3条の圏線をそれぞれ挟みながらめぐらせている。

裏面にわずかに盛り上がった圏線（直

径 25cm）と直径 5cm 程度の円形非平滑面が重心状に確認できる。これらは鋳型（内范）の成形時の痕跡と推定される。そして内側の円形非平滑面円内はわずかに粗く削られた跡が確認できる。また、漢字の"中"（1 字）と"卜"（2 字）がみられ、凸線同様に内范面に刻字して同時鋳出したものと考えられる。文様構成が、Gò Thị2 鼓や Tả Giang 鼓に非常に近い。

e. Thalang 国立博物館所蔵鼓（図 22）
プーケット島 Thalang 国立博物館鼓の展示される 2 点のうちの鼓面のみが残存するものである。南タイ西海岸部の Surat Thani 地域から購入されたものという。複画紋帯をもち、直径は 64.2cm で、鼓面の厚みは 0.3cm ある。蛙ではなく巻き貝が立像として鼓面の 4 カ所に配されていると判断されるが、1 カ所は鼓面欠損のため残存していない。この巻き貝を理由に新田（2007）はドンソン文化の故地ではなく、他所で鋳造された"周縁型銅鼓"に分類している。鼓面の裏面は鋳造時の痕跡が観察できるほど状態は良好であった。

鼓面裏面には同心円状に、直径 37.8cm、直径 20cm の微細な突起円形痕跡が確認できる。円中央部に軽く横方向に削っ

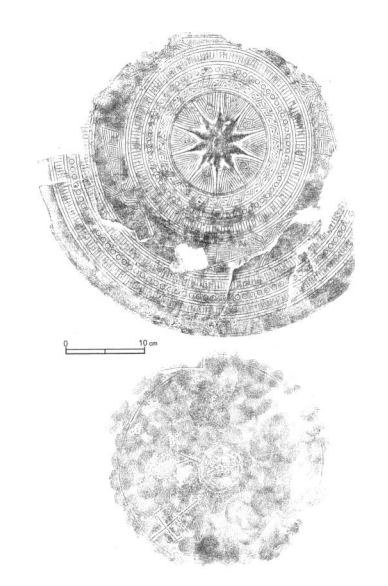

図 21　Gò Thị 5 鼓

図 22　Thalang 鼓

た、あるいはなでた跡が確認できるが、その削り面の下に約直径9m円形痕跡があったことが確認される。ただし、この最小の円形痕跡は、その残存状態より、外側2つのように凸線ではなく、あまり明瞭ではない凹線であったと推定される。

　この削り跡が残った部分以外は、ややざらつく表面で、所々にわら跡などが確認でき、土製鋳型（中子）の面にわらなどが混じっており、それが転写されたと考えられる。したがって中央の削り、あるいはなで跡は、中子整形後に意図的に、真ん中の円形痕跡を消そうとして施されたものと推察される。

　問題はこうした環状痕跡がなぜ残ったかということである。明らかに意図的に作出した突起帯ではないことから、装飾等の機能性は否定される。痕跡はすべて凸状痕跡として残っているから、鋳型（中子）には、凹状の痕跡として存在したはずである。すべて鼓面の中心に真円を描くように残されている痕跡であることから、鋳型制作時の回転運動によるものと考えられる。ヘーガーＩ式銅鼓の鋳型は鼓面の外型1個、胴部の外型2個、中子の1個からなるが、正確な円筒型の製品製作や真円の紋様を作出するにあたって、すべての鋳型に、回転運動を利用した整形、線刻が必要となる。とくに胴部の鋳型（外型と中子）は、薄くて厚みが均等で断面が中心軸を通して同形である器体作出のために、作出したい形に切り取った引き板を軸棒で回転させながら、未焼成の鋳型鋳造面を平滑かつ均等に削り取る必要がある。外型の場合、鼓面の鋳型と未接着の状態であれば、鋳型面が半裁した筒のようになるべく、銅鼓の断面を半裁した形の引き板を鋳型にはめ込んで回転させればよい。しかし、中子の場合、銅鼓の断面半分を抜き取った引き板を、軸棒にはめ込んで回転させて、中子の外面を調整するため、中子の中に軸棒が埋まっている必要がある。そして、この軸棒を中子面作出後に抜き取り、軸棒が抜けた部分を真土などで充填しなくてはならない。上述の痕跡は、この軸棒の抜き取ったところに土を充填した痕跡と考えたい。Thalang国立博物館所蔵鼓のように、中心の円形痕の上に削りあるいはなでのような痕跡があることは、刳り抜き芯部に土を充填した後、充填面をなでるか、削るかして面を平滑化しようとした結果であろう。

では、Gò Thị4鼓、Gò Thị5鼓やThalang国立博物館所蔵鼓のように、中央の小型円形痕以外にもみられる重心状に外側に位置する凸線円形痕は何であろうか。これは中子成形時に施されたもので、真円であることから、引き板により、中子外面整形時に、コンパス的動作で描線されたものであろう。問題は、その意味であるが、現段階では想定する鋳造工程のなかで、これらの圏線を機能的に位置づけることはできない。少なくとも、それらがなければ鋳造が成り立たないものではないからである。この説明については今後の課題であるが、少なくともヘーガーⅠ式の限られた時期に観察される痕跡である。

3 失蠟法鋳造によるヘーガーⅠ式鼓

先Ⅰ式鼓で失蠟法による鋳造鼓と最初に認定された古式銅鼓は旧出光博物館所蔵のもの（現東京国立博物館所蔵鼓）である（今村 1986）。今村は同論文中で、チャイヤー国立博物館鼓（図24）に関してもその可能性を指摘している。新しい時期の銅鼓としては、ヘーガーⅢ式鼓のある時期以降のものが失蠟法による鋳造であることが知られている（宮川 2000）。また、東北タイ出土のKam Cha E（図16：東北タイ Kham Cha E警察局所蔵：Jirawattana 2003、新田2007）鼓が、失蠟法鋳造であることが指摘されている。また、筆者も中部ベトナムのビンディン省出土銅鼓群のGò Rộng鼓（通称 Tây Thuận鼓）を詳細に紹介し、失蠟法による鋳造であることや、その他、タイにも複数例あることを指摘した（西村・ファン 2008）。ただ、タイ・ラオス出土のヘーガーⅠ式鼓に関しては、詳細が報告されていないものも多い。そのあたりを含めて再論を行い、その背景にあるものを考えてみたい。

a. Gò Rộng鼓（図23） Bình Định省 Tây Sơn県 Tây Thuận社 Thương Giang村 Đồng HàoのCà川そばのGò Rộngで見つかっている。

鼓面径は37.6cm、鼓高は脚部破損のため測定付加だが20cm前後はあったと推測される。鼓面中央近くの欠損は、使用あるいは故意の破損によるものかもしれない。後ろ足が一脚で表現された蛙像が鼓面上に4体鋳出されていたと

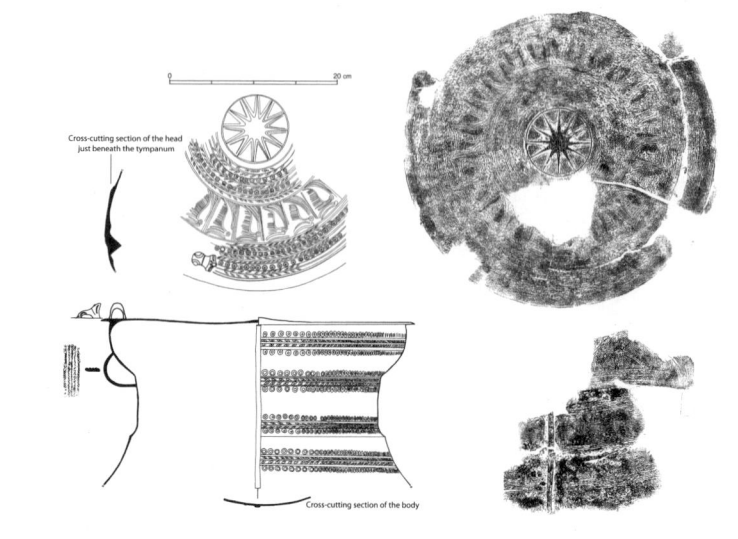

図 23　Gò Rộng 鼓

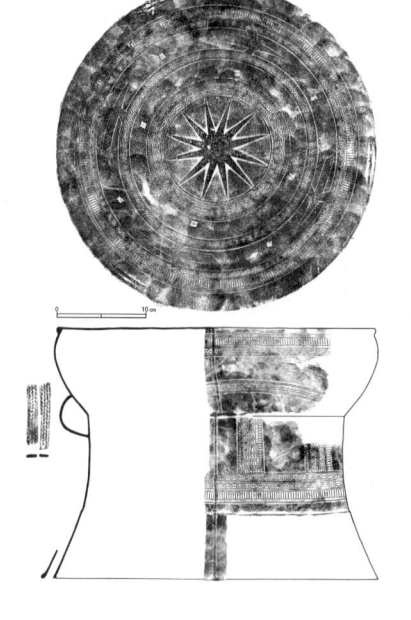

図 24　Chaiya 鼓

　判断される。蛙は目と体部の二重線が突帯で鋳出されている。また、把手が2つ一組で、側面の頭部と胴部の間に二組配されている。把手は5本の断面かまぼこ形の無紋帯をバンド状に並べた形をしており、鋳造後に鉄器などで斜状刻みを縄目状に入れている。また把手自体は側面に刻紋後に加鋳したと判断される。

　鋳造痕跡は他の分割鋳型鋳造鼓の痕跡とはまったく異なり、失蝋法による鋳造と考えられる。鋳型を組み合わせて鋳造したときに生じる合范線はなく、合范線に似せた疑似合范線が、6mm程度の幅のバンド状にして、二組の把手

のほぼ中間に位置するように片側側面に貼り付け施紋されている。これは蝋で型を作って貼り付けたものと考えられる。また、二組の把手それぞれの間に、合范線状の若干の隆起帯が存在する。これは胴部模造時に分割して模造した蝋型2枚を貼り合わせた痕跡ではないかと考える。

また、鼓面と同様の紋様が鼓面裏面や胴部裏面にも浅く転写されているのが観察できる。これは、蝋板を直接モデルとした銅鼓に貼り付けて型取りを行い、それを粘土で覆い鋳型としたため、内面に紋様が浅く転写されたものと判断される。

鼓面の紋様は12芒の太陽紋とその外周の突帯圏線は鋳出されたものだが、残りはすべて鋳造後に刻み込まれたものである。圏線は二重に刻紋するのが基本で、その二重圏線間の空間に、米型紋、二重円、退化した羽人紋などを充塡している。圏線のなだらかな走りからみて、回転台などを使って刻紋したと推測される。紋様やその配置はニンビン省のThôn Mống鼓やコントゥム省のĐắc Glao鼓に近く、同類の銅鼓をモデルとして複製したと考えられる。

また、金属質的に当例は他例にくらべ、より軟質の金属と思われ、地金の色も黒みがやや強い。刻文を容易にするため、金属成分を調整していると思われる。

さらに鼓面裏面と頭部裏面の接合部には、4カ所に青銅塊が盛り上がっている。2カ所は、把手間の蝋型接合痕と推定する隆起帯のほぼ裏にあり、残り2つは疑似合范線の裏側とそこから7cmほど離れたところである。前掲論文では、これらを湯口や空気抜けのための穴の痕跡と考えたが、そうではないと考えるにいたった。後述のAn Thành鼓同様、鼓面上に湯口が位置したと考える。

b. An Thành鼓　ザーライ（Gial Lai）省 An Khê県の An Thành で発見された当鼓（Nguyên Kim Vân, Lại Văn Tới 2001）は、直径36cmの小型鼓である。筆者自身は未見であるが、西野範子がハノイで展示された際に写した写真によれば、上記の Gò Rộng鼓同様、鋳造後、利器により紋様を刻出したものであることが明らかである。紋様構成自体も Gò Rộng とかなり近く、蛙立像の形態や紋様もほぼ同じであること。両鼓の発見地域が近接していることから、当

鼓は、Gò Rộng 鼓と同地域、同時代に鋳造された可能性が高い。鼓面外縁無紋部には、蛙立像の左隣に細長い弧状の痕跡らしきものがうかがえ、湯口の痕跡である可能性が高い。

c. Chaiya 鼓（図24：チャイヤー国立博物館蔵）　南タイの Chaiya 出土の中型鼓である。合范線上での直径が 51.5cm、それに直行するところでの直径が 50.3cm、器高が 38.4cm である。当銅鼓は文様帯がすべて、鼓面より一段浮き上がった文様帯となっている。つまり、紋様帯自体が突起帯として鼓面あるいは器面に貼り付けられているのである。したがって通常の文様帯の外側に、鼓面や器体と一段画する段差が見られる場合が多い。面と合范線自体も突状に浮き出ており、それらが実際の鋳張りではなく、疑似鋳張り（つまり文様帯）として、意図的に鋳造されたものであることがわかる。そして、頭部や腰部の文様帯では、この疑似鋳張りの上に文様帯が直行して、上に重なっていることが確認できる。また、飛鳥紋や把手のところでは、文様帯を鋭利な刃物で切った跡が陰刻として残されている。これらの技術痕跡は、銅鼓本体を蝋型で製作後、蝋型の文様帯を貼り付け、それらを真土で覆い、鋳型を完成する失蝋法でないと説明できない。

　ところで鼓面には、外縁の無紋帯に、若干弧を描くような細長い（7 × 0.3cm）突状帯が3カ所、ほぼ均等な間隔で位置しているのが見受けられる。器面には正方形のスペーサーが、器面とくらべて若干凹むように配されており、これらの突状帯がスペーサーではないことは明らかである。Gò Rộng 鼓のような、器体内面の隆起痕跡もなく、この細長突状帯をもって、湯口痕跡と判断するしかない。

d. Ban Pa Krai 鼓など（図25：Jirawattana 2003：Sri Nakharinwirot 大学ソンクラーキャンパス南タイ研究所）　Nakhon Sri Thammarat の Ban Pa Krai で発見された当例は、鼓面と胴部のそれぞれ一部を残すのみの資料であるが、鼓面は Chiya 鼓同様、文様帯が鼓面や器体面上に貼り付けられており、通常の文様帯の外側に、鼓面や器体と一段画する段差が見られるし、文様帯が疑似鋳張り上にまたいで貼り付けられている。鼓面の残存部の外縁部には、やや弧状になっ

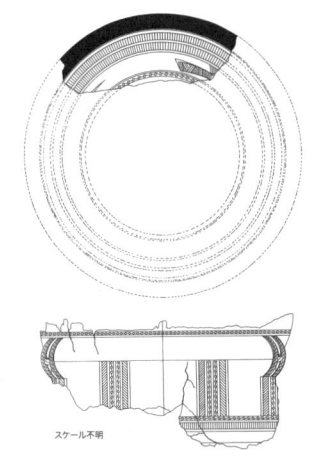

図25 Ban Pa Krai 鼓
（Jirawattana 2003 より）

図26 Sa Kaeo 鼓
（Jirawattana 2003 より）

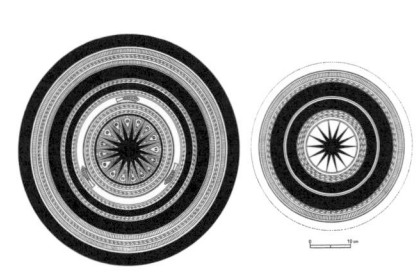

図27 Ban Sam Ngam 鼓（左が1981年例、右が1987年例。Jirawattana 2003 より）

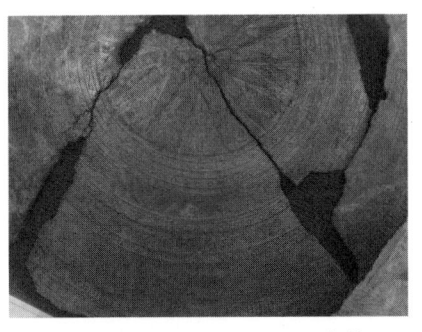

図28 Ban Sam Ngam1981年鼓

図29 Ban Sam Ngam
1981年鼓の鼓面湯口

図30 Ban Sam Ngam
1981年鼓頭部拡大

た湯口痕らしきものが確認できる。

同所所蔵の県の Sa Kaeo 発見の 2 例の銅鼓のうち 78/41-3611051 例（図 26：Jirawattana 2003）や同県 Cha Na 郡発見の Cha Nong 鼓（Jirawattana 2003：Songkhla 国立博物館所蔵）も、同様な理由により失蠟法による鋳造と考えられる。

e. Ban Sam Ngam 鼓 2 例（図 27・28・29・30） 東タイの海岸部 Trat 県の Ban Sam Ngam では、2 例の銅鼓が近接する場所で発見されている（Jirawattana 2003）。最初の 1981 年例は直径 58.5cm、次の 1987 年例は残存直径が 40.7cm である（図 22）。文様構成は、両者ともに接円線文や櫛歯紋を基本とするが、前者には鼓面に魚紋が 3 つあり、接円文帯や鋸歯文が後者例より多く施されているのが大きな違いである。

Chaiya 鼓等と同様、文様帯が貼り付け紋により、一段鼓面より高くなっており、疑似鋳張り痕の上に文様帯が直行し重なっているのも確認できる（図 28）。また、1981 年例は鼓面の外縁に細長い線状突起帯が観察され、湯口痕（図 29）と見られる。

f. 219/36(54)鼓（図 31・32：King's Golden Jubilee 国立博物館所蔵） 当銅鼓は、鼓面が欠損し、器体がつぶされている。器体の文様帯は、すべて貼り付け紋であることが、文様帯の辺縁が切断されていることから理解できる（図 28）。また疑似鋳張り痕上での文様帯の重なりも確認できる。

g. Ubon Ratchathani 鼓（図 33・34・35：Ubon Ratchathani 国立博物館蔵） 直径 33.4cm、器高 21.8cm の小型鼓である[3]。鼓面の太陽紋は欠損しており、櫛歯紋と同心円の文様帯 2 帯以外には無紋になっており、通常のヘーガー I 式から大きく逸脱している。体部紋様も櫛歯紋と重心円紋のみである。

ところで、鼓面、器体の紋様はすべて陰刻で表現されており、櫛歯紋の縦線や同心円の円紋はそれぞれ一つずつ打刻によるものと推定させるほど刻線が明らかである（図 33・34）。ところが合范線部は、明らかにやや太めの独立した一本の文様帯のごとく、横走する文様帯の上に重なっており、しかも鼓面裏面と合范線は接合するにいたっていない。こうした現象は、蠟型で器体を整形し、

鋳造技術からみたヘーガーⅠ式鼓に関する考察　45

図31　219/36(54)鼓

図32　219/36(54)鼓体部拡大

図33　Ubon Ratchathani 鼓
　　　（新田 2000 より）

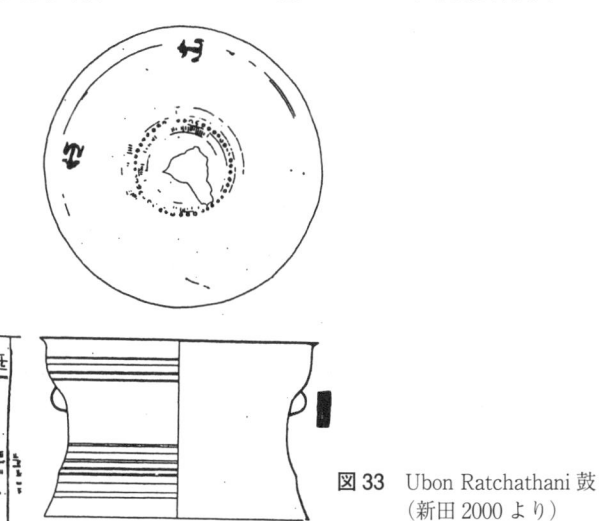

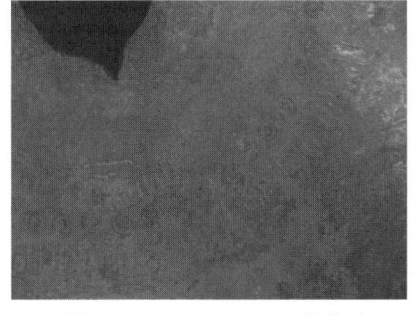

図34　Ubon Ratchathani 鼓鼓面

図35　Ubon Ratchathani 鼓側面

紋様を刻み込み、そして疑似合范線を貼り付けたと考えなければ、説明のつかない現象である。

　h. Songkhone鼓（ラオス・チャンパサック博物館展示）　ラオス南部Bachieng郡Songkhone村出土で、直径44.7cm、器高33cmである。器形的にUbon Ratchathani鼓によく類似し、同じような鋳造上の特徴があるので、同様に失蠟法による製作と考える。

　以上、失蠟法鋳造によるヘーガーⅠ式銅鼓を概観した。ここに挙げた銅鼓は、非常に類似した複数例があるものの（Ban Sam Ngan鼓2例、Go Rong鼓とAn Thanh鼓）、どの紋様でも分割鋳型鋳造のⅠ式鼓から極端に逸脱した紋様モティーフなどは非常に少ない。これは、ひとえに失蠟法によって分割鋳型鋳造のⅠ式鼓を模倣生産した結果と考えてよい。そして、紋様作出法に関して、少なくとも以下3つの地域性を指摘することができる。

　1つはシャム湾沿岸部のもので、文様帯を蠟型で起こして貼り付ける方法を行っている。次は、東北タイの例で蠟型に紋様を刻み入れる方法を行っている。そして、東北タイ、ラオス、中部ベトナムの例では紋様を鋳造後に刻み入れてある。こうした地域的特徴は、銅鼓がそれぞれの地域で失蠟法による模倣生産を行っていた証拠である。また、前述の東北タイと中部ベトナム出土の失蠟法鋳造銅鼓群の器形と、Chaiya鼓などのシャム湾沿岸部出土銅鼓は、器形的にも異なっており、これは時期差を表すのであろう。

まとめ：北部ベトナム南域から東南アジア各地へ、そして広西へ

(1)　古式銅鼓に失蠟法鋳造例が散見される意味

　失蠟法鋳造例を除いて、北部ベトナムを含めた東南アジア全域の今村編年第2期までのヘーガーⅠ式鼓を見渡すと、湯口の位置や裏面の痕跡などきわめて共通性が高いことに気づかされる。これは今村氏（2006）が該期の銅鼓の大半をベトナム産として指摘しているように、分割鋳型鋳造によるヘーガーⅠ式鼓の大半は、北部ベトナム南域（紅河平原南域からゲアン省北部にかけて）で生

産され、各地に運ばれたことに由来する。

そこで、失蠟鋳造法による古式銅鼓の整理を行うと以下のようになる。

現東京国立博物館所蔵の先Ⅰ式鼓（今村 1985）が、最も古い例であることは論をまたない。南タイのChaiya鼓、Ban Pa Krai鼓、Sa Kaeo鼓と東タイのBan Sam Ngam鼓は、その器形や太陽紋の光芒間の紋様より、今村編年の1-2期と考えるのが妥当であろう。中部ベトナムの2例（Gò Rộng鼓、An Thanh鼓）、東北タイのUbonRatchatani鼓とラオスのSong Khone鼓例はともに、今村編年3a期に相当する例と考えられる。Kham Cha E鼓（図36）は、形態的にはドンソン型銅鼓に近いが、羽人文自体は、出光美術館（1995）に所蔵されていた今村編年3b所属のⅠ式鼓（図37）によく類似しており、その時期の分割鋳型鋳造銅鼓の紋様を模倣したと考え、紀元3世紀頃の製品と判断する。

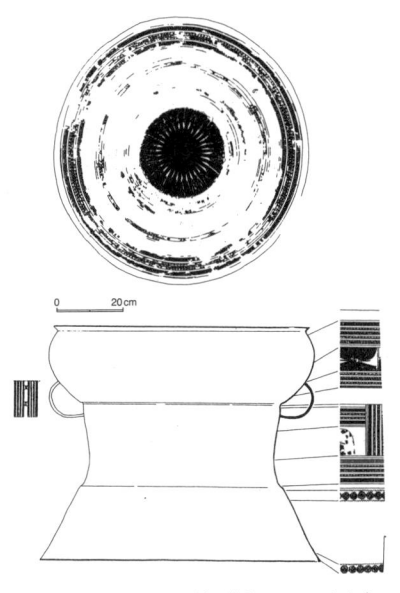

図36　Kamcha E鼓（新田2000より）

図37　旧出光鼓頭部拡大

したがって、タイから中部ベトナムにかけて、先Ⅰ式からヘーガーⅠ式後期の例まで、各時代にまたがって失蠟法鋳造による銅鼓が存在することが考えられる。また、鋳造法や紋様の描出法に地域差があり、それはまた時期差も反映している。

このような現象は該当地域では銅鼓を分割鋳型鋳造法で鋳造する方法が根付かず、北部ベトナムで生産した銅鼓を移入し、失蠟法で模倣生産したことを意味すると考えられる。

　分割鋳型鋳造銅鼓と失蠟法鋳造銅鼓の分布はともに、ヘーガーI式銅鼓を頂点とする北部ベトナムのドンソン文化の青銅器体系が、島嶼部も含める東南アジア全体に受容されたとするきわめて曖昧なドンソン文化東南アジア伝播論を真っ向から否定する根拠となる。つまり、ドンソン銅鼓は、交換・交易などによって東南アジア各地に"輸出"されたのであり、銅鼓自体が模倣生産されることはあっても、ドンソン青銅器群全体が彼の地で体系的に模倣生産されたり、ドンソン文化人が銅鼓を抱えて移住し、彼の地でドンソン青銅器の製作技術体系自体を伝えるような文化現象を伴っていたわけではないことを意味している。

　中部ベトナム(5)を除いて、各地で出土する同時期あるいはそれ以降の青銅器には、ドンソン青銅器と同型と判断できるものはないことが、最大の傍証である。

　また、失蠟法銅鼓、さらには北部ベトナムで生産された銅鼓自体が、シャム湾側では2期、中部ベトナムや東北タイでは2期あるいは3期初頭以降存在しない現象にも注目する必要がある。ビンディン省出土銅鼓（西村・ファン2008）で指摘したことだが、この現象は銅鼓が社会文化的に必要とされなくなることを意味しており、在地社会が大きな文化変容を受けたと理解しなくてはならない。中部・南部ベトナムやタイ、マレー半島の場合、その原因がインド化あるいはそれに伴う初期国家出現に起因することは言をまたない。

(2)　タインホアから広西へ

　ヘーガーI式鼓の新しい時期のもの、つまり今村分類（1993）の2b期の一部（バックザン［Bắc Giang］省 Quế Võ 県発見の Quế Tân 鼓、Bắc Giang 省 Hiệp Hòa 県出土の Bắc Ly 鼓）や、3b期（I-IV式への移行直前期）のものは、合氾線部が頭部から脚部にかけほぼ均等に太くなっている（幅1cmを超える場合あり）。このなかには Quảng Hóa 鼓（タインホア省 Quảng Hóa 県発見）

のように、鼓面全面に文様が充塡されており、鼓面上に湯口を設ければ、必ず無紋の痕跡として残ると考えられるものも存在する。また、合范線部は、前出例ほど太くはないが、今村編年の3a期に属し、やはり鼓面全面が紋様で充塡されたThôn Mống鼓（ニンビン［Ninh Binh］省Nho Quan県発見）やĐắc Glao鼓も存在する。こうした銅鼓は合范線部に湯口が設けられたと判断する。また、後続する広西を中心に分布するI式の末期タイプ（吉開分類のI式後期あるいは冷水沖型）やII式鼓も、片側の合范線部がかなり太くなっている部分があり、そこに湯口が設けられていることが明らかである。

したがって、前述したThúy Sơn鼓、Cẩm Thủy鼓例も、湯口の技術において同系譜に位置づけられるわけであるが、問題は時間的な前後関係である。

Thúy Sơn鼓、Cẩm Thủy鼓の鼓面施文は、明らかにスタンプ技法によるもので、構成紋様の中で時期的変化に最も敏感なものは、羽人紋であろう。その紋様を、スタンプ技法出現前後の銅鼓とくらべると、今村2b期（吉開がI式中期西群とする）のPhú Phương I鼓と、羽人紋全体のプロポーション比や紋様のあり方に類似性を見出せる。

また、3期のThôn Mống鼓やĐắc Glao鼓にも類似するが、紋様全体のプロポーション比では、Phú Phương I鼓例ほど近くはない。また、I式後期東群に属す広西・横県水燕村出土の337号鼓の羽人文などが広西側では近い紋様例かと思うが、上述例ほどの近接性は感じさせない。さらに、Thúy Sơn鼓、Cẩm Thủy鼓の羽人紋には、目であった同心円紋（2つあるうちの左側）より右方向に嘴のような出っ張りがあるが、このような紋様は管見では他銅鼓例にみられない。

また、ヘーガーI式鼓の通常例では脚の先端部裏面が肥厚して、断面が三角形となっているが、この2例に関しては、肥厚していない。詳細は今後の観察研究を踏まえねばならないが、今村3期以降の銅鼓には、こうした脚部が肥厚しない例が多くあるようだ。さらに器形的にも両例は、全体において頭部が占める比率がやや高く、頭部下半がなめらかにすぼまることを除けば、今村2期、あるいは今村3期例に非常に近い。

したがって、本論では両銅鼓例は、羽人紋の全体の形のプロポーション比を参考にして今村 2b 期に並行し、3 期へ移行する直前のものと理解したい。つまりスタンプ技法の出現初期のものと考える。年代は筆者が報告した 3 期初頭に比定可能なルンケー城の鋳型例（西村 2001）が、紀元 2 世紀半ばの年代（西村 2007）を考えることができることから、紀元 2 世紀前半を想定しておきたい。当然、その頃の北部ベトナムの平野部は漢系物質文化にすでに圧倒されているが、ドンソン系銅盂（吉開 1995）のように若干のドンソン文化の要素をもつ器物もある。当銅鼓との関係（生産地や年代）が注目される。

ところで、ヘーガーⅠ式銅鼓が北部ベトナムから広西へ分布の中心を移す現象を、今村（1992）は第 2 期から第 3 期への移行、吉開（1998）はⅠ式中期西群からⅠ式中期東群と後期群への移行、蔣廷瑜（1999）は紅河式から邕江式への移行として指摘している。この移行には、スタンプによる施文技法の出現が、外見上の大きな変化に影響している。

そして、当然、当銅鼓の鋳造技術が広西側へ伝わった可能性なども考えねばならず、当時の歴史民族的状況（西村 2001、西村 2008）から推察を重ねるなら、現タインホア省 Cẩm Thuỷ 県などの山麓地域の在地社会が銅鼓を使う伝統を維持し、平野部の漢人を頂点とする社会と拮抗し、さらには広西側などと連携していた可能性なども考えなくてはならないだろう。

追補

脱稿後、クワンニン（Quang Ninh）省博物館所蔵の石塞山型銅鼓を観察する機会があった。鼓面外縁無紋帯に 14 個のスペーサーをほぼ等間隔に配した当銅鼓鼓面に、長さ 5cm 程度の 2 重の線条痕がほぼ対角線上に位置しており、これを湯口痕と考えることができる。したがって、初期の銅鼓も、筆者の考えるような湯口の取り付け法をとっていた可能性が高くなった。

註
(1) 用語は吉開（1998）に従うが、筆者はⅤ式と呼ぶことを提唱している。
(2) 南中国のヘーガーⅣ式にも、鼓面上に湯口痕と思われる線状凸状痕を残すものがある。

(3) 当鼓は、新田（2000）の報告では Ban Napho Tai（Khong Chian 郡）発見とされ、Jirawattana（2003）の報告では Khong Chian 郡の役人の寄贈品で、Ubon Ratchathani 博物館鼓とされている。
(4) 当銅鼓は東京・出光美術館に展示されていたが、その後所有者の出光興産に返却され、現在行方がつかめていない。
(5) 中部ベトナムのいくつかのサーフイン文化の遺跡ではドンソン青銅器が一定量出土している。それらは型式学的にゲアン省ランヴァック遺跡のものによく類似しており、在地で生産された青銅器はきわめて少ないと筆者は考える。

参考文献
今村啓爾 1973「古式銅鼓の変遷と起源」『考古学雑誌』59-3 号　35-62 頁
今村啓爾 1986「出光美術館所蔵の先Ⅰ式銅鼓 - 失蝋法で鋳造された先ヘーガーⅠ式銅鼓発見の意義」『出光美術館報』56 号　8-21 頁
今村啓爾 1989「第 1 型式銅鼓の把手に認められる特殊な鋳造法について」『東京大学文学部考古学研究室紀要』8 号　99-105 頁
今村啓爾 1992「ヘーガーⅠ式銅鼓における 2 つの系統」『東京大学文学部考古学研究室紀要』11 号　109-124 頁
今村啓爾 1997「東南アジアにおける銅鼓研究の役割」『考古学雑誌』82-4 号
出光美術館編 1995『出光美術館蔵品目録　中国の工芸』平凡社
呉偉峰、黃啓善、謝日万、梁富林 2009『河地銅鼓』広西民族出版社
西村昌也 2001「紅河デルタの城郭遺跡、Lung Khe 古城址をめぐる新認識と問題」『東南アジア歴史と文化』30 号　46-71 頁
西村昌也 2007「北部ヴェトナム紅河平原域における紀元 1 世紀後半から 2 世紀の陶器に関する基礎資料とその認識」『東亜考古論壇』3 号
西村昌也 2008「北部ベトナム銅鼓をめぐる民族的視点からの理解」『東南アジア研究』46-1 号　3-32 頁
西村昌也・ファン・ミン・フエン 2008「中部ベトナム・ビンディン省出土の銅鼓資料と文化的脈絡の検討」『東アジア文化交渉研究』創刊号　187-219 頁
新田栄治 2000「メコン流域発見のヘーガーⅠ式銅鼓」新田編『メコン流域の文明化に関する考古学的研究』平成 9 平成 11 年度科学研究費補助金研究成果報告書　21-37 頁
新田栄治 2007「周縁型銅鼓からみた銅鼓の製作と流通」青柳洋治先生退職記念論文集編集委員会編『地域の多様性と考古学』雄山閣　75-86 頁
宮川禎一 2000「施文技術からみた西盟型銅鼓の新古」『学叢』22 号　109-137 頁
吉開将人 1995「ドンソン系銅盉の研究」『考古学雑誌』80-3 号　64-94 頁
1998 年「銅鼓再編の時代」『東洋文化』78 号　199-218 頁
Imamura, K. 1993 The two traditions of the Heger I type bronze drums. *Journal of*

Southeast Asian Archaeology No.13 113-130.

Imamura, K. 2010 The distribution of bronze drums of the Heger I and pre-Itypes : temporal changes and historical background. *Bulletin of the Department of Archaeology, University of Tokyo* No.24 : 29-44

Kempers, A.J.B. 1988 *The kettledrums of Southeast Asia.* Modern Quaternary Research in Southeast Asia 10.

Jirawattana Matinee 2003 *The bronze kettle drums in Thailand.* Office of National museum, The Fine arts department.

Nguyên Kim Vân, Lại Văn Tới 2001 Phát hiện trống đồng An Thành (Gia Lai). *Nhung Phat hien moi ve khao co hoc năm* 2000 : 231-232.

Nguyễn Anh Tuấn 2001 *Trống đồng vùng đất tổ.* Sở văn hóa thông tin thể thao Phú Thọ.

Nguyễn Văn Huyên, Hoàng Vinh, Phạm Minh Huyền, Trịnh Sinh 1989 *The bronze Đông Sơn drums.* Publication by Ha Thuc Can.

Pham Huy Thông, Phạm Minh Huyền, Nguyễn Văn Hảo, Lại Văn Tới 1990 *Dong Son drums in Viet Nam.* Social science publishing house, Hanoi.

Trinh Sinh 2003 Casting method, classification and dating of the Heger II drums in Hoa Binh province, Vietrnam. 『東南アジア考古学』23 : 59-68.

ハノイ郊外コーロア城における鋳造炉遺構

ファン・ミン・フエン／西野範子・西村昌也編訳

はじめに

コーロア（Cổ Loa）城（図1）は、現在ドンアイン県内のコーロア社に属し、ハノイの中心から北方約12kmに位置している（Nguyễn Quang Ngọc, Vũ Văn Quan 2007）。現在、コーロアには3重の土塁が残存している。伝説では、安陽王はコーロアを甌駱国の都とし、城郭・土塁を建設したという。また、安陽王の国家的秘密として、一度に敵を数百人殺すことのできる弩を有していたとされる。文献史料は安陽王と南越の趙佗との戦についても記している（伝説や文献に関する資料は『史記索隠』引用の『広州記』、『水経注巻三十七』引用の『交州外域記』、『嶺南摭怪』などを参照）。

1954年以降、中塁、中塁と内塁の間、中塁と外塁の間、外塁、外塁外のそれぞれの区域において、多くの発掘や表面調査が行われた（Trần Quốc Vượng 1969、Nguyễn Đức Bạch 1983、Hoàng Văn Khoán et al. 2002、Phạm Minh Huyền et al. 2004・2006、西村2008）。考古学的発掘調査により、ベトナムの青銅器時代から初期鉄器時代（紀元前3世紀から紀元後1世紀）にかけて利用時期がまたがる複合遺跡であることが明らかにされた。この中で最も注意すべき発見は、外塁の外側に位置するカウヴォック（Cầu Vược）地点における青銅鏃の埋納、内塁と中塁の間に位置するマーチェー（Mả Tre）地点におけるコーロア銅鼓の発見である（Phạm Minh Huyền 1983、西村2008）。他

図1 コーロア城
1：ソム・ニョイ地点、2：デン・トゥオン地点、3：マーチェー地点　4：バイメン地点　5：カウヴォック地点（西村2008より）

に、中塁区域の居住区に位置するソムニョイ（Xóm Nhỏi）遺跡では、ドンソン時代の遺物が収集されている（Trần Quốc Vượng et al. 1978）。カウヴォックで発見された青銅鏃は、他のコーロア遺跡出土のものと同じく三翼を持つのが特徴で、他のドンソン遺跡では、まれにしか確認されていない。マーチェー遺跡の銅鼓は驚くべき発見であった（Nguyễn Đức Bạch 1983、Phạm Minh Huyền 1983）。銅鼓は逆位で埋められており、中には青銅製遺物がいっぱいに詰められていた。埋納されていた遺物のなかで最も多かったのが、鋤先の刃で

あり、100点近く確認できた。すべての鋤刃は鋳造されたばかりであり、その中の多くが不良品である。そのほか、約20kgの青銅製品の破片を含んでいた。これらの所有者は富裕で権勢をもつ青銅器鋳造者であろうとされている。ソム・ニョイで発見された収集品も、コーロア銅鼓の中で発見された青銅器と同様の性質をもつものである。大型の美しい銅鼓片も含まれており、そのサイズはコーロア鼓に劣らないだろう。その他、斧、槍、桶などの破片も含まれる（西村2008参照）。これらは偶然の発見であったが、当時、コーロアが大規模な鋳造センターであったことを示している。

2004年、ハノイ遺跡景勝管理班が、安陽王神社（別称トゥオン神社：Đền An Dương Vương あるいは Đền Thượng、以下文中ではデン・トゥオンとして統一）区域の整備・補修の計画を立てた。考古学院が発掘調査を依頼され、筆者がこの発掘を指揮した。これは、コーロア遺跡の内城区域における最初の考古学調査で、この発掘によりコーロアの巨大な鋳造炉区域の存在を証明することとなった。

1　各発掘坑での成果

(1)　発掘区全体について

デン・トゥオン遺跡のコーロア段階に属する遺構を概括するため、まずは、各発掘坑について簡略に説明する。

2005年の発掘調査は、2004年12月末から2005年3月まで実施され、4カ所の発掘坑を設定した（図2の黒塗り部分）。第1、第2発掘坑は神社（デン）の東側に設定し、第2発掘坑は2つに分割し、南側を第2A発掘坑とした。この発掘坑は、第1層を掘り上げたところで止め、北側に設置した第2B発掘坑では、地山層まで掘り上げた。第3発掘坑は西側に設定し、神社の裏側（北側）に位置する。3つの発掘坑の総面積は89㎡である。第4発掘坑は、すでに破壊されていた城塁で、神社の東側に位置し、城塁の盛り土方法を確認するために発掘した。

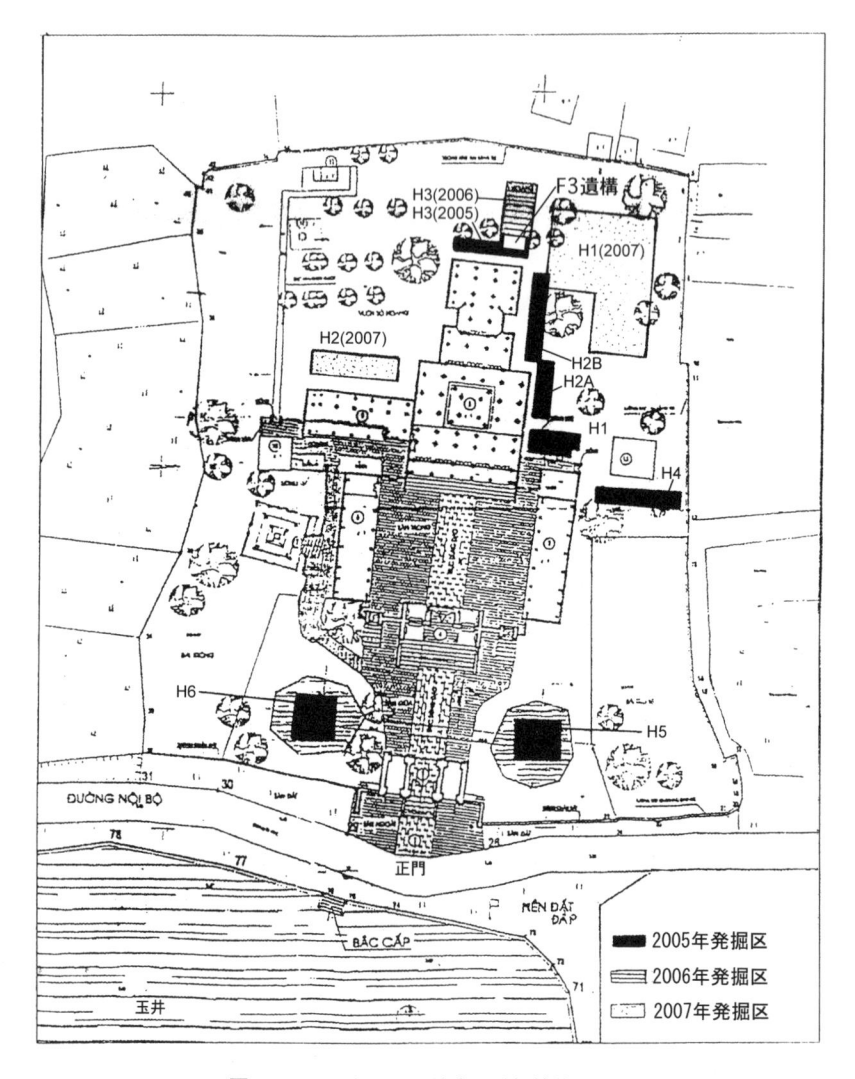

図2　デン・トゥオン地点　発掘抗位置図

　第1（H1）、第2B（H2B）、第3発掘坑（H3）ともに、以下の3つの文化層に分層できた。
　　第1文化層：15、16世紀（黎朝）から20世紀にかけての時期。

第2文化層：13、14世紀の陳朝期に所属する。

第3文化層：最下層で、コーロア時代の文化層（コーロア層）。

第3文化層では、この論文の主題となる鋳造炉に関連する遺構が発見された。以下、コーロア層の発掘結果のみを記述する。

(2) 内塁発掘地点

この論文の主題ではないが、内城における鋳造炉区の位置に関する意義を強調するため、内塁遺跡について以下に重要なことを述べる。

第4発掘坑（H4）は、城塁の一部の断面観察を目的としている。現状の内塁土塁の凸字形突出部は、神社の建築群から南へ両手を拡げるような形態をしている。おそらく、この神社を建設した際に、城塁の一部を破壊したと推測できる。城塁の上層部では、19世紀の瓦焼成窯が確認された。城塁断面は、主に5層に分層可能である。最上層は、赤褐色土に赤色砂が斑点状に入る。これは、隣の瓦焼成窯の被熱をうけた土層である。第2層も赤褐色で、3上層と同じように赤色砂が混じるが、より硬質である。第3層は黄色土でかなり強く叩き締められている。第4層は淡黄色で、これも強く叩き締められている。最下層は地山であり、赤褐色土である。盛り土は、第1層から第4層であり、厚さ2.40mに及ぶ。

断面からは、盛り土をする前に下面を削平して平面にし、そのうえで盛土していることがわかる。盛土は、周囲の土を利用しており、現在のコーロア城の土塁外周には濠の痕跡である池が残存しているが、これは、コーロア時代の土塁を盛るための採土によるものでもある。

第1発掘坑（H1）では、コーロア時代の遺構として内塁の構成層が確認された。第1発掘坑は第4発掘坑から西北方向にそれほど離れておらず、第1発掘坑のコーロア時代の遺構は、居住痕跡として理解できるものではない。黄色土の盛土であり、表面には、黄色土とともに礫石と瓦片が敷き詰めてあり、叩き締められた厚い層で、強固な層となっている。この盛土層は南側が厚さが30-40cmあり、北側が1.40mに及んだ。盛土層の北側は、深い溝のようになっ

58

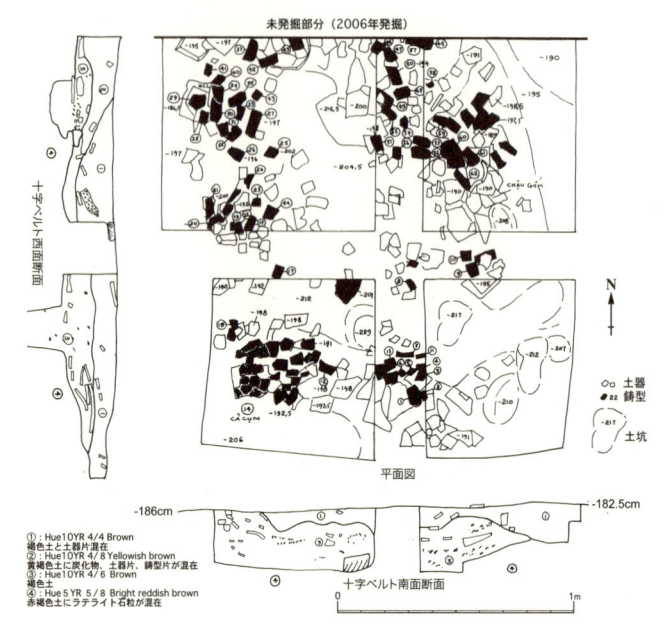

図3 第3発掘坑の鋳造炉（F3遺構）

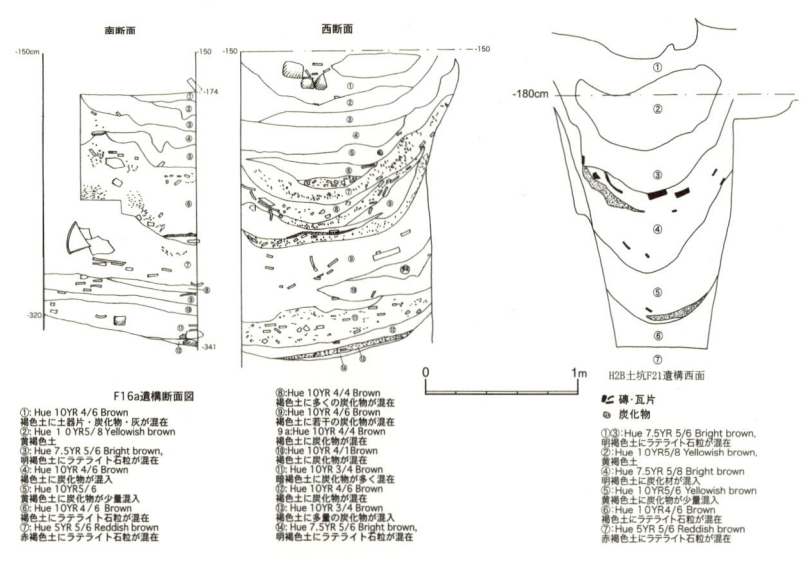

①：Hue10YR 4/4 Brown
　褐色土に土器片混在
②：Hue10YR 4/8 Yellowish brown
　黄褐色土に炭化物、土器片、鋳型片が混在
③：Hue 10YR 4/6 Brown
　褐色土
④：Hue 5YR 5/8 Bright reddish brown
　赤褐色土にラテライト石粒が混在

○○ 土器
■■ 鋳型
⊂⊃ 土坑

図4 第2B発掘坑の炭化物集中土坑遺構　F16a（左）とF21（右）の断面

F16a遺構断面図

①：Hue 10YR 4/6 Brown
　褐色土に土器片・炭化物・灰が混在
②：Hue 10YR5/7 Yellowish brown
　黄褐色土
③：Hue 7.5YR 5/6 Bright brown,
　明褐色土にラテライト石粒が混在
④：Hue 10YR 4/6 Brown
　褐色土に炭化物が少量混入
⑤：Hue 10YR5/6
　黄褐色土に炭化物が多く混在
⑥：Hue 10YR 4/6 Brown
　褐色土にラテライト石粒が混入
⑦：Hue 5YR 5/6 Reddish brown
　赤褐色土にラテライト石粒が混在

⑧：Hue 10YR 4/4 Brown
　褐色土に多くの炭化物が混在
⑨：Hue 10YR 4/6 Brown
　褐色土に若干の炭化物が混在
9a：Hue 10YR 4/6 Brown
　褐色土に炭化物が混在
⑩：Hue 10YR 3/4 Brown
　褐色土に炭化物が多く混在
⑪：Hue 10YR 4/6 Brown
　褐色土に炭化物が混在
⑫：Hue 7.5YR 5/6 Bright brown,
　褐色土にラテライト石粒が混在

▱ 磚・瓦片
● 炭化物

H2B土坑F21遺構西断面

①：Hue 7.5YR 5/6 Bright brown,
　明褐色土にラテライト石粒が混在
②：Hue 10YR5/8 Yellowish brown,
　黄褐色土
③：Hue 7.5YR 5/8 Bright brown
　黄褐色土に炭化物が少量混入
④：Hue 10YR5/6 Yellowish brown
　黄褐色土にラテライト石粒が混入
⑤：Hue 10YR 4/6 Brown
　褐色土にラテライト石粒が混在
⑥：Hue 5YR 5/6 Reddish brown
　赤褐色土にラテライト石粒が混在

ている。層断面から、この発掘区はもともと丘陵部の麓であることがわかり、地盤の弱い地点であるため、彼らは礫石や瓦片を加えて盛り土をしたと考えられる。第1発掘坑のコーロア層の盛り土も、第4発掘坑の城塁の盛り土と非常に類似するが、第4発掘坑では瓦片や礫石は混入されていない。これは、第4発掘坑が高い丘の上に位置することによりその違いが生じたと理解できる。おそらく、第1発掘坑は内塁の内側のすぐ麓に位置しており、第1発掘坑の北側に位置する第2、第3発掘坑とは性格がまったく異なるものである。

(3) 鋳造炉関連遺構

　第2B発掘坑と第3発掘坑のコーロア層は、性質が似ている。明褐色土で、湿っており軟質である。色調は地山層と区別がつきにくい。このコーロア層の表層では円形赤色土遺構が発見され、建物の柱の基礎のように打ち固められている。発掘面積は非常に狭く、柱の基礎の配置形態は確認できなかったが、円形赤色土遺構は数多く確認でき、固定した形状ではなく、深さも異なる。包含土は赤褐色土もしくは褐色土が多く、盛り土の形も規格がなく、多くの地点で地山の土が用いられている。こうした現象は、この区域を使用する前に、最初に木を切り倒し、表面を削平して、盛り土をし、凹部を埋め、地盤の平準化を目指したことを表していると考えられる。第2B発掘坑と第3発掘坑のコーロア層では、鋳造炉遺構と鋳造炉関連遺構が確認された。

a. 鋳造炉遺跡

　第3発掘坑の鋳造炉遺構（図2のH3の東端）は、コーロア層の上面で出現した。すなわち、陳朝期文化層に属するF2遺構の磚・瓦層をはぎ取ると、周囲の黄褐色土とはまったく異なる炭混じりの褐色土層（F3遺構：図3、図5a）が現れた。F3遺構の一部は発掘坑の北壁の中に入り込んでいたが、遺構が鏃の鋳造炉区と確認されたため、発掘区を北側に3㎡拡張した。しかし、拡張区内で炉の北側の範囲が納まらず、さらに北側に遺構が続くことが判明したため、掘り出した遺構に対して、南側の半分だけ、交差するセクション・ベルトを残して完掘することにし、発掘区拡張部の北側半分は、点在する瓦や鋳型のみを

a：F3遺構下層部

b：第2B発掘坑 F16a 断面

c：るつぼ片

図5　コーロア期の遺構・遺物

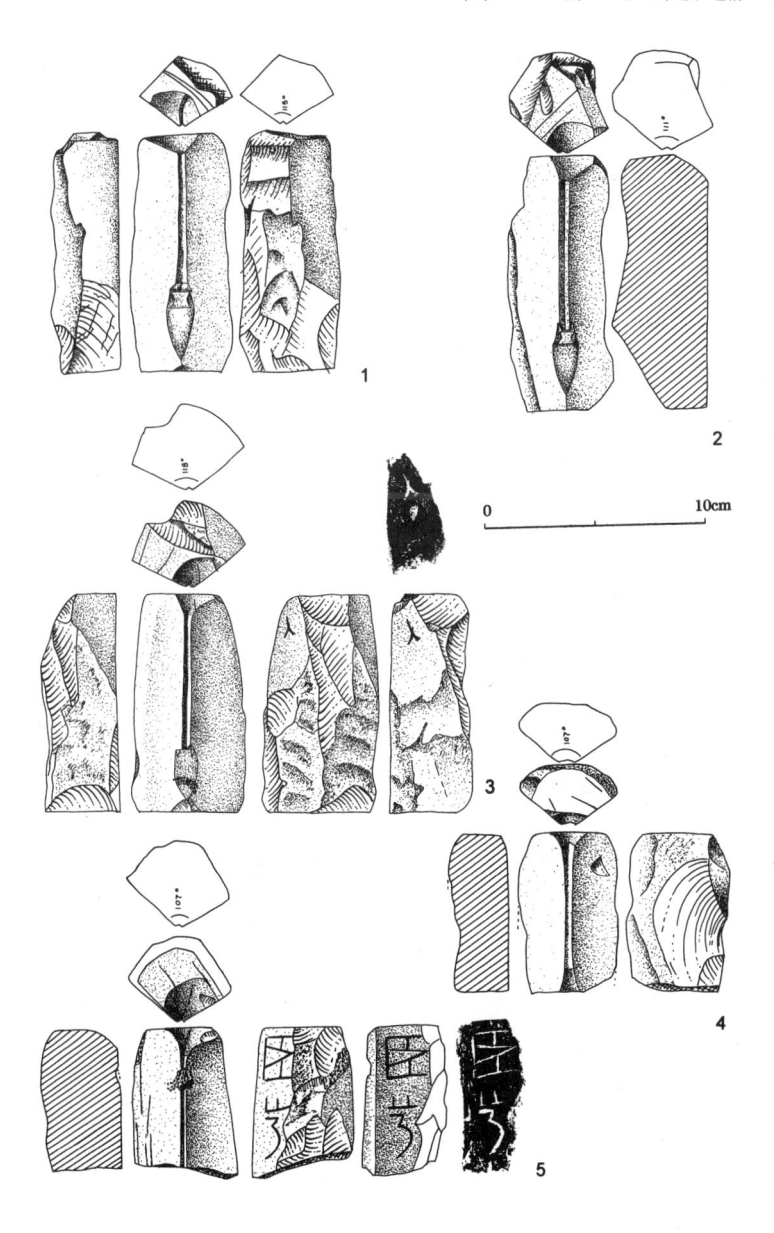

ハノイ郊外コーロア城における鋳造炉遺構　61

図 6　各種鋳型（1-5：使用済鋳型）

取り上げ、瓦と鋳型の集中群はそのまま残して保存することにした。そして、ハノイ遺跡名勝管理センター長の同意の下で、鋳造炉区の発掘調査を将来継続すると同時に、展示用に保存・活用する方向で、この鋳造炉区に対処することにした。以下は、その発掘調査の結果である。

鋳造炉区は陳朝期文化層のすぐ下に位置しており、長方形に近い形状で、南北に1.10m、東西に1.60mの幅があった。

炉の表土層を第1層とした。これは、鋳造炉が活動を行わなくなった最後の層である。土は、やや黄色味のある褐色で、炭が斑状に混じる。この層には多くのコーロア瓦片が含まれ、おおよそ中間に、厚い割れた瓦片の遺構があった。他に、三翼鏃の鋳型片が数点まばらに確認された。

第1層部をすべて掘り上げ、瓦片を取り上げると、第2層の黒褐色の遺構が確認された。とくに、中央は黒色炭化物で覆われていた。第2層中には、瓦、石製鋳型、石製鋳型くずの集中区が確認された。遺構の西側半分では、文字の記された鋳型片（図6-5）が確認された。なかでも鋳型集中群は、鋳造炉の堀込み線を縁取る道のように配されていた。黒褐色土を掘り上げ、瓦片、石、鋳型片を残し、第2層を完掘したところで、鋳造炉内の外縁部では地山層、中央部では厚い炭化物層が確認できた。

第3層は、鋳造炉区の中央部のみで確認され、炭を多く含む炭化物の黒灰色層であった。この層位の断面をみると、中央に深く掘り込まれている穴があり、上部が幅10cm、深さ25cmである。穴には炭化物が詰まっており、おそらく、鋳銅のために掘られた穴であろう。穴の底部で地山土が確認されたが、焼けて赤色に発色した場所があった。

F3鋳造炉は、北側に未掘部分が残っていることが確認されたが、2006年の継続調査により鋳造炉が3基重なり合っていることが確認された。

b. 鋳造炉に関係する遺構

第2B発掘坑では、炭化物集中土坑と呼ぶ特殊な遺構が2つ（F16aとF21）確認された。

F16a遺構（図4、5b）は、発掘坑の西南端、コーロア層の深さ0.3mのレベ

ルで、灰褐色土の範囲として確認された。長さ 1.50m、幅 1m である。西壁と東壁に未掘部分が残る。この遺構を発見する前、その上層部では、コーロア瓦片が多く確認されている。発掘できた部分は遺構全体の 1/4 と考えられ、最初の確認時は、平面形は長方形を呈していたが、掘り下げていく過程で楕円形に変化していくことが確認できた。遺構の構成層は弓なりに中心が凹んだ層が互層状になっており、遺構底部も中心部に向かってやや凹んでいた。現れた遺構は、いちばん幅広の部分となる南北方向で、最上層部で幅 1.20m、底部で幅 1.05m あった。東西方向でも、最上層部で幅が 1m、深度が 2m あり、かなり深く掘り込まれた穴であることがわかる。遺構の構成層は、炭化物層と色の異なる褐色土層の互層となっていた。褐色土層と炭化物層の互層中には、大量の瓦片が含まれ、とくに瓦は最深部に多く集中していた。表土より 1.45-1.60m の炭化物が少ない褐色土層は、瓦片を最も多く含み、瓦片は主に 3 つの集中群に分けられ、しっかりと重ねられていた。また、表土より 2.60-2.90m のところで、褐色土層中は炭化物が混じり、大きな瓦片が裏面を上面として中心部に重ねられていた。

遺構の構成層中には、鋳型の破片、炉壁の焼土塊片、土製るつぼ片、磨り石などが確認された。また、深度約 2m のところで、焼けた石塊があり、この石塊は非常に大きく、表面は凸凹の痕跡を多く有す。炭化物集中区には、砕片となった骨が焼けて石灰化していた。

第 2 の遺構は、同じく第 2 B 発掘坑の F21 遺構である。コーロア層の灰黄色の中で確認された遺構で、形状はおおよそ長方形であり、片側は発掘坑の西壁に入り込んでいる。また下層部で段状になっている土坑であることが確認された。

遺構は、上層部では幅 1.20m であり、下層部にかけてすぼまり、幅は 0.60m となり、深度は 1.52m あった。土坑の構成層は F16a に類似して、黄灰色土層、赤褐色粘土層、炭化物を含む灰褐色土層の互層からなっており、土坑底部では、鮮やかな赤褐色粘土と灰色土層が互層になっており、地山層は赤褐色粘土層であった。遺物には瓦、磨り石、鋳型の未製品などが見つかった。

この2遺構を調査するときに、土層の構成と遺構の機能に関して注意を払い以下のことを考察した。まず、これらの遺構が、青銅三翼鏃を鋳造する炉と関連するものであることは間違いない。炭化物や灰、鋳型などが確認でき、鋳造作業過程上の産物と判断できる。しかし、鋳造炉そのものとはいえない。

次に、青銅三翼鏃鋳造過程上の廃棄物が埋められていたことである。鋳造関連の廃棄物の埋納ともいえる注意深い埋め方は、以下に述べるような興味深い仮説を考えさせてくれる。上述の遺構は規模も大きく深度もあるが、埋められた鋳造関連の廃棄物の量は多くはない。遺構の表面は、瓦片と固められた土層で覆われていた。

単に廃棄物を埋めるために、当時、このように注意深く埋める必要があったのだろうか？　バックニン（Bắc Ninh）省のダイバイ（Đại Bái）鋳造村など、現在の鋳造炉を観察すると、鋳造時の廃棄物は家の周りの池等に無造作に捨てられている。とすると、この廃棄物を埋める行為自体が、たとえば鋳造業の秘密を隠すためのような意図的な行為であった可能性が高い。このことは、安陽王の弩の伝説と関連していると考える。それは国家機密の武器であり、それらを保持することが国家の平安を維持することでもあった。コーロアの青銅鏃の鋳造業は、厳格に管理守秘する必要のある重要なものであったに違いない。

2　鋳造道具と関連道具

鋳造炉F3遺構と第2B発掘坑のF16aとF21遺構で出土した鋳造関連の遺物の多くは、鋳造の過程で壊れたもの、もしくは、廃棄されたものである。以下、原材料別に出土遺物を紹介する。

(1)　るつぼ片と土製鋳型

るつぼ片（図5c）は5片確認でき、そのうち3片は鋳造炉遺跡の中で出土し、2片はF16a遺構の炭化物層から出土しており、すべて小片である。るつぼの胎土は籾殻を混ぜた粘土で、内面は黄灰色の固い皮膜層があり、溶銅時の青銅

が付着しているものもある。外面は赤色化している。

　土製鋳型（図10a）は12片あり、その中で1片は鋳造炉より出土し、残り11片はF16aの炭化物包含層で確認された。これらの破片は焼土塊片とよく類似しているが、すべて胎土に籾殻を混ぜられており、普通の焼土塊ではない。外面は、層状に赤化しており、手こねによる凹み痕跡もある。内側は灰黒色あるいは淡灰色で、高火度焼成のため、なめらかで硬質になっているものもある。筆者は、これらが土製鋳型片と考える。1度だけ使用し、鋳出後、鋳造物を取り出すために鋳型を壊すので使い捨て鋳型となるが、一般には大型の青銅器を鋳造するときに使用する。ここでは、どのような器物を鋳造したのかまだ同定できていない。

(2) 鋳かす

　鋳造炉遺構（F3）と炭化物集中土坑（F16aとF21）の構成土層をすべて篩いにかけたが、F16aからわずかに5点のみ確認されたのみである。このことから、当時の人間が青銅素材を非常に厳格に管理・節約していたことがうかがえる。

(3) 三翼鏃の石製鋳型（鋳型破片、鋳型未製品、鋳型製作時失敗品、鋳型製作時砕片）

　まず、デン・トゥオン遺跡の三翼鏃鋳型発見までの過程について述べたい。F3の炉遺構出土の遺物を洗浄していると、研磨された淡紫色の石製遺物が確認された。石材の質と研磨された表面が磨り石に似ていたが、より詳細に観察してみると、すべて断面形態や摩面の作出などに共通した特徴があり、石製鋳型の可能性を考えた。これらは、形態的にこれまでに確認されてない石製鋳型であった。普通、石製鋳型は合范式の場合、2枚一組で、横断面がD字状である。しかし、ここの三翼鏃の鋳型は3枚一組である。この特徴については以下詳しく述べる。

　鋳造炉遺跡の構成土層では、完形鋳型の他に、鋳型の破損廃棄品、未製品、

製作時失敗品などが確認された。鋳型の完形品を詳細に研究することにより、未製品、製作失敗品などを理解し、さらに鋳型の製作をどのように行うかを理解することが可能である。

3分割型合范の製作過程は3段階に認識できる。

第1段階：原石から長めの多面体に整形。長さは普通10cm強であり、厚さが4-5cmある。自然石の外周に剥離を加えて、長方体を形作る。横断面は正方形もしくは長方形である。

第2段階：多面体の断面調整。3分割の鋳型なので、鋳型の接范面が3枚合わせて360°になる必要がある。したがって、それぞれの鋳型の2つの接范面の内角は120°であることが理想で、実際、デン・トゥオン遺跡出土例は120°前後に納まっている。しかし、当時の工人たちの技術体系に、分度器などの角度を測る道具があったとは考えにくい。この問題を克服するために、彼らはまず、その内角が直角になるような接しあう方角面2面を作出し、その片面を3分の1程減じて、必要な内角120°前後を持つ接范面を作出したと考える。

第3段階：鋳出する器物形態、湯口などの作出。2つの合范面が構成する境界部に鋳出する器物の形態を彫り込む。鏃の三翼部は一般に2cm程度の長さで、鋳型の端部に作出され、基部がすぼまり、柄が続き最後は湯口部となる。そして合范面を丁寧に磨き上げて仕上がりとなる。そして、合范時にどこで接范させるか印を鋳型に付けることになる。

a. 使用済みの鋳型

出土した鋳型のほとんどは破損品、破片で、使用済み鋳型片は24点あり、うち3点のみ原形を保っていた（図6-1・2・3、図10b）。完形品の鋳型は長さが10-11cmであり、合范面の幅が1.5-3cm、鏃の先端部が2.5-3cm、柄の長さが6.2-6.5cm前後である。使用済み破片は、鏃の頭部のみ残るもの（図10c）、鏃の基部のみ残るもの（図6-4・5、図10d）、基部の柄が彫り込まれてないものなどに分けることができた。基部の柄が彫り込まれてないものも、明らかに使われており、他の基部が溝状に彫り込まれた鋳型と組み合わせて使って、溶銅を流し込む空間を確保したと考えられる。2点ほど、漢字が刻み

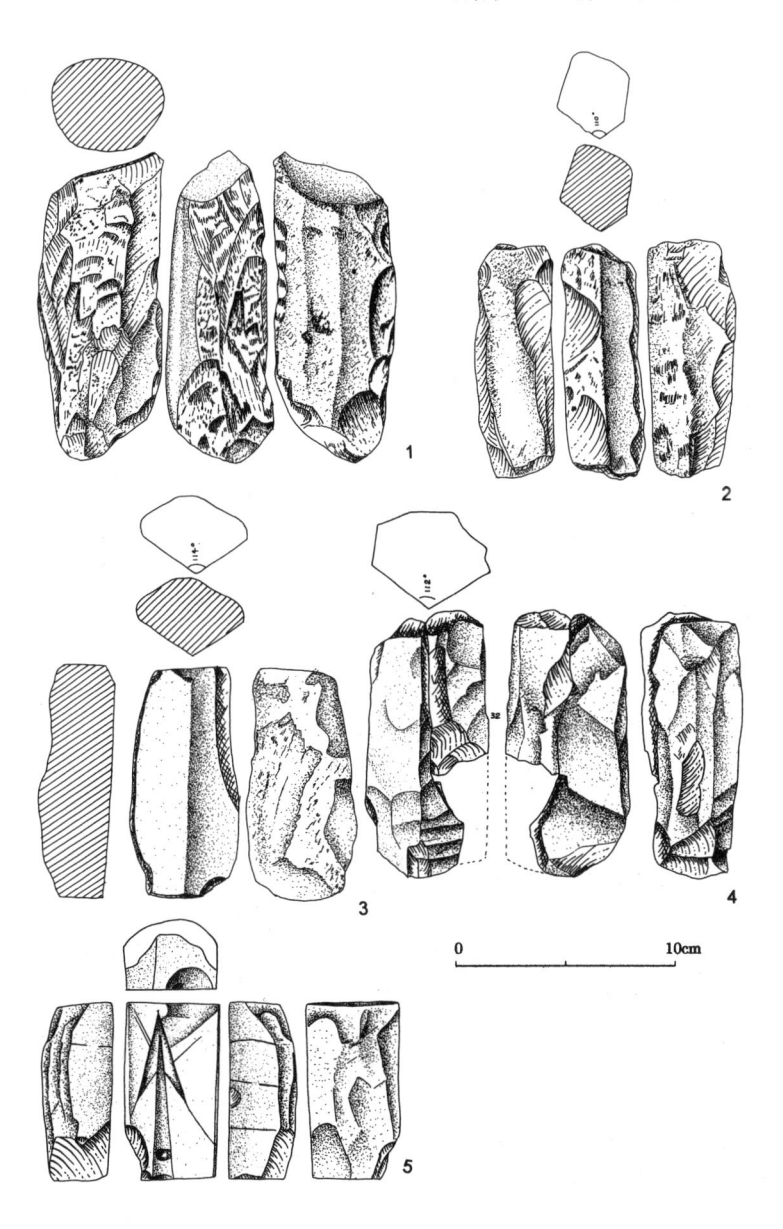

ハノイ郊外コーロア城における鋳造炉遺構　67

図7　各種鋳型（1-3：未製品、4：制作時失敗作、5：二分割型）

込まれているものがあった。H3-F3-L4-3-1（図6-5）は、鋳型非接范面に2字の漢字が彫り込まれている。最初の字は"臣"であるが、2字目は解読されていない。もう1点のH3-F3-L2-49例（図6-3）の字は、"人"と思われる。

b. 鋳型未製品

鋳型の製作工程段階差を反映した3例が出土している。

第1例（図7-1）は、長さ14cm、横断面形が楕円型で、現在の外周面は剥ぎ取られ、粗く研磨が行われたもので、自然礫面が1面にのみ残っている。第2例（図7-2）は、長さ13cm、幅2-3cmで、長い多面体に整形された後、合范面2面が磨出されかけている段階のものである。第3例（図7-3）は未製品として非常に整ったもので、合范面2面が丁寧に作出され、三翼鏃の鋳型面を作出する直前のものである。

c. 鋳型製作時失敗品

破片資料は、それだけでは非常に同定困難なものであったが、完形品と丁寧に比較することにより、その性格が理解できるようになった。鋳型製作途上に失敗・破損した例と考えられ、51例が同定された（例：図7-4）。使用済みの鋳型27例との比率を考えるとかなり高率であることが理解できる。一般に、当分類にあてはまる例は、細部を磨出・作出する途上にあるものが多い。

d. 鋳型製作時砕片

これは、鋳型製作時に廃棄された破片と考えられるもので、鋳造炉（F3）の外縁部を中心に、炉の構成層から出土したものが多く、炭化物集中土坑からは非常に少なかった。11例が多面体成形後に小片となったもので、30例以上が敲打整形時に小片となったものであった。

e. 2分割型石製鋳型

炭化物集中土坑F16aより、槍先（あるいは鋩先）の鋳型1例（図7-5、図10e：05DT-H2-F16a-3）のみ出土している。鋳型のサイズは、長さ8cm、幅4cm、厚さ2.5cmで、槍（鋩）先は長さ7.5cmになる。鋳型は長方形で、合范面と側面が丁寧に磨出されている。槍先の作出深度はさほど深くなく、薄型の製品であったと考えられる。槍先の周囲には鋳造時のガス抜きと考えられる浅

い沈線が鋳型の際まで走っている。湯口は槍先先端部片側に接続し、鋳型側面には合范のための線状の印が施されている。茎部には突起ができるように小孔が施されており、これは柄に結びつけるためのものであろうか。

(4) 磨り石（砥石）

　鋳造炉遺構（F3）より多くの磨り石（砥石）が出土している。鋳張りの削り取りなど青銅器鋳造には欠かすことのできない道具であるが、2種類が確認された。第1種は軟質の石材で、石材の粒子が細かく、摩面がざらつかないものである。鋳造後に合范面などを研磨するのに用いられたのであろう。第2種（図10f）は砂岩製で石材粒子が粗いものである。多くはサイズが小さく、長さが3-6cm程度のものである。形状は、長方形のもの、槍先状のもの、円形のものなどがある。これらは、鋳造された青銅器の先端や基部などを磨くのに用いられたと考える。

3　年代の問題について

　鋳造炉F3と炭化物集中土坑F16aからとった炭化材サンプル2点を、放射性炭素年代（AMS測定法）の測定のため、アリゾナ大学の実験室に送った。結果は以下の通りである。

　　1. 05DTHIII F3: 2159 ± 36BP
　　　68.2%（確率分布曲線：1 sigma）
　　　352BC-294BC（32.3%）
　　　228BC-219BC（3.6%）
　　　211BC-164BC（29.8%）
　　　94.5%（確率分布曲線：2 sigma）
　　　361BC-270BC（37.8%）
　　　263BC-91BC（57.6%）
　　2. 05DTHIIB F16a: 2190 ± 35BP

70

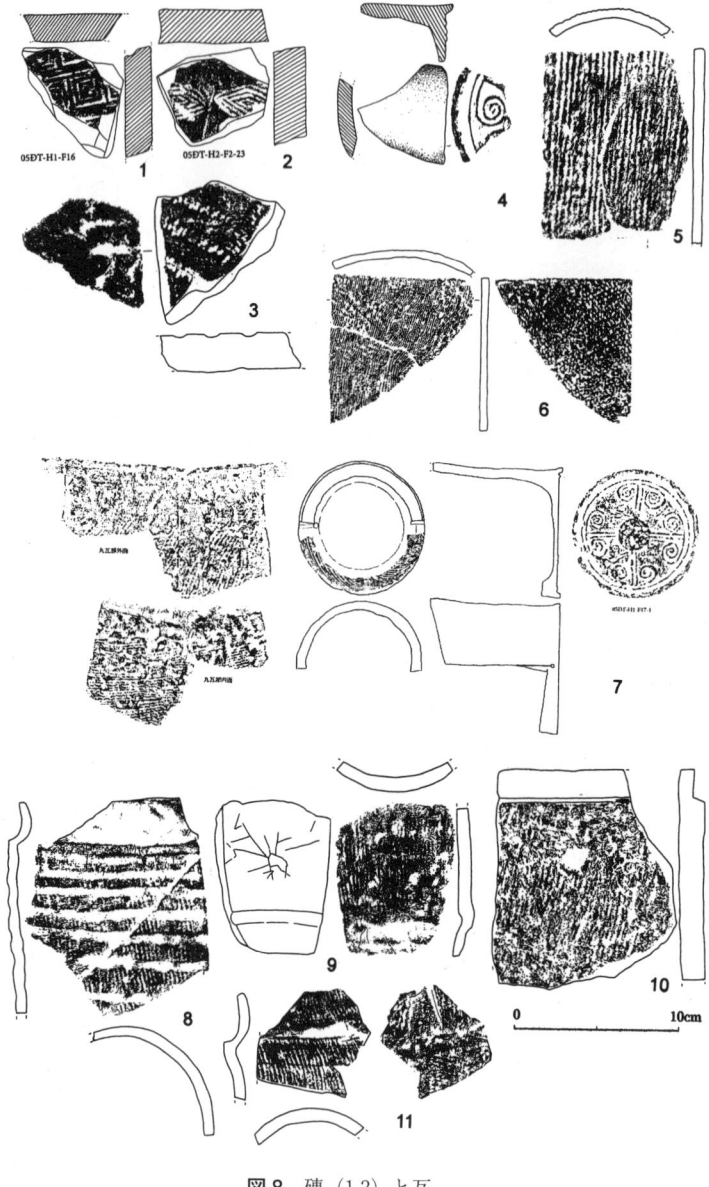

図 8　塼 (1-3) と瓦

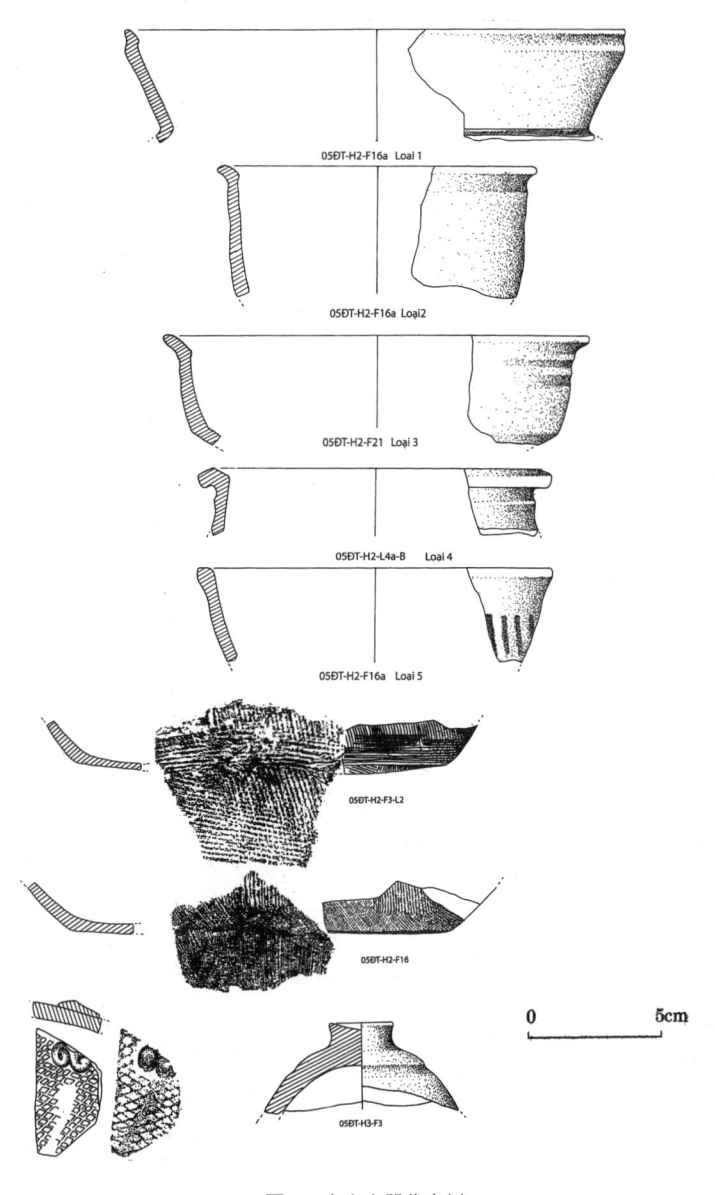

ハノイ郊外コーロア城における鋳造炉遺構 71

図9 出土土器代表例

a：土製鋳型片 　　　　　　　　b：三翼鏃鋳型（使用済）

c：三翼鏃鋳型（使用済） 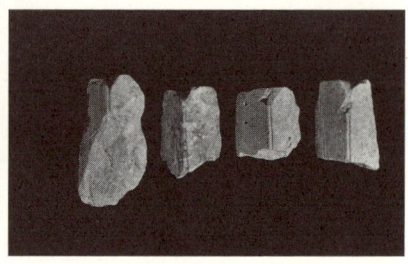　　　　d：三翼鏃鋳型（使用済）

図10　コーロア期の遺物

68.2%（確率分布曲線：1 sigma）
356BC-283BC（43.8%）
256BC-247BC（3.7%）
234BC -197BC（20.7%）
94.5%（確率分布曲線：2 sigma）
375BC-170BC（95.4%）

　コーロア層の年代の確定自体が、鋳造炉と鋳造炉関連遺構の年代の確定につながる。建築関連遺物と土器の遺物研究でも、放射性炭素年代法で示された年代幅と重なる年代幅を示している。

　デン・トゥオン遺跡で出土した磚と瓦の代表例を挙げておく。磚（図8-1～3）は叩きによる整形で、その紋様が表面に残る。瓦類は丸瓦（図8-7・8・9・11）と平瓦（図8-5・6）が主で、軒丸瓦は、図8-4・7のような紋様を持つものがある。さらに厚手で、端部が段状になった平瓦？(図8-10)がある。これらは、中国・広州の南越国の宮都遺跡出土の磚、瓦（南越王宮博物館籌建處他 2008）と比較してみると、その違いを理解できる。南越宮都遺跡にくらべて、デン・トゥオン遺跡の磚の出土量は少なく、南越の磚ほどきれいな作りのものではない。また、軒丸瓦を含む瓦類に関しては、輪積みによる成形、叩きによる整形、そして糸切りをもちいた切断など製作技術として共通するものの、明らかに紋様モチーフは異なっている（瓦の製作技術は Nishimura, Trần Thị Kim Quý 2006 参照）。南越宮都遺跡の「万歳」文字の瓦当はデン・トゥオンにはないし、2種類認識できるデン・トゥオンの瓦当の雲文は、南越宮都遺跡に同類のものが存在しない（南越王宮博物館籌建處他 2008）。したがってデン・トゥオンの年代が、南越宮都遺跡より早いと考える。土器（図9）も細かい砂を含む胎土の選良された土器が中心であるが、これらも南越宮都遺跡出土のものと同類とはいえない。

　以上のことから、デン・トゥオン遺跡のコーロア層の年代は、およそ統一秦から初期西漢時代、つまり、紀元前3世紀末から2世紀初頭の間に納まり、南越建国以前と推定する。そして、この年代観は青銅器鋳造炉の年代にもあては

まる。当然、この年代は、安陽王の甌駱国の存在時期とも重なるわけである。

4 考　察

　デン・トゥオン遺跡第一次発掘調査から、この地区に鋳造工房が眠る可能性が示された。そして、2006年末の第2次発掘では、第3発掘坑のF3鋳造炉遺構の全貌が露わになり、廃棄と作り直しにより複数の鋳造炉が連続している現象が確認された。さらに、2007年の第3次遺跡発掘調査では、さらに鋳造炉遺構が発見されており、デン・トゥオン区域は、青銅器鋳造の一大工房があったと結論してよい。出土遺物から、これらの鋳造工房は、矢鏃や槍（鋩）先を中心に生産しており、もちろん他の製品も鋳造しているが、基本的には武器生産を中心とした工房であったと考えられる。

　カウヴォック地点（デン・トゥオン地点から約1km：図1）での多量の青銅製鏃埋納の発見（1959年）から今回の鏃の鋳造場所が発見されるまでに半世紀がたった。この三翼鏃は、ベトナム考古学界では、数十年前からコーロア鏃と呼ばれてきていた。コーロアに住む人たちの伝承によると、デン・トゥオン一帯は安陽王の居住地とされていたが、発掘により、その場所の直下にコーロア時代の青銅器鋳造工房があったことが証明された。現状では、発掘地点はコーロア城内塁の西南隅に位置している。また、同時期の居住痕跡は非常に限定されている一方、鋳造関連遺構は複数存在し、遺物とともに厳重に埋められており、技術、原料、鋳造具やその関連道具とともに厳格に管理されていたことがうかがわれ、その位置と併せて、武器製作が国家的機密として行われたと結論することができよう。

　これまで発見されていた巨大な銅鼓、大量の鋤先を鋳造した痕跡（Nguyễn Đức Bạch 1983参照）などは、今回発見された青銅器鋳造工房の存在を裏付けるものと考える。こうした手工業が城郭内に集中している状況は、初期国家"甌駱"が権力を集中させていく過程を表していると考えられ、当地域が漢に完全従属する前の状況を表しているともいえよう。

参考文献

KCH：*Khảo cổ học*, Insitute of Archaeology, Vietnam.（考古学院発行誌『考古学』）

NPH năm…　：*Những phát hiện mới về Khảo cổ học Việt Nam*.（年報『ヴェトナム考古学の新発見』）

南越王宮博物館籌建處、广州市文物考古研究所　2008『南越宮苑遺址－1995、1997年考古発掘報告　上、下／西漢南越国宮署遺址考古』文物出版社

西村昌也　2008「ハノイ北郊のコーロア城について」『古代学研究』180号 457-469頁

Hoàng Văn Khoán（ed.）2002 *Cổ Loa : trung tâm hội tụ văn minh sông Hồng*. Viện văn hóa, Nhà xuất bản Văn hóa thông tin, Hà Nội.

Nguyễn Quang Ngọc và Vũ Văn Quan（eds.）2007 *Địa chỉ Cổ Loa*, Nhà Xuất Bản Hà Nội.

Nguyễn Đức Bạch 1983 Báo cáo sơ bộ về phát hiện nhóm hiện vật ở gò Mả Tre Cổ Loa 1982. In *Phát hiện Cổ Loa 1982*, Sở văn hóa thong tin Hà Nội, Hà Nội : 10-20.

Nishimura Masanari, Trần Thị Kim Quý 2006 Những mảnh ngói của di chỉ Bãi Mèn : phân loại và kỹ thuật. *NPH năm 2005* : 192-194

Phạm Minh Huyền 1983 Nghiên cứu nhóm hiện vật Cổ Loa bằng phương pháp quang phổ. In *Phát hiện Cổ Loa 1982*. Sở văn hóa thông tin Hà Nội, Hà Nội : 100-105.

Phạm Minh Huyền, Phạm Thị Ninh, Lại Văn Tới, Hà Mạnh Thắng, Hoàng Văn Khoán and Nishimura Masanari 2004 Khai quật Cổ Loa . *NPH năm 2003* : 175- 178.

Phạm Minh Huyền, Lại Văn Tới, Trần Anh Dũng, Nguyễn Đang Cương, Ban quản lý di tích và danh tháng Hà Nội 2006 *NPH năm 2005* : 182-186.

Trần Quốc Vượng 1969 Cổ Loa: những kết qủa và những triển vong tôi. KCH số 3- 4 : 100- 134.

Trần Quốc Vượng and tập thể sinh viên chuyến ban khảo cổ 1978 Cổ Loa mùa điện da 1997. NPH năm 1977. *NPH năm 1977* : 124-126.

銅鼓研究と漢籍史料

吉 開 将 人

はじめに

　銅鼓とは、南中国から東南アジア島嶼部にかけて出土し、あるいは現在も用いられ続けている青銅製の片面太鼓のことである。銅鼓についての金石学的関心は中国歴代王朝下ですでに存在していたが、銅鼓を歴史資料として集成し、総体として関心を向けた研究は、19世紀後半に西欧人によって始まった。彼らの多くは漢学的素養を持つ東洋学者であったため、銅鼓そのものに対する関心は、漢籍史料中の銅鼓に関する各種記事への注目と、中国歴代王朝下の金石学的考証を再評価する気運を、同時に生み出した。来歴が明らかな銅鼓が少なく、遺跡発掘の事例もとぼしい状況の中で、漢籍史料に銅鼓研究の手がかりを求める傾向はその後も続くことになる。20世紀前半までの銅鼓研究は、ヘーガー（F. Heger）や梅原末治の即物的研究を除けば、基本的には、数少ない銅鼓資料や遺跡発掘から得られた零細なデータを、いかにして漢籍史料の記述や民族例と結び付けるかという、技巧を競うものであったと言うことができる。

　第2次世界大戦後、列強の勢力後退と裏返しに、銅鼓の分布域には次々と新たな国家や政権が打ち立てられていく。各国では、従来の外国人主導の学術のあり方を一新して、自民族による学術体制の構築と文化財制度の整備が進められ、その中で銅鼓の新たな発見が相次ぎ、関連遺跡の発掘例も急増していった。当然ながら、銅鼓研究は、実物と各種考古学データにもとづくものへと、その性質を変えていったのである。こうした傾向は、冷戦の終焉後、各国が一気に

対外開放へと向かい、自国の研究者以外でも現地への立ち入りが容易になる中で、外国人研究者の間にも広がることになった。今や銅鼓研究に漢籍をひもとく研究者は、ほとんどいない有様である。

しかし銅鼓そのものの編年の大枠や各型式の分布状況など、時空間的広がりの基本状況がほぼ明らかとなった今日においてこそ、漢籍史料の価値はかえって高いものとなっている。かつて漢籍史料の断片的な記事を中心に作られた銅鼓理解の大枠は、確かに銅鼓そのものの相次ぐ発見によって、今や完全に時代遅れのものとなった。しかし同時代の状況を反映する史料の記事そのものの価値は決して減じておらず、銅鼓研究にこれまでにない新たな論点を生み出す可能性を秘めていると考えるのである。

以上のような認識により、かつて筆者は、漢籍史料を積極的に利用しながら、2篇の小文をまとめ、いくつかの問題提起を試みた（吉開 1999・2000）。しかし筆者の手法や問題提起は、残念ながら一部の識者の興味を引いたのみで、大方の研究者の関心を喚起するには至らなかった。小文で、改めて銅鼓研究における漢籍史料の価値を示しながら、新たな論点をいくつか提示したいと思う。

1　六朝時代の銅鼓鋳造をめぐって――銅銭と経済政策との関連から

銅鼓がどこでだれによって各時期に鋳造されていたのかという問題については、今なお不明な点が多い。初期の銅鼓研究では、各地で発見される銅鼓を、文献中の後漢の将軍馬援の記事（『後漢書』巻24・馬援列伝）と結び付けて、その鋳造も漢人によるものであったとする理解が広く見られたが、当該記事そのものには、漢人による銅鼓の鋳造を示す記述は見られない。

銅鼓の鋳造について記録したものとしては、時期的にはやや下るが、4世紀後半の「広州夷人」に関する以下の記述が最古のものである。

〔呉の〕孫権の嘉禾五〔236〕年に大銭を鋳造し、一枚で五〔銭〕相当とした。赤烏元〔238〕年、〔大銭を〕また鋳造し、〔一枚で〕十銭相当とした。……孫権は民が便利としていないと聞き、これをとりやめて器物に鋳改め、

官吏に二度と流通させないようにした。……晋は中原が混乱に陥り、元帝が長江を越え〔南遷し〕て以来、孫氏〔呉〕の旧銭を用い、軽銭と重銭をまじえて通行させ、大きいものは比輪といい、中ほどのものは四文といった。呉興の沈従がまた小銭を鋳造し、これを沈郎銭といった。〔市中に流通する〕銭が多くなかったので、そのために〔一銭の〕価値が高かった。〔晋の〕孝武帝は太元三〔378〕年に、「銭は国の重宝であるが、小人が利を貪り、溶かしてしまうことがやまないので、〔管轄の〕監司は注意せよ。広州の夷人は銅鼓を宝として貴ぶが、〔広州〕域内ではもともと銅を産出しない。聞くところでは、官私の商人がみな比輪銭の重いものをかき集めて、広州に行き、商品として夷人に与え、〔夷人はそれを〕鋳潰して鼓を作っているとのことだ。〔銅銭を持ち出すことは〕重く禁制とし、得た者は罪に科せ」と詔した。(『晋書』巻26・食貨志)[3]

東晋の「広州」は、現在の広東省から広西チワン族自治区の内陸域に相当し(譚其驤主編 1991)、筆者の言うところの「ヘーガーⅠ式後期東群」「ヘーガーⅠ式後期西群」「ヘーガーⅡ式東群」の展開した時期・分布域と重なる(吉開 1998)。文中に見える「銅鼓」とはすなわちこれらの銅鼓を指すと理解すべきである。これを踏まえるなら、呉から東晋にかけての六朝時代の初期に、江南地域一帯で銅銭の不足する状況があり、銅銭の価値が高騰する中、重量があってしかも良質であった「比輪」銭(「大泉当千」銭?)を、「広州」に持ち込んで銅鼓の使用者である「夷人」と取り引きした内地の商人がいたことになる。

注目されるのは、当時「広州」域内で銅を産出していなかったという指摘である。晋代の「広州」とその南の「交州」との境界域(譚其驤主編 1991)にある銅石嶺遺跡(現広西北流市)は六朝時代の銅鉱遺跡だが、4世紀後半においては「広州」の主要な銅資源獲得先ではなかったということであろう。この地域でこれに先立って製作されたと見られる銅鼓は、筆者の言うところの「ヘーガーⅠ式中期東群」(吉開 1998)だが、その発見数は、他の時期の銅鼓群と比べて著しく少ない。銅資源がとぼしい中で、銅鼓を重んじ、鋳造を行った当地の「夷人」社会において、旧式の銅鼓があらかた鋳潰されてしまった可能性に

ついて考えるべきであろう。

　上の詔文でもう1つ注目されるのは、この時期の「広州」域内で銅鼓の鋳造が確実に行われていたという事実である。銅鼓鋳造の主体が商人たちであったのか「夷人」たちであったのかについては記述として明示されていないが、構文上からは「夷人」が鋳造にあたっていたと理解するのが妥当であろう。

　この地における銅鼓の鋳造については、唐代に編纂された『隋書』巻31・地理志にも「俚人」「諸蛮」などの「諸僚」が「並に銅を鋳て大鼓を為る」とある。「並鋳銅為大鼓」の6文字については他史料に見えないが、『隋書』で以下に続く、彼らによる銅鼓の使用に関する記述については、北宋の『太平御覧』巻785・俚条に見える裴淵『広州記』の佚文と、細部まで一致する。『隋書』の当該部分の記述は、明らかに裴淵『広州記』に依拠したものである。「並鋳銅為大鼓」の6文字についても、裴淵『広州記』の中にもともと存在した「広州」の「俚人」「諸蛮」「諸僚」に関する記述を踏まえたものである可能性が考えられる。

　撰者である裴淵については不詳ながら、『広州記』の佚文中には、東晋末の安帝の年号である「義熙四〔408〕年」の文言が見えるものがあり（青山1942）、また北魏の酈道元（472～527年?）が残した『水経注』にも、その引用が確認される（浪水）。『水経注』の成立が6世紀初めであることからすれば（呉天任1991）、裴淵『広州記』はそれより前の成立のはずである。晋末もしくは宋初の5世紀初め頃の成立と見ておくのが妥当であろう。

　以上より、4世紀後半から5世紀にかけての「広州」地域において、銅鼓の鋳造が当地の土着民族によって行われていたことが、漢籍史料の断片的な記述によって推測される。銅鼓そのものの今日的発見状況から見れば、これに相当する銅鼓群は、筆者の言うところの「ヘーガーⅠ式後期東群」と「ヘーガーⅠ式後期西群」（ともにいわゆる「冷水冲型」）、そして「ヘーガーⅡ式東群」（いわゆる「北流型」）が中心であったと考えられる。隣接する「交州」地域では、「広州」に近い地域（現広西東南部）に、同時期のもう1つの銅鼓群である「ヘーガーⅡ式西群」（いわゆる「霊山型」）が集中して分布する（吉開1998）。これ

らの担い手が、まさに「並に銅を鋳て大鼓を為」った「諸僚」と称される雑多な集団であり、彼ら自身が鋳造していたからこそ、型式学的にも容易に分類可能で、かつ形状・紋様などの各要素において相互に連関性の強い複数の銅鼓群が、地域を分かちながら同時展開する状況が、この時期の「広州」を中心に成立しえたと考えられる。

2　宋初の「銅禁」と銅鼓鋳造——宋代社会経済史の中の銅鼓

　前章では、4世紀後半から5世紀にかけての銅鼓鋳造の問題を、当時の貨幣政策、銅鼓分布の現状に関連付けて論じた。銅資源の枯渇という問題は、各時代の青銅器の生産や流通にも影響し、ときには現地での銅鼓の保全を難しくさせ、それが結果的に今日の私たちが認識する分布状況として現れる可能性が存在するのである。

　時代が少し後になるが、宋代の『宋会要』の佚文を清の徐松が集録した『宋会要輯稿』蕃夷5-74・南蛮に見える以下の記事は、この問題についてより具体的に考えるための素材を提供する。

　　雍熙元〔984〕年、「渓峒の夷獠は疾病があると、銅鼓・沙鑼を撃って鬼神を祀ります」と黔南〔南部羈縻州を管轄する黔州の知州？〕が上奏した。〔太宗は〕詔によって銅禁を解いた。

これは『宋史』巻493・蛮夷列伝一にも収録されるもので、先の東晋の事例と同じく、「銅禁」（銅の流通規制）にかかわる記事である。文面そのままでは意味が通らない。前段部分について、「銅鼓・沙鑼」は土着民族である「渓峒夷獠」にとって病気の治癒を祈る際に打楽器として不可欠なものだが、当時「銅禁」のために銅製品であるそれらを失った状況があり、その苦境を地方官が彼らに代わって上奏した、と理解してはじめて文意が通じる。「黔南」土着民族の実状についての報告を受けて、「銅禁」が解除されたのである。

　「黔南」とは、黔州（現重慶市彭水苗族土家族自治県）、もしくはその管轄域である州南方の地、すなわち土着民族が間接統治されていた羈縻州を指すもの

と推測される。宋初の乾徳4（966）年には、黔州の隣接地である南州（現重慶市南川県）と下溪州（現湖南省古丈県）から宋朝に対し、「銅鼓」の貢納が行われている（『宋会要輯稿』蕃夷5-10・西南蕃、および『宋史』蛮夷列伝一）。この地域一帯が当時、銅鼓の集中域であったことが推測され、上文の記事の傍証となる。

　上文の述べる「銅禁」の実態については、これに先立つ後周の世宗や、後の南宋の高宗の代に、梵鐘や銅鑼・仏像まで供出させて鋳潰した例があることが（稲葉1922）、一定の参考になろう。中国史上における「銅禁」は、各時代の銅資源の枯渇と貨幣不足を前提に、やむを得ず、政策として実行されたものであった。宋代においても、銅資源の枯渇という現実に向き合いつつ、前代における悪貨の流通と貨幣体系の混乱を収拾するために、各種貨幣の流通を制御し、良貨の官鋳を推し進め、同時に民営の銅の採掘を制限する試みが、宋初以来、繰り返しなされていたのである（加藤1991）。

　宋代の数ある「銅禁」（日野1934、荒木1938）の中では、

　　太平興国二〔977〕年、「江南の諸州の銅については未だ禁法がないので、頒布し施行することを要請します」と有司が上奏した。〔太宗は〕詔してその要請に従い、仏寺・道観にある道像・仏像・鐘・磬・鐃・鈸・相輪・火珠輪・鐸、および家で常用される銅鑑〔盆〕を除き、民間の蓄えている銅器はすべて役所に供出させ、銭での賠償を受けさせた。隠匿したり、届け出ない者は、律によって処罰した（『宋会要輯稿』食貨34-31・禁銅）。

とある記事が最も注目にあたいする。この時期に、ほかにより適当な関連記事が見当たらないことからすれば、この禁令がまさに雍熙元（984）年に解除された「銅禁」に相当するものと推測される。すなわち、黔南からの請願をうけて、江南辺境の土着民族の居住地域が、「銅禁」の適用外となったことを、先の記事は意味するのであり、この間においては、銅鼓を使用する土着民族の社会も、王朝による「銅禁」の規制の下に置かれており、当然ながら彼らの銅鼓は没収されて、枯渇した銅資源を補うものとして鋳潰され、銅貨に鋳直されて流通したと理解されるのである。

黔南が一角を占めた今日の四川地域の、この時期の実状を示すものとして、南宋の李燾『続資治通鑑長編』巻23・太平興国7（982）年8月の条に見える、以下の記事がある。

> 銅銭が川界〔四川四路〕に入るのを禁じたところ、鉄銭十は銅銭一の価値となった。太平興国四〔979〕年、はじめてその禁を解……いた。〔川界では〕銅銭が尽き、民はひどく苦しんでいたことから、商人は争って銅銭をもって川界に入り、民と取り引きし、銅銭一で鉄銭十四を得た。その明年〔980年〕、転運副使……の張諤は、「かつて夷人との銅の取り引きでは、一斤〔の銅〕に対して鉄銭二百を与えていましたが、〔一斤の銅に対して鉄銭〕一千に増やすことを望みます。そうすれば大いに〔銅を〕得られ、それによって再び銅銭を鋳造することができるでしょう。……」と上奏し、詔により夷人との銅の取り引きが許されたが、一斤〔の銅〕に対して〔鉄〕銭五百を与えるだけとした。ところが、にわかに銅を得ることは難しく……民は蕭然としてますます苦しみ、仏像を削ったり、器を壊したり、古墓を盗掘してわずか銅銭四五枚を得るなどして、罪に坐した者が非常に多かった。

四川地域は五代のときに鉄銭の流通域であったために、宋初に特別の貨幣流通政策が施行されていたが（宮澤 1998）、その後、土着民族である「夷人」からの銅の買い上げまでを画策して、銅資源の枯渇に対処しなければならない事態が生じていたことがわかる。先に見た「夷獠」社会における「銅禁」問題は、こうした宋初の四川地域特有の状況を踏まえて理解すべきものである。

ところで、雍熙元（984）年に民族地域の特例として解除された「銅禁」は、その後、どのようになったのであろうか。史料には、以下の内容の詔が見える。

> 天禧……三〔1019〕年……十月四日、「益州路・梓州路・〔利州路・〕夔州路辺境の夷人の所有する銅鼓・銅器は、夷界において用いることを許す。州県〔の役人〕はそれを〔銅禁〕禁制違反として責めてはならない。内地の民で〔銅器？銅？を〕夷界に持ち込んで売った者は、即ち詔勅にしたがって処罰する」と詔した。先に、富順監〔現四川省富順県〕が「〔管轄下の〕

始姑鎮の夷人の家に銅鼓があり、代々これを秘伝し、古〔右？〕族と号していますが、朝廷の法では禁制にあたります〔から没収して処罰すべきです〕」と上奏したことから、〔それを退けて〕この詔が下されたのである(『宋会要輯稿』刑法2-14・刑法禁約)(7)。

まさに「銅鼓」の所有をめぐって辺境の土着民族に対する特例が問題視される事態が後に生じたが、特例は維持され続けたことがわかるのである(8)。

一方でこの記述からは、内地の漢人が民族地域に銅(器)を持ち込むことについては、厳しく禁じられていたことが見て取れる。これが、内地の銅資源の流出を避けるための措置であったことは疑いない。このことからすれば、当時、辺境の土着民である「夷」、すなわち前掲の雍熙元年の記事にいう「夷獠」は、銅資源の入手と鋳造を自ら行っていたと考えざるをえないのである。

漢籍史料中により古い時代にさかのぼって見える記事の中には、当該地域の土着民族である「獠」が、青銅器を鋳造していたことをうかがわせるものがある。唐の杜佑『通典』巻187・辺防3には、以下の記述が見られる。

　　獠は、おそらく蛮の別種であり、かつての時代、初めは梁州と益州にまたがる地域に現れ、〔その後、北は〕漢中から〔南は〕卭・筰に達するまで、河谷の間、いたるところに〔獠が〕いるようになった。……銅を鋳て器を為り、〔その器は〕口が大きく腹部が広がっており、銅爨という名で、薄くて軽く、食べ物を煮るのに容易である。蜀にはもともと獠がいなかったが、〔成漢の〕李勢〔344～347年〕の時に、諸獠がはじめて巴西・渠川・広漢・陽安・資中・犍為・梓潼〔諸郡〕に現れ、山谷に満ち、十余万の聚落となり、郡県を攻めて打ち破り、益州に大きな災いをなした。

また、東晋の常璩『華陽国志』巻9・李勢志には、

　　蜀の地には獠がおらず、はじめは山から出現し、巴〔西〕から犍為・梓潼〔諸郡〕まで、山谷に満ちた。

とある。獠が出自したとされる「梁・益之間」や「山」というのが、具体的にどこであったのかについては、北魏の酈道元『水経注』白水条に、

　　〔成漢の〕李寿〔338～343年〕の時、獠は牂柯から北に向かって〔成

漢の地に〕入り、いたるところの諸郡で、山谷に満ちた。

とあって、北魏の時期に、牂柯の地を獠の起源地とする何らかの史料が存在したことが推測される。漢代以来、牂柯の意味するのは、今日の貴州方面であり、西晋の行政区画を基準とすれば、ちょうど梁州（現漢中から重慶方面）と益州（現四川省東部から雲南省西北部）との間に相当する（譚其驤主編 1991）。

これは、時期的には4世紀前半にあたり、今日の貴州の南に位置する広西の地では、この時期、筆者の言う「ヘーガーⅠ式後期東群」「ヘーガーⅠ式後期西群」「ヘーガーⅡ式東群」「ヘーガーⅡ式西群」の4つの銅鼓群が展開していた。当時、現地民族が積極的に銅資源の入手を行い、銅鼓鋳造をしていたことについては、すでに第一章で指摘したとおりである。ときを同じくして貴州方面から四川方面に現れて急速に拡散した「獠」と、同時代の広西方面での展開が無関係であったとは考えにくい。当時の史料の中には、広西方面の土着民を「俚獠」あるいは「諸獠」と呼び、「銅鼓」の使用について記録したものも見える（前掲裴淵『広州記』および『隋書』地理志）。4世紀以後、今日の広西から四川にかけての地域には、「獠」という民族が広く展開していたのである。その末裔と見られる民族が、唐代になおも青銅器鋳造の技術を保持していたことを、先の『通典』の記事は物語っている(9)。本章の初めに検討した雍熙元年の上奏についても、黔南の「夷獠」自身が「銅鼓・沙鑼」の鋳造を行っていたことを前提とした記事として評価すべきである(10)。

3　馬援と銅鼓の鋳潰しをめぐって

以上では、東晋と北宋における銅資源の枯渇という問題を出発点として、辺境の土着民族による銅鼓の生産や所有のあり方が、内地の漢人社会の実状や王朝中央の経済政策と密接に結び付く状況が存在したことについて論じてきた。ある時代の銅資源の状況は、当時の辺境社会にまで影響を及ぼし、現地での銅鼓の保全を難しくさせ、それが結果的に今日の私たちが認識する分布状況として現れる可能性が考えられるのである。

銅鼓を、銅資源をめぐる社会経済史的文脈の中で評価し、「鋳潰し」という行為に注目するとき、思い起こされるのは後漢の馬援の故事である。漢の将軍、馬援が徴姉妹の蜂起を鎮圧した際に、「交阯で駱越の銅鼓を得て、鋳て馬式を為り、〔洛陽に〕帰還してこれを〔光武帝劉秀に〕献上した」という『後漢書』馬援列伝の記事は、漢籍史料に見える銅鼓記事として最古のものである。そこにはまさに銅鼓の鋳潰しが記録されている。
　「馬式」については、武帝の時の「銅馬法」（名馬の見本）に倣ったものとされ、その大きさは「三尺五寸、囲四尺五寸」とされている（馬援列伝）。出土した当時の「物差し」によれば、1尺は、王莽の新代のもので22〜24cm程度、後漢のもので22〜23cm程度である。平均値から23.5cmとすれば（丘光明編著1992）、高さわずか82cmほどとなる。銅鼓型式から考えると、馬援の遠征は、筆者のいわゆる「ヘーガーⅠ式前期」から「ヘーガーⅠ式中期西群」（吉開1998）の過渡段階に相当する時期と推測される。後者の例として、鼓面直径82cmのフーチュン（Huu Chung）鼓（Institute of Archaeology 1990）を基準とすれば、「馬式」はおそらくこの種の銅鼓2、3点を鋳潰せば鋳造できるほどの大きさのものであったと考えられる。
　では、なぜそのことがわざわざ記録されたのであろうか。これについては、各種史料中の関連する記述を参照しながら検討すべき問題であると考える。青銅器を獲得して鋳潰したことが特記される事例は、より古くさかのぼって確認されるからである。
　河北省平山県三汲の中山王墓出土の中山王譽方壺（前4世紀末）の銘文に「燕の吉金を択んで彝壺を鋳て為る」という句が見える（竹内1990）。先秦時代の「金」は青銅のことを指す。「某の吉金を択ぶ」という句は、西周から戦国にかけての金文によく見られる。この中山王譽方壺の場合は、後の銘文内容によって、中山の燕に対する先勝を記念する内容ということができるので、ここでの「吉金」は戦争で獲得した青銅器や青銅武器を指すと見るのが妥当である。
　これについて、小南一郎氏は「このように他国で手に入れた銅器を鋳つぶして新しい彝器を作るのは、元来の銅器が持っていた象徴的な威力（宗教的な力）

を自己のものとする宗教的な手段であったのであろう。のちに秦の始皇帝が天下の兵器を集めて金人を鋳造したのも、単なる刀がりではなく、同様の宗教的意味を含み、さればこそそれが天下統一の象徴ともなったのであろう」と指摘する（小南 1985）。小南氏の言う秦の始皇帝の例とは、『史記』巻6・秦始皇本紀に見える「天下の武器を収めて、これを咸陽にあつめ、とかして鍾鐻、金人十二、重さ各千石を為り、朝廷の宮中に置いた」とする記述のことを指す。

中国古代にはこのほかにも、魯の公族季宿孫（武子）による、斉の武器を用いた「林鐘」の鋳造（『春秋左氏伝』襄公19〔前554〕年・伝）や、前3世紀の「楚王なる酓忎が戦って青銅の武器を獲得したことをもって、正月吉日、鑐鼎の蓋を窒鋳した」という青銅器銘文（竹内 1990）など、関係する事例が多数ある。このように、少なくとも秦代までは、こうした習俗が中国社会の広い範囲に存在していたことが確かめられる。

馬援は武将としての側面を評価されることが多いが、彼は広い教養を持つ文人としての性質も備えていた。馬援が「伏波将軍」に任じられた際、受け取った官印に刻まれた「伏」の字について「犬」の向きがおかしいと気付き、あわせて他県の令・丞・尉の官印の字形が統一されていないことにも言及して、「古文字に通じた者を推薦」していること（後漢の劉珍ほか『東観漢記』巻12・馬援伝）は、その象徴とも言える事例である。馬援による銅鼓の鋳潰しという行為についても、彼の教養に裏打ちされた中国伝統への理解に由来する可能性について考えるべきであろう。

ではその場合、「霊的」威圧だけが目的だったとすべきであろうか。文献には馬援がなぜ銅鼓を鋳潰したのか具体的な説明がないが、馬援が用意したものについては、一書には上文のように「馬式」であるといい、一書には「銅柱」であるとされ（吉開 2001）、一致することがない。しかし少なくとも馬援が嶺南の地で「銅」と密接な関係をもって語り継がれてきたことだけは否定できない。馬援の銅鼓鋳潰しの故事については、「銅」そのものについての視点からも再考すべきであろう。

じつは、馬援は「銅」と無関係な存在でなかった。『後漢書』馬援列伝に、

〔建武〕十一〔35〕年夏、〔後漢光武帝の劉秀は〕璽書によって馬援に隴西太守を拝領させた。……馬援は隴西にあって〔洛陽の光武帝〕に上書し、〔前漢の〕昔のように五銖銭を〔官が〕鋳造すべきだと言った。その事が三府〔三公の府〕に下されると、三府は〔光武帝に〕上奏してまだ〔官鋳を〕許すべきではないとし、その事はついに沙汰止みとなった。馬援は〔洛陽に〕帰還すると、先の上奏に対する十余条の批判の内容を、公府に求めて手に入れ、牒状によって説明し、さらに上表文で詳細に申し述べた。帝はこれに従い〔五銖銭の官鋳を許し〕、天下〔の民〕はその〔官鋳五銖銭の〕便利さに浴した。

とある。『東観漢記』馬援伝には、そのことについてより詳しく、以下のように述べる。

馬援は隴西太守となり、……隴西にあって〔光武帝に〕上書し、「民を富ませる根本は、食〔農業生産〕と貨〔流通経済〕にあります。〔前漢の〕昔のように五銖銭を〔官が〕鋳造すべきです」と言った。三府が合計十三の批判をしてきたが、馬援は逐一それを解決し、事々にその実状を〔光武帝に〕上奏した。

つまり、馬援による上述の建言は、王莽銭による貨幣体系の混乱を踏まえ、歴史的経緯と経済原理に通じた知識をもってなされたものと評価されるのである。馬援が隴西太守となったのは上に見るように建武11（35）年で、その後彼は西方の地にあって、今日の甘粛方面の羌や氐などの異民族を征討し、建武16（40）年に虎賁中郎将となって洛陽に戻り、同年2月に勃発していた徴姉妹の蜂起を受け、建武18（42）年に伏波将軍として交阯遠征へと向かっている。「王莽の乱の後、貨幣は〔王莽銭などの旧銭に〕布・帛・金・粟をまじえて用いていたが、この歳、はじめて五銖銭を通行させた」と記録されるのは、建武16年のことである（『後漢書』巻1下・光武帝紀）。上に挙げた『後漢書』馬援列伝の記述を重ね合わせると、光武帝は同年洛陽に帰還したばかりの馬援の上表を受けて、最終的に五銖銭の官鋳を復活させたと理解される。馬援による徴姉妹の蜂起の平定は建武19（43）年になされ（光武帝紀）、馬援は建武20（44）

年に洛陽に凱旋しているから（馬援列伝）、問題の銅鼓の鋳潰しもこの間のできごとであったと推測される。貨幣経済の混乱を収拾させるべく、五銖銭の復活（官鋳）を実現させてから間もない時期になされた銅鼓の鋳潰しもまた、経済的原理からの関心と無関係であったとは考えにくいのである(13)。

そもそも、この一連のできごとの直前の王莽期には、私鋳を禁じて新たな貨幣を流通させるために銅資源の統制が厳しくなされており、また後漢時代には、銅山として開発されたことが記録された例が目立って乏しいことから、銅資源が不足していたと推測されている（山田 2000）。

青銅器は、今日の私たちにとっては「考古遺物」でしかないが、同時代においては金属体として、それ自体が経済的価値を持っていたことを忘れてはならない。戦国中期以後の中国青銅器のなかに、容器としての容量などに加え、重量を記録するものが少なくないのは、それが容器であると同時に金属体としての価値をもっていたからである。銅鼓についても、広西貴県羅泊湾墓・ベトナムのコーロア鼓のように重量の銘文が認められるものがあり（量ほか 1990、西村 2008b）、銅鼓の「流通」という視点から注目される。この点において、コーロア鼓の一括遺物が青銅器鋳造のための素材である可能性についての指摘は（横倉 1990、西村 2008b）、とくに興味深いものである(14)。

すでに述べたように、銅鼓型式から考えると、馬援の遠征は、筆者のいわゆる「ヘーガーⅠ式前期」から「ヘーガーⅠ式中期西群」（吉開 1998）の過渡段階に相当する時期と推測される。これまでのところ、これらの銅鼓群の発見例は、ベトナム北部（漢の交州）の紅河北岸地域において目立って少ない（西村 2008a・b）。それが当時における現実の空白を意味するのか、あるいは結果としての空白を意味するのかについては、以上における小文での検討を踏まえるなら、なおも慎重に論じられるべき問題である。

おわりに

以上において、漢籍史料の有用性を示すために、金属体である銅鼓が、中国

社会経済史の文脈の中に位置付けられる存在であることを中心に論じてきた。銅鼓研究においては、銅鼓を用いた側の社会に立って議論されることが一般的だが、少なくとも漢代以後においては、銅鼓といえども、王朝の論理や政策・制度の影響抜きには存在しえなかったのである。この点は、今日、考古学的に確認されるデータをどのように評価するかという、銅鼓研究の根本に対する新たな問題提起となるであろう。

そして、この問題は銅鼓をめぐる今日的状況にもあてはまる。現代中国における銅鼓の発見状況には、現実の社会情勢が色濃く反映されているのである。

中華人民共和国の建国初期、四川南部の洞窟で、1点の銅鼓が発見された。しかし発見されたばかりの銅鼓は、民兵によって粉々に打ち壊されたという。銅鼓上の12芒の「太陽紋」が、国民党の党徽の紋章と誤認されたことが原因であった（毛瑞芬 1985）。

広西チワン族自治区でも、数多くの銅鼓が発見され、博物館に収集されてきたが、既発表データ（広西壮族自治区博物館 1991）を手掛かりに、銅鼓の発見年を統計してみると、全体のなかで占める比率のピークは、型式によって異なる時期に現れる。「冷水冲型」（ヘーガーⅠ式中後期）および「霊山型」「北流型」（ヘーガーⅡ式）では、そのほとんどが「文化大革命」が正常化へと向かい始めた1972年以後に発見され、1979年以後の「改革開放」路線のなかで毎年安定した数が各地から発見され続けている。これに対し、「麻江型」（ヘーガーⅣ式）では、その大部分が1970年以前に収集されているのである。開発地となりやすい丘陵地域からの出土例が多い「冷水冲型」および「霊山型」「北流型」と、伝統文化を守る少数民族の民間に伝世している「麻江型」との根本的な性質の違いを、統計上のピークの違いによって読み取ることができよう。

広西での「麻江型」の発見状況が示しているように、大衆を動員して行われた「大躍進」や「文化大革命」の際には、伝統文化の否定によって多くの文化財が本来の所有形態から切り離された。博物館に収められるに至った広西の「麻江型」は幸運な事例であり、むしろそうでないものの方が多かったと見るべきである。ある報告によれば、「西盟型」（ヘーガーⅢ式）が多く分布するビルマ

北部との国境に接する雲南省の西盟ワ族自治県のある廃品回収所では、1958年から70年にかけて2千点もの銅鼓が廃品として回収されたという（高宗裕1982）。回収された銅鼓が、他の廃品とともに鋳潰されてしまったことは、想像に難くない。

　近年の急激な中国社会の変化は、少数民族の伝統文化のあり方に、かつてない危機をもたらしつつある。先ごろ訪れた上海や昆明の市場で、多数の銅鼓が1点数千元の価格で売りに出されているのを、筆者は目撃した。こうした状況に対し、最近では法制化による保護の試みも見られるようになり、少数民族の集中地域で、今日もなお銅鼓が数多く用いられている広西チワン族自治区の東蘭県では、県政府によって「民間に伝世される銅鼓文物の保護管理に関する通告」が出されている（無記名1998）。このような動向は銅鼓の散逸を防ぐという点では歓迎すべきことであるが、一方で行政による規制が伝統的な銅鼓の所有のあり方にひずみを起こす可能性も否定できない。未来の銅鼓研究者が描く銅鼓の分布図もまた、人為的に変わりうるものであることを、今日を生きる私たちは注意する必要がある。

註

(1) かつては漢籍史料から関連記事を拾い集め、銅鼓研究に応用する気風があった中国国内においても、近年の研究の多くは銅鼓そのものについての議論が中心となっている。漢籍史料の記述を銅鼓そのものの問題に照らし合わせて検討するという、優れた学風を現在受け継ぐのは、もはや蒋廷瑜氏（蒋廷瑜2001）ただ一人である。日本国内でも、かつては鳥居龍蔵・松本信広氏らによって、漢籍史料によって歴史研究と銅鼓研究とを取り結ぼうとする試みが先駆的に行われていたが（鳥居1907、松本1935）、近年では市原常夫氏による研究が（市原1986・1989）、漢籍史料の記述を踏まえて銅鼓について検討した、日本の学界でおそらく最後のものであろう。近代以来の日本における銅鼓研究の展開については、Yoshikai（2004）を参照。

(2) 吉開（1999）文末注において「使用と『埋納』にみる銅鼓伝統の展開」『銅鼓と銅鐸』を予告したが、残念ながらその企画は実現せず、当時の構想全体を発表することがなかった。小文は、その一部を発展させたものである。

(3) 本史料の解釈については岡崎（1935）および中嶋（2007）を参照。

(4) 「沙鑼」については詳細不明だが、安南（現ベトナム）からの貢納品目としても散見され、「金盤龍沙鑼」の語句も見えることから（『宋会要輯稿』蛮夷7-48・歴代朝貢）、

銅鼓ではなくゴング（銅鑼）のようなものであると推測しておく。

(5) 五代の王朝の統治の外に置かれた州名が改変された際に、黔州から黔南へと改称され、北宋の半ばごろまで沿用されたとするのは欧陽脩の説明である（『新五代史』巻60・職方考）。黔州は今日の四川地域東端の江南に位置し、湖南・貴州との境界地帯に当たる（譚其驤主編 1991）。宋代においては、今日の貴州東半部に相当する広大な土着民族地域を、羈縻州として管轄していた（『太平寰宇記』巻120・黔州）。

(6) 下溪州の地には、これに先立つ時期、五代十国の一つ、楚の君主であった馬希範が、この地の土着民の首長であった彭士愁と会盟して立てた溪州銅柱がある。馬希範が馬援の末裔を自称し、馬援の故事に倣ってこの地に五千斤もの重量の銅柱を立てたことは、現存する銅柱の銘文に明記されている。本文中で述べた宋初におけるこの地域の状況から推測するに、馬希範の相手は銅鼓を用いる集団であったに違いない。溪州銅柱については岡田 (1993) を、また馬援銅柱については吉開 (2001) をそれぞれ参照。

(7) 『続資治通鑑長編』巻94・天禧3年10月丁亥条をあわせて参照。

(8) 上文と共通する内容が記された『宋会要輯稿』蕃夷5-20・西南蕃の天禧3年10月の条には、「帝は遠方の風俗をおもって、この詔を下した」とあり、蛮夷に対する恩恵という側面が強調されて見える。

(9) 広西北部から四川東部にかけての地には、中国国内で「遵義型」と総称される銅鼓の中で、筆者の言う「ヘーガーⅠ式後期」にきわめて近い特徴をもつ銅鼓がいくつか見出される。「獠」と銅鼓伝統の北上、さらには「遵義型」の形成について再考する上で、重要な資料となろう。例として、四川古藺県出土の41567鼓（中国古代銅鼓研究会 1988）、および四川布拖県聯布郷出土鼓（毛瑞芬 1985）などがある。このほか、広西桂林市の広西師範大学所蔵鼓（筆者実見）、四川成都市の四川大学歴史博物館所蔵「甲鼓」（聞宥 1953）は、いずれも収集地不明の資料だが、それぞれの所蔵機関の所在地に加え、その特徴が広西中南部に見られる典型的な「ヘーガーⅠ式後期」銅鼓群と異なるものであることから、由来も広西中南部ではなく、広西北部から四川方面にかけての地である可能性が高いと考える。なお『旧唐書』巻197・西南蛮伝（および『新唐書』巻179・南蛮伝）には、今日の貴州方面に当たる「黔州之西数百里」の「東謝蛮」について、「銅鼓」の使用と「首領謝元深」の貞観3 (629) 年の入朝が記録されている。

(10) 今日、中国領内で銅鼓を用いる少数民族の中で、容器状の大型青銅器を鋳造する技術を持っている民族は知られておらず、一部の銅鼓に残る漢人工房の印記からは、近世において銅鼓は漢人から入手されていたと考えられている（李楚栄 1993）。

(11) 馬援の遠征地であった嶺南地域には「銅船」についての伝承も少なからず残る。たとえば、東晋の劉欣期の『交州記』の佚文には、合浦（現広西合浦）から北に40里にある湖に出現する「銅船」についての記述（『初学記』巻第7・湖条および『太平御覧』巻66・湖条所引）や、安定県に伝わる「越王銅船」についての記述（『北堂書鈔』

巻137・舟総）が見られる。晋の交州には交趾郡に安定県が実在したことが確認される（『晋書』巻15・志第5・地理下）。
(12) この句は、『晋書』巻26・食貨志にも見える。それが「富本銭」の「富本」の由来である可能性が考えられることについては、今村（2001）を参照。
(13) 『後漢書』馬援列伝には、交趾から洛陽に帰還した際、馬援について、現地で財を蓄えたとする風聞があったことが記録されている。
(14) 中国青銅器を、原料の獲得から廃棄・副葬・埋納までの、「ライフサイクル」から検討することの重要性については、吉開（2008）を参照。

参考文献

青山定男 1942「六朝時代の地方誌について」『東方学報（東京）』13-1　東方文化学院
荒木敏一 1938「宋代の銅禁」『東洋史研究』4-1　東洋史研究会
岡崎文夫 1935「南朝の銭貨問題」『魏晋南北朝に於ける社会経済制度』弘文堂書房
市原常夫 1986「銅鼓の文献学的研究―明代都掌蛮の事例を中心に」『東南アジア考古学会会報』同学会
市原常夫 1989「銅鼓に関する貴州省地方志資料の検討」『考古学の世界』新人物往来社
稲葉君山 1922「経済史上より見たる支那仏教徒の地位」『支那社会史研究』大鐙閣
今村啓爾 2001『富本銭と謎の銀銭』小学館
岡田宏二 1993『中国華南民族社会史研究』汲古書院
加藤繁 1991「宋代貨幣史」『中国貨幣史研究』東洋文庫
小南一郎 1985「中山王陵三器銘とその時代背景」『戦国時代出土文物の研究』京都大学人文科学研究所
竹内康浩 1990「中山王䗝方壺」「楚王酓忎鼎」（釈文）『中国法書選』1　二玄社
鳥居龍蔵 1907『苗族調査報告』（人類学教室研究報告2）東京帝国大学
中嶋敏編 2007『晋書食貨志訳註』東洋文庫
西村昌也 2008a「北部ヴェトナム銅鼓をめぐる民族史的視点からの理解」『東南アジア研究』46-1　京都大学東南アジア研究所
西村昌也 2008b「ハノイ北郊のコーロア城について」『古代学研究』180　同研究会
量博満・今村啓爾 1990「ヴェトナム考古学の近況」『東南アジア考古学会会報』10　同学会
日野開三郎 1934「北宋時代に於ける銅・鉄の産出額に就いて」『東洋学報』22-1　東洋協会調査部
松本信広 1935「銅鼓に関する二三の安南資料」『史学』14-2　三田史学会
宮澤知之 1998『宋代中国の国家と経済』創文社
山田勝芳 2000『貨幣の中国古代史』朝日新聞社
横倉雅幸 1990「ヴェトナムを訪ねて（2）」『東南アジア考古学会会報』10　同学会

吉開将人 1998「銅鼓『再編』の時代」『東洋文化』78　東京大学東洋文化研究所
吉開将人 1999「銅鼓にみる『伝統』の諸相」『季刊考古学』66　雄山閣
吉開将人 2000「百越・南越・越南―南越印と銅鼓伝説」『東南アジア考古学』20　同学会
吉開将人 2001「馬援銅柱をめぐる諸問題」『ベトナムの社会と文化』3　風響社
吉開将人 2008「中国古代における生産と流通」『現代の考古学　4　生産と技術の考古学』朝倉書店
丘光明編著 1992『中国歴代度量衡考』科学出版社
呉天任 1991『酈学研究史』藝文印書館
高宗裕 1982「銅鼓研究与民族調査」『古代銅鼓学術討論会論文集』文物出版社
広西壮族自治区博物館編　1991『広西銅鼓図録』附表　文物出版社
蒋廷瑜 2001『銅鼓―南国奇葩』天津科学技術出版社
譚其驤主編 1991『中国歴史地図集（繁体字版）』3・4・5・6　三聯書店
中国古代銅鼓研究会編　『中国古代銅鼓』文物出版社
聞宥 1953『銅鼓続考』四川大学歴史博物館
無記名 1998「広西少数民族文物工作取得可喜成績」『中国文物報』1998 年 6 月 7 日　中国文物報社
毛瑞芬 1985「布拖県聯布郷銅鼓考略」『四川文物』1　四川省文物局
李楚栄 1993「麻江型銅鼓制造問題芻議」『中国古代銅鼓研究通訊』9　同研究会
Institute of Archaeology 1990 *Dong Son Drums in Vietnam*, Tokyo: Rocco Shuppan.
Yoshikai, M. 2004 One Century of Bronze Drum Research in Japan. *Transactions of the International Conference of Eastern Studies,* No.49, Tokyo: The Toho Gakkai.

「サーフィン―カラナイ土器伝統」再考

山形 眞理子

はじめに

　今から半世紀ほど前、1961年に香港大学で開催されたシンポジウムの場で、ハワイ大学の考古学者ソルハイムは初めて「サーフィン―カラナイ土器伝統」という概念を学界に提起した。「サーフィン Sa Huynh」はベトナム中部の鉄器時代サーフィン文化を指し、「カラナイ Kalanay」はフィリピン中部マスバテ島カラナイ洞穴を指す。ソルハイムはカラナイ洞穴の調査者である。つまり、南シナ海をはさんで対峙する2つの土器群が結びつけられ、1つの「土器伝統」とされたのである。

　ソルハイム自身が「サーフィン―カラナイ土器伝統」提唱の当初から考えていたのは、土器伝統のバックグラウンドとしての人の移動あるいは交流、とくに海を舞台とした航海交易民「ヌーサンタオ Nusantao」ネットワークの広がりであった（図2-1）。ソルハイムは近年の著作のなかで次のように述べている。もともとオーストロネシア語の話者を示す語として使用したヌーサンタオ（原語の意味は「南の島の人々」という）であったが、のちに、東南アジア島嶼部を中心とし、ボートによる長距離交易のネットワークを作り上げていた海洋交易民を指す語として使用するようになった。「サーフィン―カラナイ土器伝統」に属する土器の作り手はヌーサンタオであったが、ただし、ヌーサンタオの中にはこの土器を作らない人々もいた（Solheim 2006）。

　東南アジア島嶼部と太平洋地域では、話されている言語のほとんどがオース

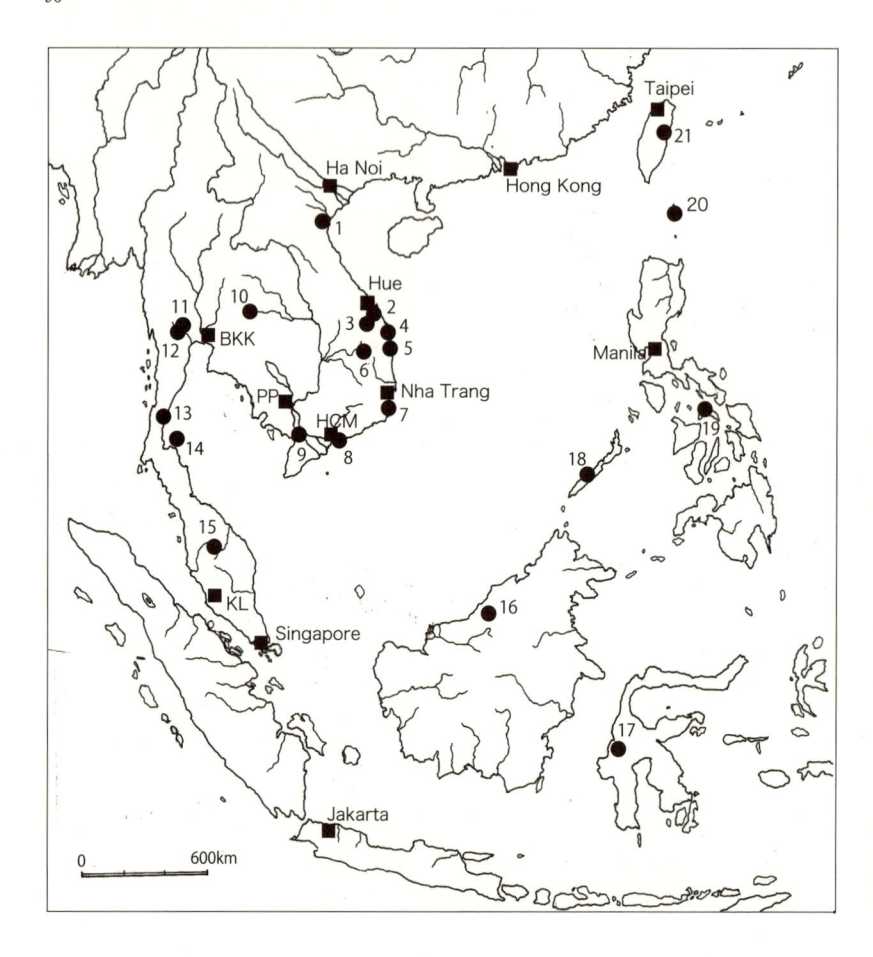

図1 遺跡地図（筆者作図）

■ 現代の都市　（HCM：Ho Chi Minh City, BKK：Bangkok, PP：Phnom Penh, KL: Kuala Lumpur）
● 本稿で言及した遺跡

1. ドンソン　2. トゥーボン川平野部の遺跡（チャーキュウ、ゴーカム、ゴーマーヴォイ、ライギ、ハウサー、アンバン）3. トゥーボン川内陸部の遺跡（ビンイェン、ゴーズア、タックビック）4. ビンチャウ、ソムオック　5. サーフィン、ロンタイン　6. ルンレン　7. ホアジェム　8. ゾンカーヴォ、ゾンフェット、ゾンロン　9. オケオ　10. バンノンワット　11. バンドンタペット　12. バンカオ　13. カオサムケーオ　14. サムイ島　15. グアチャ　16. ニァー　17. カルンパン　18. タボン　19. カラナイ　20. バタン諸島　21. 豊田（ネフライト産地）

トロネシア語族に属する。それらの言語が分岐し拡散していった歴史全体を比較言語学者が再構築している。言語学者ブラストが提示したオーストロネシア語族の拡散仮説（Blust 1984-85・1995・1996）を、考古学の面から検証してきたのがオーストラリア国立大学のベルウッドである（Bellwood 1978・1997・2004・2005・2009）。

　ベルウッドらの仮説は、オーストロネシア語を話す農耕コミュニティが拡散したルートと年代を跡づけようとしている（図2-2）。オーストロネシア語拡散の枝のひとつが、東南アジア大陸部の言語のなかで唯一オーストロネシア語族に属する、チャム語とその関連言語である。チャム語の祖先となった言語がいつ、どこから南シナ海を越えて大陸部へ到達したのかという問題意識は、考古学的にはサーフィン文化の起源の問題と関連している。ベルウッドらのオーストロネシア仮説はソルハイムのヌーサンタオ仮説とは相容れないものであるが、いずれの仮説においても、サーフィン文化は重要な位置づけにあると言える。（山形2007・2009）。

　本稿はソルハイムの「サーフィン―カラナイ土器伝統」概念について再検討を試みるものであるが、じつは、この概念は東南アジアにおける土器研究の場で意味を発揮してきたわけではない。ソルハイム自身も、土器研究に有効な概念ではないことを明言している（Solhaim 2002）。それにもかかわらず、サーフィンとカラナイを結びつけたソルハイムの土器研究の出発点に戻り、最近の考古学調査の成果と照らし合わせながら再検討することによって、ソルハイムの意図とは別に、彼が先鞭をつけた土器研究の意義と可能性を探ってみたいと思う。

1　「カラナイ土器コンプレックス」の設定から「サーフィン―カラナイ土器伝統」へ

　ソルハイムは1951・53年の2度にわたり、フィリピン中部カラナイ洞穴の発掘調査を実施している。1956年にはミシガン大学において、1920年代にフィリピン中部の島々で資料を採集したカール・グースのコレクションに含まれる

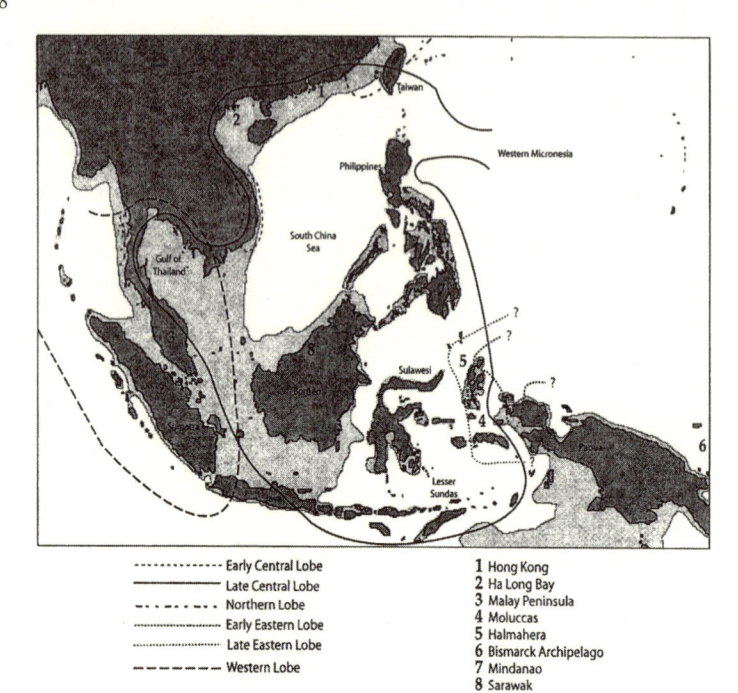

```
---------- Early Central Lobe          1 Hong Kong
———————— Late Central Lobe             2 Ha Long Bay
– - – - – Northern Lobe                3 Malay Peninsula
·········· Early Eastern Lobe          4 Moluccas
············ Late Eastern Lobe         5 Halmahera
– – – – – Western Lobe                 6 Bismarck Archipelago
                                       7 Mindanao
                                       8 Sarawak
```

図 2-1　ヌーサンタオ海洋交易民とそのコミュニケーションネットワークの広がり（Solheim 2006 より転載）

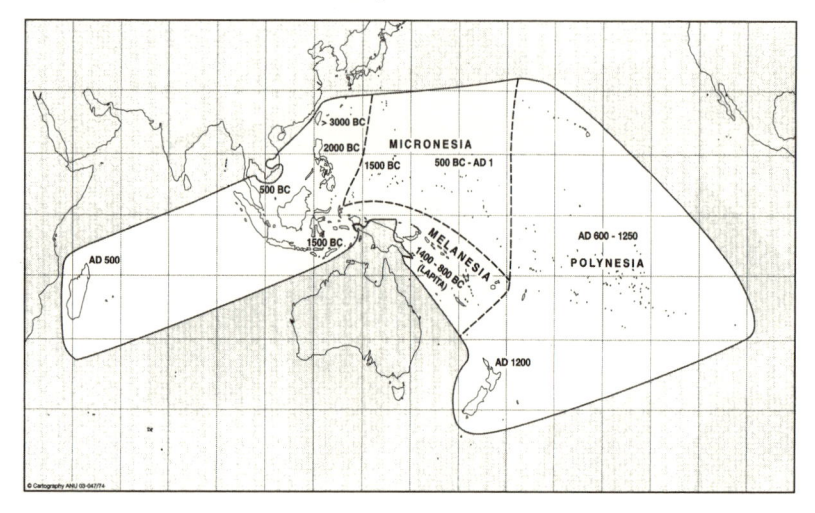

図 2-2　オーストロネシア語話者の拡散年代（Bellwood 2005 より転載）

土器を調査した。これらの調査経験をもとに「カラナイ土器コンプレックス」が設定された（Solheim 1957）。

ソルハイムは1964年の著書の冒頭部分において、土器分類の基準について説明している（Solheim 2002）。クラス、タイプ、ヴァラエティ、コンプレックス、アセンブリッジという5つの分類単位からなり、紋様に最も重点をおいている。これらの分類については別稿にて言及したことがあるが（山形2010）、ここで再び簡単に要約すると、まず、クラスとは特定の紋様手法のことで、紋様の手法のみと関係し、土器や土器片自体とは関係しない。タイプとは同じ胎土、混和剤、表面の色調、仕上げ、紋様を共有する土器や土器片のグループ。ヴァラエティとは紋様や技術の違いによってタイプを細分したもの。コンプレックスとは相互に関連を示す2つ以上のタイプまたはヴァラエティのグループからなり、広い地域のなかの複数の遺跡でかなり一貫してみられ、その地域または隣接地域の他の土器コンプレックスとは区別される。そしてアセンブリッジとは、ひとつの遺跡で発見されたすべての土器から構成される。

よって、ソルハイムが使用するタイプという語は、日本考古学でいうところの「型式」とは一致しない。タイプは通常、タイプサイトの名前にちなみ、その後ろにクラスの名前がつけられる。たとえば、カラナイ—刻線紋 Kalanay-incised（図3-1～4）、カラナイ—押圧紋 Kalanay-impressed（図3-6）、バグパンタオ—押圧紋 Bagpantao-impressed（図3-5）、といったいくつかのタイプが、カラナイ土器コンプレックスを構成している。

カラナイ土器コンプレックスは、大きく2つのタイプに分けられる。カラナイ土器とバグパンタオ土器である。バグパンタオとはカラナイ洞穴に近い岬の名前である。両者に共通する紋様としてはスカロップ紋様がある。これは主に胴部の屈曲部に施される、レンズ状の押圧紋のことである。

カラナイ土器コンプレックスは器形、紋様ともに豊富であるが、ソルハイムは以下の紋様をカラナイ土器コンプレックスの指標になるものと考えている。筆者が便宜的に、順不同で番号をつけて列挙する。[3]

① 2本一組の斜行刻線・横方向刻線・波状刻線（図3-3・4）

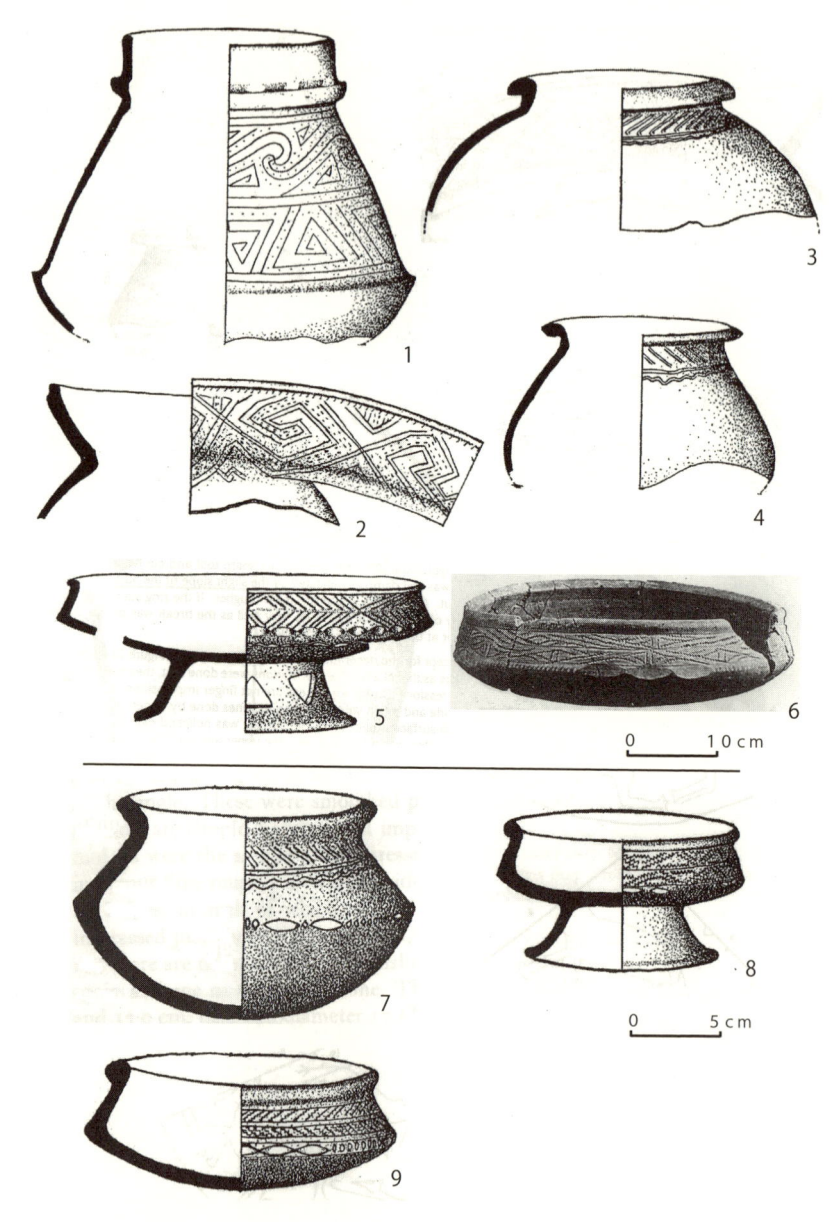

図3 カラナイ遺跡（1-6）とサムイ島（7-9）出土土器（1-6: Solheim 2002、7-9: Solheim 1964より転載）

②横Ｓ字連結紋とその余白に入る三角紋（図3-1）
③クランク状連結紋あるいは雷紋（図3-2）
④貝殻腹縁による鋸歯状押圧紋（図3-5・6）
⑤指もしくは工具を使用して施紋するスカロップ紋（図3-5・6）
⑥脚につく透かし彫り紋様（図3-5）

　ここで注意するべきことは、カラナイ土器コンプレックスには叩き技法による紋様が欠けている。つまり縄を巻いたり彫刻を施したりした叩き板による紋様が存在しない。これはパラワン島でタボン Tabon 洞穴群を調査したフォックスが、タボン土器コンプレックスとの大きな相違として注目した点である（Fox 1970）[(4)]。

　1957年の論文においてソルハイムは、以上のようなカラナイ土器コンプレックスの紋様を、インドシナ半島北部から南中国のドンソン青銅器に見られる紋様と比較している。さらに、サーフィン遺跡から出た土器の多くは、器形と紋様の両面でカラナイ土器コンプレックスに似ているとした（Solheim 1957）。

　そしてカラナイ土器コンプレックスの類例を東南アジア各地に求めるうちに、散在する土器群ではあるけれども、それらの間に関連性を見て取るようになった。それが Asian Perspectives 誌の特集へとつながり（Solheim 1959 a・b・c）、「サーフィン―カラナイ土器伝統」概念へと発展していった（Solheim 1967b）。

　ソルハイムの説明によれば、一般に土器伝統とは「一定の時間幅のあいだ、連続する特有のスタイルを維持している土器の総体」のことをいう（Solheim 1967a）。それは2つ以上の土器コンプレックスから構成されるものであるが、ひとつの遺跡あるいは密接に関連する複数の遺跡から出土した土器を分析するために使われるタイポロジーではない。この概念を用いる目的は東南アジアあるいはそれを越えた地域で比較を行うためであり、広い範囲のコンタクトを解明するためである（Solheim 2002：173-174）。

　よって「サーフィン―カラナイ土器伝統」は単一の遺跡や文化から生じたのではなく、広い地域の中で同時多発的に生じた、と考えられている。その発展

は前2000年頃から始まるが、それより古く前3千年紀にベトナム海岸部、香港、台湾、フィリピン北部のカガヤン川流域、スールー、サラワク、そして東部インドネシアのスラウェシとティモールといった地域で、紋様装飾のモチーフや施紋手法、器形の要素などを共有していた。こういった共有は、ヌーサンタオボート交易民が濃厚に接触し合うことによってもたらされた。彼らはヌーサンタオ以外の人々とも交易を行い、おそらく後200年頃までにそのネットワークはマダガスカル、韓国の南部や日本にまで延びた（Solheim 2002：182-185）。ソルハイムのイメージの中では、人々の移住あるいは移動というのは「かなり緊密なコンタクトがある二箇所の間で、ぽつりぽつりと継続的に」行われるものである（Solheim 2002：179）。

「サーフィン―カラナイ土器伝統」を構成する、互いに関連する土器コンプレックスを出した遺跡として、カラナイとサーフィン、ボルネオ島サラワクのニァー Niah 洞穴、マレー半島のグアチャ Gua Cha 岩陰、スラウェシ島のカルンパン Kalumpang 遺跡、タイのバンカオ Ban Kao 遺跡の名が挙げられた（Solheim 1959c）。これに対しベルウッドは「ソルハイムの概念は、主として、すべての東南アジアの文化が共通してもっている多くの土器の特徴であるように思われる」（ベルウッド1989）と論評し、日本では今村啓爾が「(サーフィン―カラナイ土器伝統に：筆者註) タイのバンカオやマライのグアチャの有文土器を含めるということになると、関連があることは確かであるが、概念の輪郭がぼやけてしまって、結局は東南アジアの有文土器には、全体的に類似性があるという事実の指摘にすぎなくなってしまうのではないだろうか」という疑問を呈した（今村1984）。ベトナム考古学からもハ・ヴァン・タンが、「サーフィン―カラナイ土器伝統」は東南アジアの土器発展のなかで一段階を占めるものにすぎない、と批判している（Ha Van Tan 1984-85）。

2 サーフィン文化研究の進展

(1) 一世紀を経たサーフィン文化研究

　サーフィン文化とはベトナム中部に分布する鉄器時代文化で、群集する甕棺墓を最大の特徴とする。現在までに発見され調査されている遺跡のほとんどが埋葬遺跡であり、海岸や川沿いに形成された砂丘上に立地する場合が多い。甕棺は蓋をともなって墓坑内に縦に置かれた（図4-1～3）。副葬遺物として土器（図5-1～14）、鉄器、鉄器ほど多くはないが青銅器、貴石やガラスのビーズ、そして特徴的な形の耳飾りがある。耳飾りには玦状耳飾り、三つの突起がつく有角玦状耳飾り（リンリンオーとも呼ばれる）（図5-16・17）、そして双獣頭形耳飾りがある（図5-15）。

　標式遺跡となったサーフィン遺跡は、ベトナム中部クァンガイ省の海岸に形成された南北に長い砂洲上に立地する。この砂洲上にはサーフィン以外にも複数の遺跡がある。この地域で初めてサーフィン文化の遺跡が発掘されたのは1909年、フランス植民地時代である。ちょうど一世紀が経過したことを記念して、2009年7月に「サーフィン文化発見・研究百年記念シンポジウム」という盛大な催しがクァンガイ省で実施された。ベトナム内外から多くの考古学者が参集し、最新の情報にもとづいた研究発表が行われた。筆者自身は1997年からベトナム人共同研究者とともに、サーフィン文化に関する調査研究を続けている。百年の研究史のうち最近の10年強に関わってきたことになる。

　ただし百年とは言っても、1930年代のコラニ、ヤンセといった著名な考古学者による発掘調査のあと、長く続いた戦争の時代にサーフィン文化の遺跡が発掘されたことはなかった。1976年のベトナム再統一のあとベトナム人考古学者が中部に戻り、調査を再開したのである。戦争による空白の時期、サーフィンという名前を欧米の学界に再び登場させたのはソルハイムであった。1959（実際には1961）年に刊行されたAsian Perspectives誌上に、彼自身が企画しエディターを務めた特集、題して「東南アジアにおけるサーフィン土器の関連

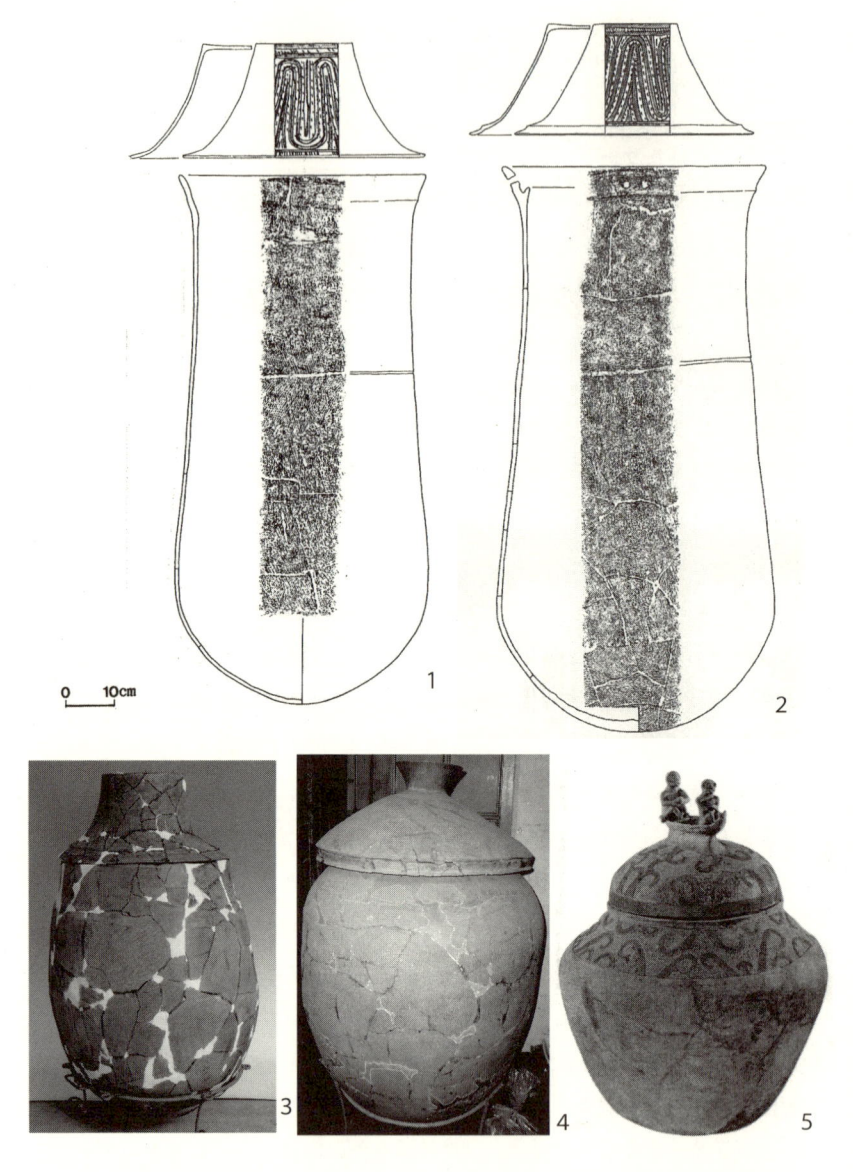

図4 甕棺と蓋 (1,2: ビンイェン、3: タックビック、4: ロンタイン、5: マヌングル A)（3: 甕高 70cm、4: 甕高 86.5cm・蓋高 27cm、5: 通高 66.5cm）（1,2: 筆者作図、3: クァンナム省博物館にて筆者撮影、4: 考古学院にて筆者撮影、5: Fox 1970 より転載）

「サーフィン—カラナイ土器伝統」再考　105

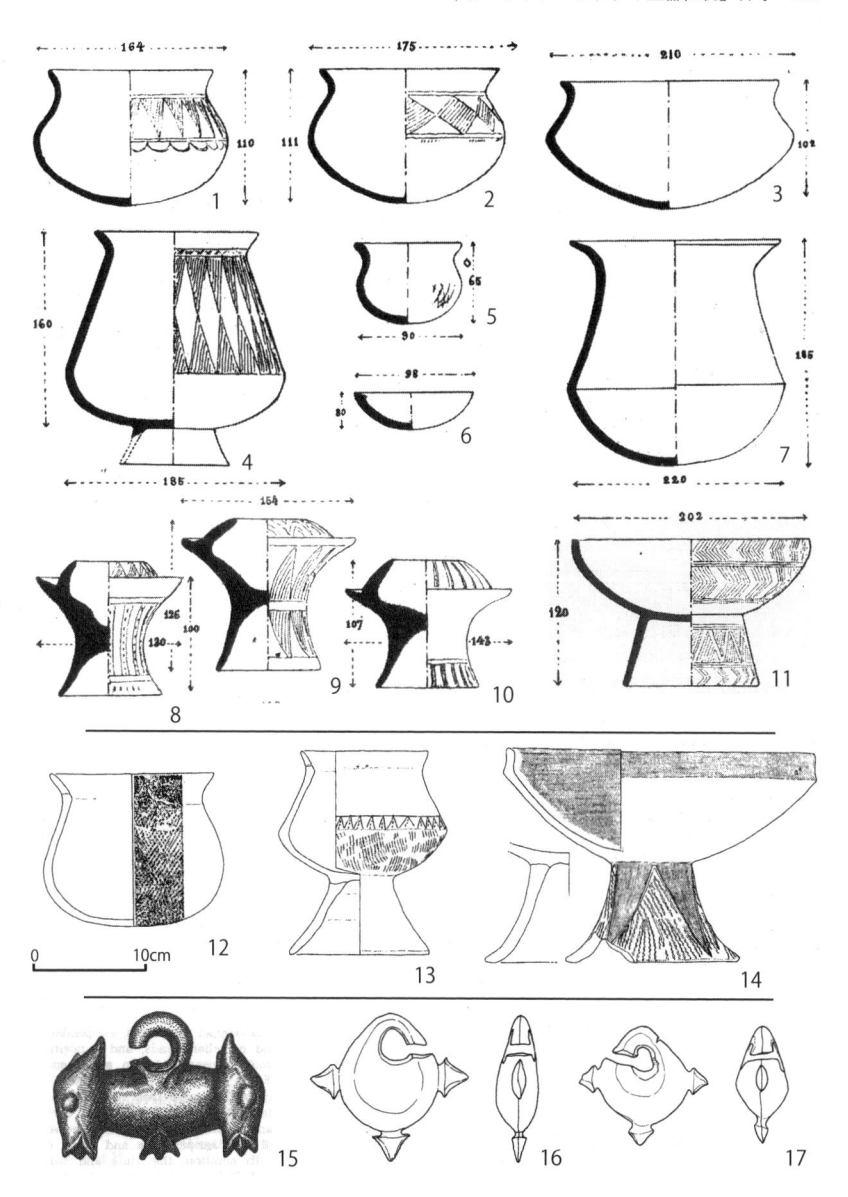

図5　サーフィン文化の土器（1-11: サーフィン、12-14 タックビック）とネフライト製耳飾り（15: ドゥヨン、16,17: ビンイェン）（15: 幅 4.7cm、16：長 3.8cm、17: 長 3cm）（1-11: Parmentier 1924, 15: Fox 1970 より転載、12-14, 16, 17 筆者作図）

性」という特集が組まれたのである。ソルハイム自身も「サーフィンへの導入」「フィリピンのカラナイ土器コンプレックスに関するさらなるノート」「東南アジアのサーフィン関連土器」という論考を寄せている（Solheim1959a・b・c）。1964 年には、「サーフィン―カラナイ土器伝統」に関連する土器群のさらなる探索結果を発表した（Solheim 1964）。ここで注目されたのは、タイ南部のサムイ島 Ko Samui に近いディン島 Ko Din の洞穴から出土したとされる土器であり、それらはカラナイ洞穴出土土器と酷似していた。ソルハイム自身が 1964 年 2 月にバンコック国立博物館に展示されていた資料を確認しており、実測図も作っている（図 3-7〜9）。サムイとカラナイは南シナ海とタイ湾をはさみ、直線距離でも約 2500km 離れている。この両地点が酷似する土器を出土したという事実は驚きをもって迎えられた。今村啓爾は次のように述べている。「実にフィリピンと九州と同距離を隔ててまったく同じ型式の土器が存在するという事実は、当時きわめて航海技術に長じた人々が南シナ海を自在に往来し、文化の緊密な伝播を可能にしていたことを示している」（今村 1984）。

　注目は浴びたものの、その後の展開がないまま 40 年が過ぎた。最近になってベトナム中部で発掘調査されたホアジェム Hoa Diem 遺跡は、この両遺跡の中間で、両遺跡と酷似する土器を出土した（図 6-1〜3）。筆者は 2007 年にこの遺跡を発掘調査したことを契機に「サーフィン―カラナイ土器伝統」について深く考えるようになった。

　筆者はサーフィン文化の土器を限定的に捉えなおし、それにもとづいてサーフィン文化の土器とカラナイ土器コンプレックスを比較する試みを行ったことがある（Yamagata 2009、山形 2010）。まだ基礎的なアイデアの域を抜けておらず、さらに考察を深める必要があるが、以下にその内容について要約する。サーフィン文化とその土器については、研究者によってイメージされる内容が異なるため、議論がかみ合わないという場面を経験してきた。そのため、サーフィン文化をどのように定義するか、という基本的な問題から問いなおす必要があるように思われる。

(2) 「サーフィン文化」をどう捉えるのか

　サーフィン文化の最も目立つ特徴は甕棺葬である。棺体としての甕と蓋の型式が、サーフィン文化の指標として最も重要であると考える。長胴形（ベトナム考古学の用語では柱形）あるいは卵形を呈する甕と、帽子形の蓋、この組み合わせをもつ時代と空間の範囲をサーフィン文化と考えることができる（図4-1～3）。この甕と蓋の組み合わせは、北はトアティエンフエ省フエ市近郊から、南はカインホア省ニャチャン市近郊まで分布するらしい。[5]

　南部ホーチミン市近郊のゾンカーヴォ Giong Ca Vo・ゾンフェット Giong Phet 遺跡は群集する甕棺墓を出土したことで知られる。ここで主体となる甕棺は球形である。これら球形甕棺を主体とする甕棺葬伝統は、サーフィン文化とは区別するべきである。ゾンカーヴォ・ゾンフェット遺跡の位置づけについては、ベトナム考古学界でも意見が分かれている。北のハノイの考古学者には、サーフィン文化の一地方類型と考える人が多い。一方で地元のホーチミン市の考古学者はサーフィンとは区別し、最近ではゾンフェット文化という概念を学界に提起している（Nguyen Thi Hau, Dang Van Thang 2004）。

(3) サーフィン文化の時期区分

　サーフィン文化の遺跡が最も多く分布するのはクァンナム省とクァンガイ省である。クァンナム省トゥーボン川流域では、河口のホイアンから内陸山間部まで、川沿いに多くのサーフィン文化期の遺跡が連なっている。この流域では、サーフィン文化の新旧2つの段階を確認することができた。ここでは仮に古い方をⅠ、新しい方をⅡ段階と呼んでおく（Yamagata 2006）。

　Ⅰ段階は平野部のゴーマーヴォイ Go Ma Voi 遺跡、内陸部のビンイェン Binh Yen 遺跡H1（第一発掘坑）・タックビック Thach Bich 遺跡に代表される遺物の組み合わせをもつ。最も資料が充実しているのはゴーマーヴォイ遺跡である（Reinecke et al. 2002）。Ⅱ段階はサーフィン文化の最終段階にあたる。前漢鏡を出土しているビンイェン遺跡H2（第二発掘坑）とゴーズア Go Dua 遺跡は、この最終段階の甕棺墓地である（Yamagata et al. 2001）。平野部のホ

イアンで調査されたハウサー Hau Xa I・II遺跡、アンバン An Bang 遺跡、ホイアン近郊のライギ Lai Nghi 遺跡は (Lam My Dung 1998・2006)、このサーフィン文化の2つの段階の両方もしくは片方のみを含んでいる。

I段階とII段階はさまざまな面で区別される。棺体としての長胴形甕が主流となるのはII段階であり、I段階の甕は卵形あるいは、長胴形であるが肩部に稜をもつものである。II段階の帽子形蓋が刻線紋様と、刻線の間を目立たせる彩色紋様で装飾される場合が多いのに対し、I段階の帽子形蓋は無紋あるいは彩文のみで、刻線紋様をもつ例は少ないように見受けられる（II段階の甕と蓋が図4-1・2、I段階の甕と蓋が図4-3）。

副葬土器についてみると、I段階の土器が器形・装飾ともに多様であるのに対し、II段階の副葬土器は器種も少なくなり、ほとんど無紋もしくは縄蓆紋のみの施紋となっている。

副葬されるビーズはII段階つまりサーフィン文化の最終段階に顕著に数が増える。I段階のゴーマーヴォイ遺跡では1998年から2000年にかけての発掘調査で総計50基の墓が検出され、そのうち46基が甕棺墓であったが、出土したビーズ（メノウ、カーネリアン、ガラス、金、土製）の総計が79個である。これに対しII段階では、ゴーマーヴォイの出土総数とほぼ同じ80個のビーズが、ビンイェン遺跡H2の7号甕棺墓ひとつの中から得られている。ホイアン近郊のライギ遺跡は大量のビーズを出土している。2002年から2004年にかけて調査され、発掘総面積192㎡の範囲から63基の墓が検出されている。詳細なデータはまだ公表されていないものの、調査者の一人ラム・ミー・ズンの口頭発表によると、総計10000個以上のビーズが出ており、材質はメノウ、カーネリアン、水晶、ネフライト、ガラス、金などである。ひとつの甕棺墓が数百個のビーズをもっていた例がある一方、5個以内の数のビーズしか持っていない墓もあるという。ラム・ミー・ズンはこの多寡を被葬者の階層差に結びつけて解釈している（Lam My Dung 2006）。いずれにせよ、ビーズの量はサーフィン文化の最終段階に格段に増えている。これは、同じく大量のビーズをもっていた地域、たとえばベトナム南部のゾンカーヴォ遺跡、タイ西部のバンドンタ

ペット Ban Don Tha Phet 遺跡（Glover 1990）、マレー半島のカオサムケーオ Khao Sam Kaeo 遺跡（Bellina and Silapanth 2006）などに代表される、西方の諸地域との濃厚な接触がもたらしたものと考えられる。

　青銅器のあり方にも違いがあり、Ⅰ段階のゴーマーヴォイ遺跡では青銅斧や槍先などの副葬がみられるが、Ⅱ段階に属する遺跡からは青銅器はほとんど発見されない。ところが、前漢獣帯鏡を出したゴーズア遺跡から青銅容器が出土している。さらに、ライギ37号墓（土坑墓）からは明らかに漢の青銅容器群が出土した（Lam My Dung 2006）。この墓には墨を磨るのに利用される石の硯と磨石が伴っており、漢の文化を身につけた人が埋葬された可能性が高い。

　以上のように、サーフィン文化はクァンナム省のトゥーボン川流域で新旧2つの段階に分けることができる。最終段階のⅡ段階には前漢の日光鏡、獣帯鏡が伴ったことから、前1世紀後半から後1世紀の年代を与えることができる（Yamagata et al. 2001）。筆者は、林邑の都城として知られるチャーキュウ Tra Kieu 遺跡の出現年代とも照らし合わせ、後100年頃までにはサーフィン文化は終焉を迎えたと考えている。トゥーボン川流域ではその直後、後2世紀前半にチャーキュウ遺跡、ゴーカム遺跡に人が居住しはじめ、木造瓦葺の建物を建てた（Yamagata 2007）。大きな変化の時代がおとずれ、中国の歴史書に名前が登場する初期の国家林邑が形成される時代へと移っていく。

　ラム・ミー・ズンによるとライギ遺跡では現在までに3点の放射性炭素年代が得られており、それらの較正年代は前3世紀から後1世紀初頭までの年代幅におさまる。彼女は後漢の青銅容器群などが出土した墓の存在を考慮し、遺跡の年代を後2世紀の初めまで続いたものと考えている（Lam My Dung 2006）。ライギのこの年代観は、筆者も妥当なものと考える。

　Ⅰ段階の年代について、ゴーマーヴォイ遺跡では2000年の第二発掘坑1号墓において、出土した青銅斧の下方から採取された木片をサンプルとした放射性炭素年代（較正年代）が、前6世紀から前3世紀という値を示した。調査者は遺跡の年代を前500年から前200年の間におさまるものと結論づけている（Reinecke et al. 2002：201・215）。

サーフィン文化の始まりの年代は、さまざまな概説書や論文の中でしばしば前500年頃とされるが、これは東南アジア大陸部が前1千年紀後半から鉄器時代に入るという、多くの考古学者が共有する年代の大枠に従っているにすぎない。この問題はサーフィン文化の定義とかかわり、ベトナム北部のドンソン文化における鉄器の出現、ベトナム南部やタイで鉄器が多く出土する遺跡との比較、そしてサーフィン文化の前段階と認められるビンチャウ Binh Chau 段階との関係など、さまざまな問題を考慮しながら議論される必要がある。

(4) サーフィン文化の土器

サーフィン文化の土器については、棺体としての甕と蓋（図4-1〜3）、そして甕棺墓の内外に副葬される土器（図5-1〜14）の両者が重要である。それらの器形と紋様、その出土量について見ると、副葬土器のなかで最も多く出土しているのがベトナム考古学でいうところのノイ noi で、これは一般的に丸底の壺を指していると思われる（図5-1・2・5・12）。ノイのなかで最もよく見られるのは口縁が外反する広口壺である。分類基準は研究者によって若干違いがみられるものの、多くの遺跡でノイが土器組成の中心となることは確かであり、これらに施される紋様をサーフィン文化の主体的な土器紋様と位置づけるべきではないかと論じたことがある（Yamagata 2009、山形 2010）。そのような見地からすると、最も卓越している紋様は叩きによる縄蓆紋である。ノイの胴部上半に、刻線紋、刻線紋と列点紋の組み合わせによる紋様、櫛歯もしくは貝殻腹縁による押圧紋様が見られる場合も多い。刻線が描くモチーフとしては、三角紋、菱形紋、弧状紋がよく見られる。

サーフィン文化の土器として最もよく知られるのは珍しい器形の「ランプ型土器」であるが（図5-8〜10）、ひとつの遺跡から出土する個数は多くはない。ランプ型土器はしばしば、刻線紋、列点紋、彩色による組み合わせ紋様によって装飾される。台付の壺・甕・坏にも装飾的な紋様が施される場合が多い（図5-4・11・13・14）

サーフィン文化の最終段階になると、副葬される土器の器種と紋様が限られ

てくる。ビンイェン遺跡H2で7基の甕棺墓に共伴した計35個体の副葬土器については、浅鉢と碗・皿が21個体を占め、小壺が6個体、ノイと分類される広口壺が6個体であった。ほとんどが無紋もしくは縄紋のみ、あるいは彩色紋様のみという土器群である。刻線と彩色を組み合わせる複雑な紋様は、最終段階では帽子形の蓋にのみ施されたらしい（Bui Chi Hoang, Yamagata 2004）。

　ここで注意しておきたいことは、サーフィン文化の土器として考古学者がイメージする土器とその紋様が必ずしも主体を占めているわけではないという点である。次に、カラナイ土器コンプレックスとの比較を通して、この点について考えてみよう。

⑸　カラナイ土器コンプレックスとの比較

　カラナイ土器コンプレックスにおいてソルハイムが指標的な紋様と考えたのは、上記①～⑥である。別稿で論じたことがあるように（山形2010）、サーフィンの土器には⑤スカロップ紋、①2本一組の斜行・横方向・波状刻線紋様が欠けている。④貝殻腹縁による鋸歯状押圧紋と⑥脚につく透かし彫り紋様はサーフィンの土器にもある。一方、サーフィンの土器ではしばしばみられる縄蓆紋が、カラナイの土器には見られない。

　問題となるのは②横S字連結紋とその余白に入る三角紋（図3-1）、③クランク状連結紋あるいは雷紋（図3-2）で、この紋様はサーフィン文化の土器では赤彩と組み合わされる場合が多く、いわば精製の紋様であるといえる。横S字連結紋やクランク紋の多くは2本の刻線によって表現され、その内部が列点紋で充される。

　この紋様がサーフィン文化の土器紋様の代表格として認識されているのは、「サーフィン―カラナイ土器伝統」概念の影響だと思う。ゾンカーヴォ遺跡において、これらの紋様が胴部に展開する一種の土器が「サーフィンタイプ」と呼ばれているのは、その例である（Dang Van Thang et al. 1998）。この種の土器は広い口縁をもち、頸部がくびれ、胴部下半がソロバン玉状に特徴的に張り出し、低い脚をもつ底部に至る。紋様は胴部に横方向に展開する。このよう

な器形と紋様の組み合わせはサーフィン文化の中には見られないのだが、「サーフィンタイプ」と名付けられている（山形 2010）。

　1924年のフランス極東学院紀要に掲載されたパルマンティエの論文において、サーフィン文化の遺物が初めて具体的に報告された（Parmentier 1924）。パルマンティエが図示したサーフィン遺跡出土の土器群は、今からみても、サーフィン文化の土器全体の特徴を網羅している（図5-1～11）。1950年代後半にソルハイムがカラナイとサーフィンを結びつけたとき、おそらく、パルマンティエが報告した土器のなかに雷紋、ソルハイムがいうところの方角の渦巻き紋があったことが1つのヒントになったと思われる（Parmantier 1924：Plate4-A）。たしかにカラナイ土器コンプレックスの紋様と似るが、その雷紋は甕棺の蓋についていた紋様である。サーフィン文化の蓋以外の土器に一般的な紋様ではない。

　以上のように、サーフィン文化の土器とカラナイ土器コンプレックスには大きな相違がある。「サーフィン―カラナイ土器伝統」というグルーピングは、土器研究に即して言うならば、合理的ではない。

3　鉄器時代の人の移動とベトナム中部

(1)　近年のソルハイム説

　ソルハイムは「サーフィン―カラナイ土器伝統の広大な分布こそが、東南アジアの海の文化について考える最初のきっかけを与えてくれた」と述べている（Solheim 1992）。彼は80歳代なかばとなった今日まで、きわめて多くの著作を発表してきた。その過程で、「サーフィン―カラナイ土器伝統」あるいはヌーサンタオにまつわるさまざまな概念について、見直しや変更を繰り返してきた。それをすべてあとづけることは筆者には無理なので、ここでは近刊書における彼の議論をかいつまんで紹介する（Solheim 2006）。

　ソルハイムがいうところのヌーサンタオ海洋交易・コミュニケーションネットワーク（Nusantao Maritime Trading and Communication Network）は、

四方向に分かれて伸長している。彼はローブという語を使っており、中央・西・北・東ローブの四方向にネットワークが展開した（図2−1）。

　北ローブは福建南部、台湾から中国沿海部、韓国沿海部と日本を含み、アメリカまで延びている可能性がある。東ローブはインドネシア東部モルッカ諸島から、北西メラネシアのビスマルク諸島、のちにはウォーレシア、太平洋へと伸長していく。西ローブはマレーシア、インドネシア西部からインド海岸部、スリランカを経てアフリカ、マダガスカルに伸びている。中央ローブのネットワークは土器出現以前、11000BP頃にベトナムの海岸部で生じたと考えられている。中央ローブ後期のネットワークは南中国沿海部からベトナム海岸、フィリピン西岸、そして台湾西南海岸を含む地域で生じてきたオーストロネシア語の形成と並行してはじまった。その年代は前5000年より少し前と考えられる。

　このようにヌーサンタオのネットワークは時間的にも空間的にも広大な範囲のなかで再構築されている。ソルハイムはこの仮説を言語学とも結合させようとしている。彼の考えでは、オーストロネシア語とは交易用言語として始まった。前5000年より前からヌーサンタオの交易ネットワークが形成されはじめるが、その交易民こそがオーストロネシア語の発達を助長したのではないか。

　この壮大な仮説はソルハイムが独自の境地を切りひらいてきた結果であり、他者が追随したり、検証したりすることはかなり難しい。しかし彼のシナリオの一部を支持する研究者がいることも確かである。遺伝学者のオッペンハイマーはポリネシア人の起源について追求するなかで、ブラストやベルウッドらの仮説に反対の立場を明らかにし（Oppenheimer and Richards 2003）、その一方で、完新世初期の長距離交易ネットワークの重要性を説くソルハイム説を評価している。日本では後藤明が、海人文化を重視するソルハイムを評価し、オッペンハイマーの説と合わせてヌーサンタオ仮説を紹介している（後藤2003）。後藤自身も、オーストロネシア語族の源境を台湾とは限定せずに、台湾・ベトナム・フィリピンを結ぶ三角地帯と考え、オーストロネシア語は交易言語だと考えている。

　「サーフィン―カラナイ土器伝統」自体についても再検討の試みがあった。

1997年に西オーストラリア大学に提出した卒業論文においてフラヴェルは、スラウェシ南部の土器群の紋様装飾と器形について分析した。そして「サーフィン―カラナイ土器伝統」とは、単一の説明は受け付けないようなゆるやかな結びつきで、さまざまな場所でさまざまな時代に、そこで生活するコミュニティによって選択され利用された要素の全体集合である。そういったコミュニティが大規模なネットワークに結びついていて、その全レパートリーの中から好みや利用可能性にしたがって要素を選んでいるのだという結論に達している。ソルハイムはフラヴェルの論文を高く評価し、彼女によってこの土器伝統が現実に存在し、意味を持っていることが証明されたと述べ、自身の著作のなかに収載した（Flavel 2006）。

(2) 近年のベルウッド説

　ブラストとベルウッドらの仮説によれば、オーストロネシア語族の究極の故地は南中国の新石器文化にある。今から6000年前頃、オーストロネシア語の祖先となる言語を話す人々が、稲作と縄蓆紋土器を携えて台湾に渡った。そして前4千年紀の台湾でオーストロネシア祖語が形成され、そこから分岐したマラヨ―ポリネシア語の話者が前2500年頃から台湾を出て南下し、フィリピンへと到達した。この台湾からフィリピン北部ルソン島への南下を証明するために、ベルウッドとフィリピン国立博物館のディゾンらのチームが、台湾とルソンの間をつなぐ位置にあるバタン諸島で発掘調査を行っている（Bellwood and Dizon 2005・2008）。

　マラヨ―ポリネシアの拡散は続き、前2000年頃までにはボルネオ島とスラウェシ島への南下が始まった。その後は2つの方向に分岐し、西部マラヨ―ポリネシア諸語が西のジャワ、スマトラ、マレー半島、ベトナム中部海岸へ、中・東部マラヨ―ポリネシア諸語が東のオセアニアに及んだ。本稿で問題としているのは前者、すなわち西部マラヨ―ポリネシア語の話者がいつ、どのように南シナ海を渡ったのかという問題である。

　この問題について近年、ベルウッド説は少しずつ変化している。2009年7

月に口頭発表されたペイパーによると、前1000年よりも前に、島嶼部のオーストロネシア語を話す人々とベトナムに居住した人々の間に積極的なコンタクトがあったことを示す考古学的な証拠はない。つまり東南アジア島嶼部と大陸部ベトナムとの接触の考古学的証拠は、新石器時代には稀少である。それが顕著になるのは前500年以降の鉄器時代、すなわちサーフィン文化の時代である (Bellwood 2009)。

　もともとベルウッドが想定していたオーストロネシア語話者のインドシナ半島到達の時期はもっと古く、新石器時代末から初期金属器時代であった。オーストロネシア語話者のセトルメントの拡散年代を示す地図には、ボルネオ南西部、マレー半島、スマトラ、ジャワ西部そしてインドシナ半島東海岸が点線で囲まれ、その地域へのオーストロネシア語の拡散は1500-500BCと書き込まれている（Bellwood 1997: 118 Fig.4・5）。この見解が少し修正されてきており、2005年に発表された地図では、同地域への拡散は500BCという数値で代表されている（図2-2、Bellwood 2005）。

　言語学者のブラストは、西部マレー・ポリネシア語に属する諸言語のなかでもマレー語、アチェ語、チャム語の類縁性に注目し、マレー・チャミックというグルーピングを提唱していた。それらはホームランドであるボルネオ島南西部から前300年以降に拡散したものという（Blust 1984-85）。ブラストはさらに、鉄に関する語彙について比較言語学から考察するならば、マレー・チャミック諸言語のホームランドであるボルネオ南西部において、その言語の話者によって紀元前数世紀の間に鉄の鋳造や鍛造が開始された。彼らはその技術をもってスマトラ東部、マレーシア、ベトナム中部へ渡っていったという仮説を提起している（Blust 2005）。この説もまた、ベルウッドの見解の変化に影響を与えたと思われる。つまり、オーストロネシア語話者が南シナ海をわたってインドシナ半島やマレー半島、スマトラに到達したのは鉄器時代であり、それはベトナム中部では、まさしくサーフィン文化の開始とかかわることになる。

　こうしてオーストロネシア語族の拡散仮説とサーフィン文化はますます直接的に結びつくことになった。1997年の著作においてベルウッドは、サーフィ

ン文化の担い手がチャム語を話したであろうこと、サーフィン文化の甕棺葬がオーストロネシア語話者つまりチャム人の祖先によって、フィリピンあるいはボルネオ方面から伝えられたもの、という見解を示した。これを受けて、筆者はサーフィン文化の甕棺葬の起源について論じたことがある（山形 2007・2009）。その際に重要なのは、新石器時代末のクァンガイ省ロンタイン Long Thanh 遺跡で、ベトナムでは最も古い甕棺墓を出土している（図4-4）。新石器時代の成人用甕棺葬はロンタインの他、フィリピンのマヌングル Manunggle 洞穴A室（Fox 1970、図4-5）、ベトナム中部高原のルンレン Lung Leng 遺跡（Bui Van Liem 2005）、最近では東北タイのバンノンワット Ban Non Wat 遺跡でも確認されている（Higham and Thosarat 2006）。よって、甕棺葬の起源を島嶼部に限定することはできない。新石器時代の末にいくつかの地域で出現した成人用甕棺墓が、鉄器時代になると１つの地点に群集する特徴を示すようになる。サーフィン文化に属する諸遺跡とホーチミン市のゾンカーヴォ・ゾンフェット遺跡はその顕著な例である、と筆者は考える。

　最近ではベルウッド自身も、甕棺葬とオーストロネシア語族との関係を強調することはなくなっている。代わりに重視されるようになったのはネフライト（軟玉）製装身具である（図5-15～17）。この特徴的な耳飾りはベトナムで最も多く出土しているが、台湾蘭嶼、フィリピン、ボルネオ、カンボジア、タイを含む広範な地域に分布している。これらの耳飾りの多くがネフライト製であるが、近年、台湾東部のフェンティエン Fengtian（豊田）産ネフライトの産地同定が可能となり、それを素材とする耳飾りが東南アジア各地で確認されるようになった。この分布がオーストロネシア語の分布と重なることが強調されている（Hung 2005、Hung et al. 2007）。さらに、ベルウッドがあらたに注目するのは、ベトナムの考古学がサーフィン文化の直前段階に位置づけるビンチャウ段階である（Ngo Si Hong 1980）。ベルウッドと洪暁純は2009年7月の口頭発表の中で、ビンチャウの土製蛭型耳飾りとフィリピンとの関係を強調していた。

　ベルウッドは、サーフィン文化自体にさまざまな要素があり、それをひとま

とめにしてチャム語話者に帰する必要はないという意見も述べている。これに対し筆者は、サーフィン文化を一つのまとまりとして均質性を重視する立場にある。サーフィン文化は今まで、その範囲を厳密に規定していくような議論がなかった。そのためさまざまな要素が入り混じって見えている。

4　ホアジェム遺跡の調査と「サーフィン―カラナイ土器伝統」

　すでに述べたように、サーフィンの土器とカラナイ土器コンプレックスは違いが大きく、土器に即して言うならば両者を結びつけて1つのグループとすることは合理的ではない。一方、ベトナムではサーフィン文化の分布圏に接する地域から、カラナイ洞穴と酷似する土器が発見された。この成果をふまえ「サーフィン―カラナイ土器伝統」は、どのように考え直され、新たな方向性を加えられるべきであろうか。

　ホアジェム遺跡は、ベトナム中部カインホア省カムラン湾の西方に広がる小さい平野に位置する。南シナ海をはさんで、カラナイから直線距離で1530kmほどの位置にある。1998年にベトナム考古学院の踏査によって発見され、2002年に考古学院とカインホア省博物館が発掘を行ったところ、発掘面積104㎡の範囲から16基の甕棺墓と3基の土坑墓が検出された（Bui Van Liem et al. 2005）。

　その調査で出土した土器を実見する目的でカインホア省博物館を訪れたのは2006年であった。驚いたことに、ホアジェムの甕棺墓に副葬されていた土器群は、それまでベトナムで見たことがない種類であった。サーフィン文化の甕棺に伴う副葬土器とはまったく似ていない。類例は南シナ海のむこう、カラナイ洞穴にあった。

　カムラン湾から北へ40kmほどに、カインホア省都ニャチャン市がある。ニャチャンの西方にジェンカイン Dien Khanh 遺跡があり、本格的な発掘調査が行われたことはないが、サーフィン文化の典型的な長胴甕が出土し、省博物館に展示されている。おそらくはニャチャン付近がサーフィン文化分布圏の南限だ

と思われる。ホアジェム遺跡はその南限のすぐ南に接している。

　遺跡の重要性を認識した筆者とブイ・チー・ホアンは2007年、カインホア省博物館とともにホアジェムにて発掘調査を実施した。報告書は準備中であるが、すでにいくつかの学会で調査の概要を発表した（山形他2007、Yamagata and Bui 2008など）。2007年の筆者らの発掘調査は小規模なものであったが、48㎡の発掘坑から計14基の甕棺墓と2基の断片的な伸展葬が検出された。

　棺体としての甕の器形は、14基の墓（M1～M14）のうち、10基が球形である。これらには口径の大きい丸底浅鉢のような形の蓋が被せられていたらしい。球形甕棺は叩きによる縄蓆紋を全面に残し、その施紋後に横方向のナデが施される例もある。含繊維の分厚い器壁をもつ甕が多い。口縁部が故意に打ち欠かれており、胴部最大径が50～70cm程度、高さが30～50cm前後を測る。蓋は無紋であったらしい（図6-6）。

　ほかの3基の甕棺墓は、他遺跡では出土したことがない種類の甕と蓋からなる。このうちM13とM14は、胴部が張り出す器形の甕に貝殻腹縁刺突紋と縄蓆紋がつく。これに蓋として共伴する台付鉢も、同じく貝殻腹縁刺突紋で装飾される（図6-7）。M13が球形甕棺のM10に壊されていることなどから、この2基が球形甕棺墓よりも古く埋設されたことは間違いない。

　なおホアジェムの甕棺墓のほとんどに保存状況が良くない人骨、あるいは歯のみが残っていた。しかも4基（M6、M7、M8、M11）には複数遺体が納められていた。人類学者の所見によると解剖学的位置を保っている、つまり一次葬の可能性がある成人遺体もある。

　カラナイの土器に酷似する土器（図6-1～3）は球形甕棺の副葬土器として出土している。最も多くの副葬土器を出土したのはM10で、球形甕棺の上方に、環状に土器が並べられていた。現場で確認された副葬土器は18個体である。

　M10の副葬土器群のなかで4個体がカラナイ土器コンプレックスの紋様①2本一組の斜行沈線・横方向刻線・波状刻線をもつ壺（図6-1・2）で、胴部屈曲部にソルハイムが⑤スカロップ紋と表現した紋様、すなわちレンズ状の押圧

と刻み目紋様を施すものがある。④貝殻腹縁による鋸歯状刺突紋様をもつ浅鉢（図6-3）も4個体復元され、これらにもスカロップ紋様がつく。⑥脚につく透かし彫り紋様も、ホアジェム遺跡の台付鉢にしばしば見られる。

　最も注目されたのは8つの乳房の表現をもつ土器である（図6-5）。刻線で複雑な文様が描かれている土器で、おそらく台付であったと思われるが底部を欠いている。このような乳房土器はベトナムで発見されたことはなかったが、フィリピンにはある。マニラの国立博物館に2個体が展示されており、どちらも台がつく。

　以上のようなホアジェムの副葬土器群は、ベトナム中部から出土したものではあるが、カラナイ土器コンプレックスに属すると考えるべきである。

　一方でホアジェムには、カラナイ土器コンプレックスには属さない土器がある。先述のM13とM14の棺体として利用された甕と蓋は、明らかにカラナイ土器コンプレックスには属さない（図6-7）。また、ホアジェムには胎土が特徴的な一群の土器がある。筆者らはこれを瓦質系土器と呼んでおり、明るい浅黄色からオレンジ色の胎土で、ラテライト粒と思われる砂粒を含む。この瓦質系土器はカラナイ土器コンプレックスとともに甕棺墓に副葬されるが、しかし器形と紋様の両面でカラナイ土器コンプレックスとは峻別される。

　注目されるのはこの胎土で作られた台付碗で（図6-4）、M2とM6に副葬されていた。この台付碗はメコンデルタのオケオ Oc Eo 文化の遺跡からしばしば出土するものと酷似している。ベトナム考古学界でオケオ文化は、中国史書に登場する初期の国家扶南の考古文化と認められ、後2世紀から7世紀頃まで続いたと考えられている（Le Xuan Diem et al. 1995）。

　オケオ文化の台付碗の年代が明らかになっているわけではない。しかし少なくとも、ホアジェム遺跡がオケオ文化と並行する段階を含むことは確かであろう。それは後2世紀以降であるはずだ。

　ホアジェム遺跡の甕棺葬がサーフィン文化とは年代的に並行しないと考えられる理由をまとめると、まず、ホアジェム遺跡がサーフィン文化分布圏に隣接する位置にありながら、出土遺物の組み合わせがそれとは異なっている。サー

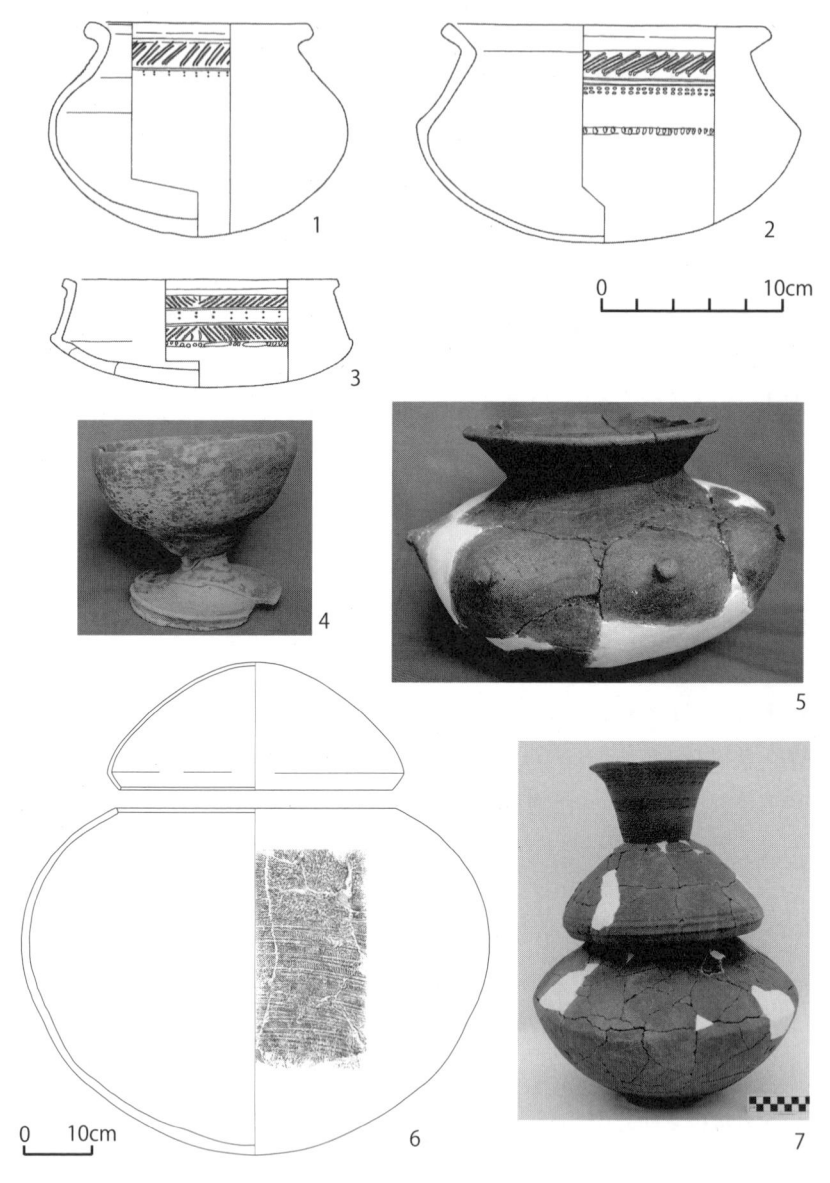

図6 ホアジェム遺跡出土土器（1-3, 5: M10、4: M2、6: M8 甕と蓋、7: M14 甕と蓋）（4: 高7.4cm、5: 口径15cm、7: 蓋高23.6cm）（ホアジェム遺跡調査団作図・撮影）

フィン文化の甕棺墓からしばしば出土する耳飾りがホアジェムから出ていない。ちなみにフィリピンのカラナイ土器コンプレックスを出す遺跡からも、耳飾りの出土は報じられていない。さらに、ホアジェムには瓦質系土器があり、オケオ文化類似の台付碗がある。

既述のとおり、ホアジェムでは球形甕棺に先立って、かつてベトナムで出土したことがない型式の甕と蓋をもつ甕棺墓がある。今のところ、時期も系統も不明としか言いようがない甕棺葬がすでに存在していた土地に、カラナイ土器コンプレックスの土器を副葬する甕棺葬伝統が入り込んできたと解釈している。それはフィリピン方面からの人の到来を示唆するであろう。年代はサーフィン文化とは重ならず、後2世紀以降のできごとであったと考えられる。フィリピン方面からカラナイ土器コンプレックスを携えて来た人々とは、オーストロネシア語話者であった可能性は高い。

すると次のような問題が浮上してくる。後2世紀以降といえば、ベトナム中部では林邑、メコンデルタでは扶南が勃興する時代になっている。林邑王都に比定されるチャーキュウ遺跡では2世紀から居住の痕跡がみられ、その初期から瓦葺建物を伴っていた（山形・桃木2001、Yamagata 2007）。漢あるいは六朝の影響は林邑初期の都城遺跡に色濃く反映している。一方、南部のオケオ遺跡で西方起源の多くの遺物が出土することはよく知られている（Malleret 1959-63）。インドと中国を結ぶ南海交易は、「漢書」地理志が言及するように、前1世紀から盛んになっていた。このような時代背景のなかで、カラナイ、ホアジェム、サムイという結びつきは何を意味するのであろうか。ホアジェム遺跡を残した人々は、林邑や扶南の主体者といかなる関係にあったのであろうか。

大陸部の初期歴史時代の遺跡の多くが中国とインドとの関係のなかに位置づけられるのに対し、フィリピンとの強い関係を示すホアジェムは異質である。[6]

5 「サーフィン―カラナイ土器伝統」再考

以上、「サーフィン―カラナイ土器伝統」にかかわるさまざまな論点につい

て検討してきた。最後にそれを要約して結語としたい。

(1) ソルハイムの「サーフィン―カラナイ土器伝統」概念は、海を舞台とした交易民「ヌーサンタオ」の移動と活動に焦点をあてた彼独特の仮説と結びついている。ベトナム中部のホアジェム遺跡からカラナイに酷似する土器が出土したことは、考古学者の注意を再び「サーフィン―カラナイ土器伝統」に向かわせる契機となった。

(2) ベルウッドは言語学者が提起するオーストロネシア語族の拡散仮説を考古学的に検証しようとしており、その仮説の内容はソルハイムのヌーサンタオ仮説とは相容れない。南シナ海地域でおこった拡散について、近年、ベルウッドはその年代をより新しく、前500年頃とする見解に傾いている。この年代観に従うならば、オーストロネシア語話者のベトナム海岸への到達がサーフィン文化の開始年代と近くなり、2つのできごとの関連性がますます強調されることになる。

(3) どちらの説においてもサーフィン文化は重要な位置づけを与えられている。しかしサーフィン文化の内容が曖昧なまま議論されてきたために、さまざまな場面で解釈に影響が生じている。サーフィン文化とその土器について、範囲を限定的に捉えていくような議論が必要である。筆者によれば、サーフィン文化はその最たる特徴である甕棺とその蓋の型式によって定義される。分布の中心地域であるクァンナム省トゥーボン川流域では、サーフィン文化を二段階に区分することができる。サーフィン文化の終焉は後100年頃と認められているが、出現年代については意見が分かれる。現時点で筆者は、ライギ遺跡の年代観を参考に前300年頃と考えている。

(4) ソルハイムがカラナイ土器コンプレックスの指標的紋様と考えたもののうち、スカロップ紋様、2本一組刻線による斜行紋様は、サーフィン文化の土器にはない。貝殻腹縁による押圧紋、脚部の透かし紋様はサーフィン文化にもあるが、貝殻腹縁圧痕で描き出されるモチーフには違いがある。一方、サーフィン文化の土器に卓越する縄蓆紋はカラナイ土器コンプレックスには欠落している。両者の差異は大きく、「サーフィン―カラナイ土器伝統」というグルーピ

ングは、合理的ではない。

　(5) ベトナムでカラナイと結びつけられるべき遺跡は、サーフィン文化の遺跡ではなく、ホアジェム遺跡である。ホアジェムの球形甕棺に副葬された土器群は、カラナイ土器コンプレックスの土器と位置づけられるべきである。その年代はサーフィン文化とは並行せず、後2世紀以降である。ホアジェムの地にフィリピン方面から渡ってきた人々がいた可能性は高いと考えている。

　結局、「サーフィン―カラナイ土器伝統」のサーフィンとカラナイは結びつかないのだという一点を、さまざまな考古学的知見にもとづいて証明することとなった。「サーフィン―カラナイ土器伝統」が考古学的に実体を伴わないまま、イメージだけで使用され続けることは好ましくない。筆者は、カラナイ土器コンプレックス、あるいはサーフィン文化の土器といった、時間的空間的に範囲を特定することができるような土器群のレベルで、厳密な比較研究を行うべきであると考える。そのためには、なによりも、国境を越えた共同研究のネットワークが必要となろう。

追記

　本論文は筆者が平成18〜19年度科学研究費補助金基盤研究（C）（「環南シナ海先史時代の交流に関する基礎的研究」代表研究者・山形眞理子）、平成20〜22年度科学研究補助金（基盤研究C）（「南シナ海を渡った人々：土器の比較研究からみた鉄器時代のベトナムとフィリピンの交流」代表研究者・山形眞理子）、ならびに平成20〜22年度科学研究補助金（基盤研究B）（「東南アジア人の二層構造の解明：ベトナム・マンバック遺跡からの人類学的アプローチ」代表研究者・松村博文）を受けて実施した研究成果の一部である。

謝辞

　本稿に関係する海外調査において、次の方々と機関から貴重なご教示とご協力をいただいた。ここに記して感謝申し上げたい（順不同、敬称略）。田中和彦、俵寛司、松村博文、鐘ヶ江賢二、飯塚義之、渡辺慎也、石井彩子、鈴木朋美、深山絵実梨、Bui Chí Hoàng, Nguyen Kim Dung, Nguyen Giang Hai, Phạm Thị Ninh, Lâm Mỹ Dung, Ian C. Glover, Bérénice Bellina, 洪曉純、Wilfredo Ronquillo, Willihelm G. Solheim II, Eusebio Dizon, Viện Phát Triển Bền Vững Vùng Nam Bộ（ベトナム南部持続発展院）、Viện Khảo Cổ Học（ベトナム考古学院）、Bảo Tàng Kháng Hòa（カインホア省博物館）、Bảo

Tàng Quảng Nam（クァンナム省博物館）、National Museum of the Philippines

註
(1) このシンポジウムの記録集は 1967 年に刊行された（Solheim 1967a）。
(2) 本稿で言及する遺跡の位置については図1の地図を参照されたい。なお、本稿ではベトナム語を表記する場合、末尾の参考文献を除き、ベトナム語独特の声調記号等を省略している。
(3) 図3にカラナイ土器コンプレックスの実例をあげてスケールも付しているが、実は正確なサイズは不明である。ソルハイムの 1957 年論文と、2002 年著書に収載されている実測図のスケールからサイズをそれぞれ復元すると、両者は異なってしまう。図3-1 の最大径が 42cm（2002）もしくは 34cm（1957）、2 の口径が 30.4cm（2002）、3 の口径が 22cm（2002）、4 の最大径が 29.6cm（2002）、5 の最大径が 31.6cm（1957）もしくは 41.2cm（2002）、6 のみは記載があり最大径 31.5cm ということである。なおサムイ島出土器のサイズは 1964 論文のスケールから復元すると図 3-7 が最大径 18.7cm、8 が最大径 13.8cm、9 が最大径 17.3cm となる。
(4) フォックスが報告したタボン洞穴群のなかで唯一、カラナイ土器コンプレックスと密接に関係するのが、ササックSasak 岩陰出土土器である。この岩陰における小規模な試掘で、フォックスが「斜行S字紋」と呼ぶ、カラナイ土器コンプレックスの指標的紋様の一つである2本一組の斜行刻線紋をもつ口縁部土器破片が出土し、図示されている。タボン洞穴群で甕棺葬がさかんに行われた時期よりもあと、おそらく後 400 年から 600 年という年代に属すると考えられている（Fox 1970:169-171）。
(5) 2009 年7月にハノイのベトナム歴史博物館で開催されていた「サーフィン文化」特別展で、2008 年に発掘調査された北中部ハティン省バイコイBai Coi 遺跡の出土資料が展示されていた。驚くべきことに、帽子形を呈する無紋の蓋が、かなり特徴的な紋様を有する卵形胴部の甕と共伴する甕棺墓が出土している。バイコイの特異な甕棺葬については北部のドンソン文化との関係を考える必要があり、今後の検討課題である。
(6) カラナイ土器コンプレックスに類似する土器はベトナム南部でも出土する可能性がある。2009 年2月にホーチミン市歴史博物館で開催された特別展「ベトナム南部の川から出土した古物展」に、カラナイ土器コンプレックスに属する浅鉢が出品されていた。さらに、ハノイ国家大学人文社会科学大学史学科考古学部門が刊行した学生向け教本『考古学の基礎』には、サーフィン文化の遺物として図示された土器の中に、明らかにカラナイ土器コンプレックス類似のものが数点ある。出土地点は記されていない（Han Van Khan ed. 2008）

引用参考文献

今村啓爾 1984「東南アジアの土器」三上次男編『世界陶磁全集 16 南海』小学館 254-271 頁

後藤明 2003『海を渡ったモンゴロイド』講談社選書メチエ

山形眞理子 2007「ベトナムの甕棺葬−その起源に関する予察−」早稲田大学大学院文学研究科紀要第 52 輯 97-115 頁

山形眞理子 2009「東南アジアにおける人間集団の拡散仮説とサーフィン文化」新川登亀男・高橋龍三郎編『東アジアの歴史・民族・考古』アジア研究機構叢書人文学篇 2 雄山閣 320-354 頁

山形眞理子 2010「南シナ海両岸の鉄器時代土器」菊池徹夫編『比較考古学の新地平』同成社 960-970 頁

山形眞理子・桃木至朗 2001「林邑と環王」桜井由躬雄編『岩波講座東南アジア史 1』岩波書店 227-254 頁

山形眞理子・Bui Chi Hoang・松村博文・Nguyen Lan Cuong・田中和彦・俵寛司 2007「南シナ海を越えた先史時代の人々；ベトナム中部・ホアジェム遺跡の事例から」第 61 回日本人類学会大会発表、2007 年 10 月 6 日〜8 日 於日本歯科大学新潟生命歯学部

Bellina, B. and Silapanth, P. 2006 Khao Sam Kaeo and the upper Thai Peninsula: Understanding the mechanisms of early trans-Asiatic trade and cultural exchange. In Bacus, E., Glover, I. and Piggot, V. (eds.) *Uncovering Southeast Asia's Past*. NUS Press, Singapore: 379-392.

Bellwood, P. 1978 *Man's Conquest of the Pacific: The Prehistory of Southeast Asia and Oceania*. Oxford University Press, Oxford.（植木武・服部研二訳、ピーター・ベルウッド著 1989『太平洋』法政大学出版局）

Bellwood, P. 1997 *Prehistory of the Indo-Malaysian Archipelago* (Revised edition). University of Hawaii Press, Honolulu.

Bellwood, P. 2004 The origins and dispersals of agricultural communities in Southeast Asia. In Glover, I. and Bellwood, P (eds.) *Southeast Asia from prehistory to history*. Routledge Curzon, Oxfordshire and New York: 21-40.

Bellwood, P. 2005 *First Farmers: The Origins of Agricultural Societies*. Blackwell Publishing, Malden, Oxford and Victoria.（長田俊樹・佐藤洋一郎監訳、ピーター・ベルウッド著 2008『農耕起源の人類史』京都大学学術出版）

Bellwood, P. 2009 The origins and migrations of the ancestral Austronesian-speaking peoples. A paper presented at the International Conference "100 Years − Discovery and Research of Sa Huynh Culture", convened by the Ministry of Culture, Sports and Tourism, held in Quang Ngai Province, Vietnam, 22-24 July 2009.

Bellwood, P. and Dizon, E. 2005 The Batanes archaeological project and the "Out of

Taiwan" hypothesis for Austronesian dispersal. *Journal of Austronesian Studies* 1-1: 1-33.

Bellwood, P. and Dizon, E. 2008 Austronesian cultural origins: Out of Taiwan, via Batanes Islands, and onwards to Western Polynesia. In Sanchez-Mazas, A., Blench, R., Ross M., Peiros, I. and Lin, M. (eds.) *Past Human Migrations in East Asia*, Routledge, Oxfordshire and New York: 23-39.

Blust, R. 1984-85 The Austronesian Homeland: A linguistic perspective. *Asian Perspectives* 26(1): 45-67.

Blust, R. 1995 The prehistory of the Austronesian-speaking peoples: a view from language. *Journal of World Prehistory* 9-4: 453-510.

Blust, R. 1996 Beyond the Austronesian homeland: the Austric hypothesis and its implications for archaeology. In Goodenough, W. (ed.) *Prehistoric Settlement of the Pacific*. American Philosophical Society, Philadelphia: 117-140.

Blust, R. 2005 Borneo and Iron: Dempwolf's Besi Revisited. *Bulletin of the Indo-Pacific Prehistory Accosiation* 25: 31-40.

Flavel, A. 2006 Sa Huynh – Kalanay: Analysis of the prehistoric decorated earthenware of south Sulawesi in an Island Southeast Asian Context. In Solheim, W. (ed.) *Archaeology and Culture in Southeast Asia: Unraveling the Nusantao*. The University of the Phillipines Press, Quezon City: 193-237.

Fox, R. B. 1970. *The Tabon Caves*. Monograph of the National Museum Number 1, Manila.

Glover, I. 1990 Ban Don Ta Phet: the 1984-85 excavation. In Glover, I. and Glover, E. (eds.) *Southeast Asian Archeology 1986: Proceedings of the first conference of the Association of Southeast Asian Archaeology in Western Europe*. BAR International Series 561, Oxford: 139-183.

Ha Van Tan 1984-85 Prehistoric pottery in Vietnam and its relationships with Southeast Asia. Asian Perspectives 26(1): 135-146.

Higham, C. and Thosarat, E. 2006 Ban Non Wat: The first three seasons. In Bacus, E., Glover, I. and Piggot, V. (eds.) *Uncovering Southeast Asia's Past*. NUS Press, Singapore: 98-104.

Hung Hsiao-chun 2005 Neolithic Interaction between Taiwan and Northern Luzon: The Pottery and Jade Evidences from the Cagayan Valley. *Journal of Austronesian Studies* 1-1: 109-133.

Hung Hsiao-chun, Iizuka, Y., Bellwood, P., Nguyen Kim Dung, Bellina, B., Praon Silapanth, Dizon, E., Santiago R., Ipoi Datan and Manton, J. 2007 Ancient jades map 3000 years of prehistoric exchange in Southeast Asia. *Proceedings of the National*

Academy of Science of the United States of America 104(50): 19745-19750.

Iizuka, Y. and Hung Hsiao-chun 2005 Archaeomineralogy of Taiwan Nephrite: Sourcing study of Nephrite Artifacts from the Philippines. *Journal of Austronesian Studies* 1-1: 35-81.

Lam My Dung 1998 The Sa Huynh Culture in Hoi An. *Southeast Asian Archaeology 1996*. Proceedings of the 6th International Conference of the European Association of Southeast Asian Archaeologists, Hull: 13-25.

Lam My Dung 2006 Regional and Inter-regional interactions in the context of Sa Huynh Culture: with regards to the Thu Bon Valley in Quangnam province, Vietnam. A paper presented at the International Congress of the Indo-Pacific Prehistory Association, University of the Philippines, Manila, March 2006

Malleret, L. 1959-63 *L'Archéologie du Delta du Mekong* (4 vols.). École Française d'Extrême-Orient, Paris

Oppenheimer, S. and Richards, M. 2003 Polynesians: developed Taiwanese rice farmers or Wallacean maritime traders with fishing, foraging and horticuluter skills? In Bellwood, P. and Renfrew, C. (eds.) *Examining the farming/language dispersal hypothesis*. McDonald Institute Monographs, Cambridge: 287-297.

Parmentier, H. 1924 Notes d'archéologie Indochinoise. Dépôts de jarres a Sa-huỳnh. *Bulletin de l'École Française d'Extrême-Orient* 24: 326-343.

Reinecke, A., Nguyen Chieu, Lam Thi My Dung 2002. *Neue Entdeckungen zur Sa-Huỳnh-Kulter*, Linden Soft, Köln.

Solheim, W. 1957 The Kalanay Pottery Complex in the Philippines. *Artibus Asiae* Vol. XX, 4: 279-288.

Solheim, W.1959a Introduction to Sa- huỳnh. *Asian Perspectives* 3(1-2), Summer-Winter 1959: 98-108.

Solheim, W. 1959b Further notes on the Kalanay Pottery Complex in the Philippines. *Asian Perspectives* 3(1-2): 157-165.

Solheim, W. 1959c Sa- huỳnh Related Pottery in Southeast Asia. *Asian Perspectives* 3(1-2): 177-188.

Solheim, W. 1964 Further relationships of the Sa-Huỳnh-Kalanay Pottery Tradition. *Asian Perspectives* 8(1): 196-211.

Solheim, W. 1967a Two pottery traditions of late prehistoric times in South-east Asia. Drake, F. S. (ed.) *Historical, Archaeological and Linguistic Studies on Southern China, South-east Asia and the Hong Kong region*. Hong Kong University Press, Hong Kong: 15-22.

Solheim, W. 1967b The Sa-huynh-Kalanay Pottery Tradition: Past and future research.

Zamora, M.D. (ed.) *Studies in Philippine Anthropology*. Alemar-Phoenix Publishing House, Quezon City: 151-174.

Solheim, W. 1984-85 The Nusantao Hypothesis: The Origins and Spread of Austronesian Speakers. *Asian Perspectives* 26(1): 77-88.

Solheim, W. 1992 Nusantao traders beyond Southeast Asia. Glover, I., Pornchai Suchitta and Villiers, J. (eds.) *Early metallurgy, trade and urban centers in Thailand and Southeast Asia*. White Lotus, Bangkok: 199-225.

Solheim, W. 2002 *Archaeology of Central Philippines* (revised edition). University of the Philippines, Diliman. (First edition was published in 1964)

Solheim, W. 2006 *Archaeology and Culture in Southeast Asia: Unravelling the Nusantao*. The University or the Philippines Press: Quezon City.

Yamagata M. 2006 Inland Sa Huynh Culture along the Thu Bon River Valley in Central Vietnam. In Bacus, E., Glover, I. and Piggot, V. (eds.) *Uncovering Southeast Asia's Past*. NUS Press, Singapore: 168-183.

Yamagata, M. 2007 The early history of Lin-i viewed from archaeology. *Acta Asiatica* 92: 1-30.

Yamagata, M. 2009 Comparative study between Sa Huynh and Sa Huynh related pottery in Southeast Asia. A paper presented at the International Conference "100 Years – Discovery and Research of Sa Huynh Culture", convened by the Ministry of Culture, Sports and Tourism, held in Quang Ngai Province, Vietnam, 22-24 July 2009.

Yamagata, M., Phan Duc Manh and Bui Chi Hoang 2001 Western Han bronze mirrors recently found in central and southern Vietnam. *Bulletin of the Indo-Pacific Prehistory Association* 21: 99-106.

Yamagata, M. and Bui Chi Hoang 2008 Revising Sa Huynh-Kalanay Pottery Tradition: Comparative study between Hoa Dien in central Vietnam and Kalanay in central Philippines. Paper presented at the 12th International Conference of the European Association of Southeast Asian Archaeology, Leiden University, 1st -5th September 2008.

Bui Chí Hoàng, Mariko Yamagata 2004 Khu di tích Bình Yên và văn hoá Sa Huỳnh ở Quảng Nam (「ビンイェン遺跡とクァンナムのサーフィン文化」). *Một số vấn đề khảo cổ học ở miền nam Việt Nam* (『ベトナム南部考古学の諸問題』). Nhà Xuất Bản Khoa Học Xã Hội, Hà Nội: 83-121.

Bùi Văn Liêm 2005 Mộ táng Lung Leng (「ルンレンの埋葬」). *Khảo Cổ Học* (『考古学』) 2005(5): pp.15-26.

Bùi Văn Liêm, Nguyễn Đăng Cường, Nguyễn Công Bằng, Nguyễn Tâm 2005 *Báo cáo khai quật di tích Hòa Diêm* (『ホアジェム遺跡発掘報告』). (ベトナム考古学院図書館保管資料)

Đặng Văn Thắng, Vũ Quốc Hiến, Nguyễn Thị Hậu, Ngô Thế Phong, Nguyễn Kim Dung, Nguyễn Lân Cường 1998 *Khảo cổ học tiền sử và sơ sử Thành Phố Hồ Chí Minh* (『ホーチミン市の先史・原史考古学』). Nhà Xuất Bản Trẻ, Thành Phố Hồ Chí Minh.

Hán Văn Khẩn (ed.) 2008 *Cơ sở khảo cổ học* (『考古学の基礎』). Nhà Xuất Bản Đại Học Quốc Gia Hà Nội, Ha Noi.

Lê Xuân Diệm, Đào Linh Côn, Võ Sĩ Khải 1995 *Văn hóa Óc Eo* (『オケオ文化』). Nhà Xuất Bản Khoa Học Xã Hội, Hà Nội.

Ngô Sĩ Hồng 1980 Bình Châu (Nghĩa Bình) – dạng di tích mới biết về thời đại đồng ven biển miền Trung (「ビンチャウ－中部海岸青銅器時代の新発見遺跡の様相」). Khảo Cổ Học (『考古学』) 1980(1): 68-74.

Nguyễn Thị Hậu, Đặng Văn Thắng 2004 Văn hóa Giồnh Phẹt và văn hóa Sa Huỳnh (「ゾンフェット文化とサーフィン文化」). *Một số vấn đề khảo cổ học ở miền nam Việt Nam* (『ベトナム南部考古学の諸問題』). Nhà Xuất Bản Khoa Học Xã Hội, Hà Nội: 125-135.

考古学から見た台湾の排湾（パイワン）文化の起源

郭　素　秋　/ 吉開将人訳

はじめに

　現在の排湾（パイワン）文化の起源について、民族学者は一般的に、台湾の屏東北部山地に起源し、その後さらに南と東に遷移したと考えている。たとえば馬淵東一は、Butsul 群中の Butsul 本群と Baumaumaq 群が、ともに歴史的に原住地から外域へと移動した集団であり、前者は高燕社（Padain）と筏湾社（Su-Paiwan）、後者が佳平・佳興・来義・古楼・望嘉などの社を中心として、しだいに南と東に向かって発展し、風土に適応してしだいに他の民族の文化と融合した後に、それぞれ Chaoboobol 群・Sebdek 群・Palidalilao 群・Paqaloqalo 群などを形成したのであって、こうした長い発展の動きが、17世紀中葉にオランダ人が台湾に到来する前に、すでに完成していたと指摘する（馬淵 1954）。

　以上述べたことや現在の民族誌的資料などによって、この数百年来において、排湾文化が南と東に拡張する現象があったことは明らかであるが、それはただ屏東北部山地の排湾文化が、少なくとも数百年前には存在していたことを示すのみであって、それがすなわち排湾文化の最も古い起源地であることを意味しない。筆者が考えるに、排湾文化の起源に関するさらなる考察のためには、当該文化の起源伝説や現在の物質文化から解答を捜し求める以外に、さらに大きな地理的広がりの中で、より古い時間的脈絡から、検討を進める必要がある。台湾南部全体あるいはさらに大きな地理的広がりの中で、先史時代から歴史

時代までの時間軸において、排湾文化の前後に見られる物質文化の異同を詳細に比較検討してはじめて、合理的な解釈が得られるようになるはずである。

排湾文化が出現する前の文化段階は、先史時代晩期に位置づけられ、台東南側地域（台東県の南側地域）の三和文化、屏東中北部山地の北葉文化、恒春半島山地の響林文化、台東南側地域と恒春半島に分布する三和文化晩期（亀山文化）を含む（図1）。排湾文化の起源についてより明確にするには、排湾文化の分布地域における、より古い時期に相当するこれら先史文化晩期の文化内容について、さらなる検討と比較研究を行う必要がある。

図1 台湾南部の地形区分図

この問題について検討するにあたり、筆者の関心は、台湾の先史文化において、排湾文化の特色を持つ文化要素はいつ、いかにして出現し、そしてそれらは後に出現する排湾文化と果たして親縁関係を持つのか否かという点にある。

筆者は2007年に屏東地域でかなり全面的な分布調査を行い、この地域の先史文化と原住民（台湾先住民族）の民族集団について一定の理解を得ることができた。さらにここ数年、台東南側地域については、いくつかの重要な考古学的研究の成果がある。以上から、考古学的データにもとづいて排湾文化の起源について基礎的な検討を行うことができるようになったと考え、本文の執筆に至った次第である。文献や今日見られる多様な原住民の民族集団が、当該地域の先史時代晩期に出現した考古学的文化といかに関係するのかという点は、今日の台湾の考古学者が真剣に考えざるをえない問題である。この問題について

の検討は、複雑に錯綜した先史文化が、歴史時代に入った後にいかに発展したのかを明らかにするだけではなく、同時に台湾原住民の起源についても新たな視点や考え方を提示するものである。本文はこの課題についての基礎的な試みに他ならない。

1 排湾文化の定義

本文で言うところの「排湾文化」とは、現在の排湾文化に見られる伝統的文化内容のほかに、旧社遺跡（台湾原住民の前近代村落遺跡）で出土する、排湾文化の特色を備えた石板屋（スレートや砂岩で作られた家屋）・石板棺・銅器・鉄器・ガラスビーズなどの遺構や遺物を含む。現在の排湾文化、あるいは排湾族と呼ばれる人々は、台湾に暮らすオーストロネシア語族の民族集団の1つで、中央山脈南部の東西両側、北は屏東県北端の大母母山から、大武山脈を経て南に向かって恒春半島にまで広がり、東南に向かっては中央山脈の東南山麓、および台東県の太平洋に面する狭長な海岸地帯にかけての範囲に分布する。行政区画では、屏東県の三地門・瑪家・泰武・来義・春日・獅子・牡丹・満洲の8つの郷、台東県の金峰・達仁・大武・太麻里の4つの郷、台東市の新園里の範囲に相当する（譚昌国 2007：5）。

目下、屏東地域ですでに分布調査と試掘がなされている排湾文化の遺跡は、以下の通りである。

①屏東中北部山地：筏湾、高燕Ⅰ、高燕Ⅱ、射鹿、A-tsingatsan、Dondi、Dadiludan、高見、来義、Ovol、丹林旧社、'Thatsa、Udan（Ala'a)、Chia'gulu、旧筏湾、旧望嘉、七佳、Chua'kaiu、Gele'uluvon、Haliumal Ⅰ、Haliumal Ⅱ、I-I1alalan、旧七佳村、帰崇Ⅰ、帰崇Ⅱ、Karuboan、亀子籠藕、古華Ⅰ、古華Ⅱ、Longas、Lakajavu、力里Ⅰ、力里Ⅱ、力里Ⅲ、Tsuba'galits、大茅茅Ⅰ、大茅茅Ⅱ遺跡など。

②恒春半島：南仁山、四林格山、Sagacengalj、巴歩路万、万里得山、鹿寮渓、埤亦山、社頂、亀子角、牛寮、烏加烏、里徳Ⅰ、加洛水、加都魯、山頂Ⅰ、

山頂Ⅱ、山頂Ⅲ、渓仔口、渓仔口、渓頭、榕坑、老仏遺跡上層、牛寮、港口路、渓内遺跡など（郭素秋ほか 2007）。

ただしこのほかにも、屏東と台東南側地域の広い範囲では、さらに多くの排湾文化の旧社遺跡がなおも未調査のままである。

排湾文化の遺跡の例として、屏東県満洲郷九棚村の南仁山遺跡では約 38 基の石屋が発見されており、現在の排湾文化の北部型住屋と、家屋の構造および聚落の分布構造が基本的に一致する。両者のあいだには以下の 6 つの共通点がある。第 1 に、斜面に家屋を建て、後壁は斜面を掘り出して築かれた壁面に設けられている。第 2 に、石板を用いて家屋を建て、左右の側壁および後壁は石を積み上げて壁面を作り、その上に丸木を渡して梁とする。第 3 に、屋根は石板で葺かれ、屋根は前面が後面よりも長く、前面の庇の高さは低い。第 4 に、屋内の後壁には物を置くための壁龕がある。第 5 に、屋内の地下には方形石棺が 1 基あり、家族の墓葬として、おそらく蹲踞式の屈肢葬で複葬の多次葬が行われていた。第 6 に、聚落内には石を積み上げて司令台が築かれ、頭目が族人に対して指令する場所であった（黄士強ほか 1987：25・28・29）。

排湾文化の年代については、口承で伝えられる年代以外に、いくつかの絶対年代と相対年代が参考となる。その中で、屏東北部山地の排湾文化の旧社遺跡（北葉Ⅰ遺跡上層）の年代については、木炭を測定した 2 つの ^{14}C 年代データがあり、その補正年代は 500-300 BP である。

恒春半島山地の排湾文化の旧社遺跡の年代については、南仁山遺跡の人骨で測定された年代データがあり、その補正年代は 466-519BP（A.D.1431-1484 1sigma；A.D.1412-1521、1586-1625 2sigma）で、およそ 15 世紀初めから 17 世紀初めと推測される（李匡悌 2006：23・24）。

そのほか、恒春半島の牡丹郷 Saqacengalj 旧社遺跡出土の数点の平底硬陶大罐の形態から見ると、その一部の器形（蔡佩穎 2007：42 図 5・3）は、台南県南科の五間厝遺跡の下西拉雅期の灰坑と大道公遺址の上西拉雅期の灰坑から出土した醤釉淡褐色厚胎横繋耳硬陶罐（臧振華ほか 2004）と相似し、同類の器形はさらに 16 世紀後半〜17 世紀前半の日本の長崎栄町遺跡（東京都江戸東京

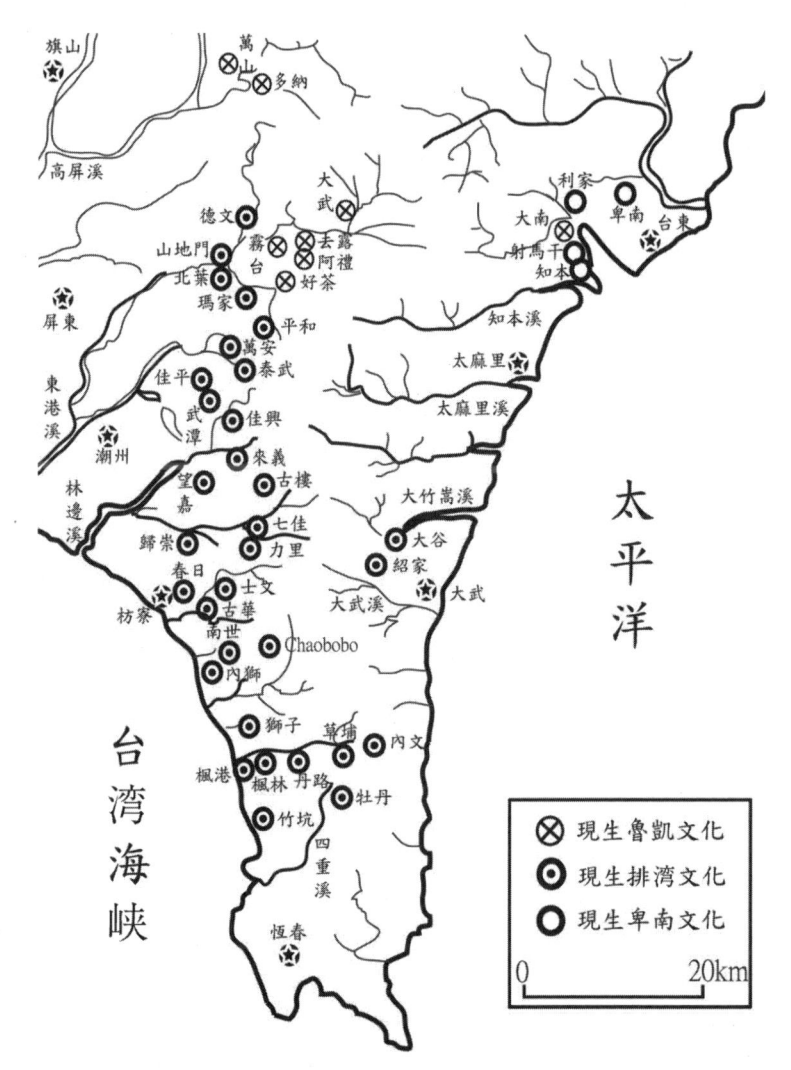

考古学から見た台湾の排湾（パイワン）文化の起源　135

図2　台湾南部における現在の諸文化の分布図（郭東雄 2003：19 図 2-1-1 改変）

博物館 1996)、および 1600 年にルソン島で沈没したスペイン船 San Diego 号 (Jean-Paul Desroches et al. 1996) で発見されており、その年代はおよそ 16 〜 17 世紀と推測される。李匡悌は、満洲郷の万里得山遺跡で発見された醬色釉硬陶肩部帯繋耳陶罐の破片が、おそらく明代の中国南方で焼かれた帯繋耳陶罐で、その年代については 1600 年のスペイン沈没船 San Diego 号の年代が参考になるという点を指摘している（李匡悌 2006：24）。さらに屏東県牡丹郷の Saqacengalj 遺跡から出土した一部の硬陶罐（蔡佩穎 2007：44、図 5.5）の年代は、およそ 16 世紀末から 17 世紀初めである（郭素秋ほか 2007）。

以上から明らかなように、屏東北部山地と恒春半島の排湾文化旧社の年代は、いずれも今から 500 年前頃である。注目すべきことに、屏東北部山地では旧社遺跡の地表につねに古陶壺の破片が見られ、この時期になおもその使用が認められるのに対し、恒春半島では今まで排湾文化の古陶壺が未発見である上、上述の牡丹郷 Saqacengalj 旧社遺跡で出土した日常用品の多くは、華南の硬陶大罐などであった。この現象から見て、恒春半島の排湾人は、少なくとも今から 300、400 年前あるいはそれ以前において、すでに外界と相当な接触を持ち、彼らの伝統的土器が淘汰される状況が生じていたことが推測される。

2 台東南側地域と屏東地域の先史文化晩期の文化的様相

(1) 台東南側地域—三和文化

台東南側地域の排湾文化の分布範囲では、先史時代晩期の文化内容は三和文化に属している。三和文化の遺跡は、台東県卑南郷初鹿村の初鹿遺跡、台東市南王里の卑南遺跡、台東県泰安村老番社遺跡、台東県太麻里郷三和村の三和遺跡、台東県大武郷大鳥村の大鳥遺跡、台東県金峰郷賓茂村の賓茂Ⅱ遺跡などである（劉益昌 1994、李坤修・葉美珍 2001）。

葉美珍の指摘によれば、台湾東部の三和文化の年代は今から約 2200 〜 1300 年前で、卑南遺跡の上層からは約 2200 〜 2000 年前の三和文化初期の遺物が出土した。三和文化の物質文化はそれ以前の卑南文化と比較してかなり大きな変

化があった。たとえば、三和文化の生活用品は、非常に装飾に富む土器と少量の磨製石器で、そのほかは変成岩の石輪、土製耳飾り、紅色ガラスビーズ、鉄矛などである。三和文化の副葬土器の器型と紋様は、小圈足を持ち、表面全体に紅彩を施した土器が多く、おそらく非実用品である。三和文化の土器は、薄手のつくりで、器型の変異が大きく、取っ手を基準とすると、取っ手を持たないものと、両側に横向きの取っ手をもつもの、双耳土器、片側に取っ手をもつ土器の4つに大別され、各類の中にまた多くの変異が存在する。これらの取っ手は多くが三角形の板状で、土器の表面には多く印紋や、直線刻画紋、圏印紋などから構成されるさまざまな紋様が施され、器型が特殊で装飾も豊富な土器伝統を形作っている（葉美珍 2005：22-23）。

卑南遺跡の南30kmの旧香蘭遺跡は、台東県太麻里渓南岸の台地上に位置する。2004年12月末から2005年2月まで、台湾史前文化博物館が進めた旧香蘭遺跡の緊急調査で、百万もの土器片や数千もの石器・骨角器・ガラスビーズ・鉄器・小形青銅器などの遺物が出土し、黄金や、金属器を鋳造した砂岩製の鋳型なども発見された（李坤修 2005）。2006年末、再度行われた旧香蘭遺跡の緊急発掘では、3つの突起のある玉製装飾（ling-ling-O）などの遺物がさらに発見されている（李坤修 2007）。旧香蘭遺跡から出土した多くの遺物は、三和文化の内容について、これまでにない多くの知見をもたらした。

李坤修の指摘によれば、旧香蘭遺跡には三和文化晩期の文化層が存在し、板岩石板棺・家屋遺構、板岩と変質砂岩製の石柱・石臼、片状砂岩製の打製石斧、板岩製の磨製石刀、硬頁岩製の磨製錐形器（石針）、硬頁岩の礫で作られた有溝石錘、板岩製の磨製・打製の円形石器、砂岩製の鋳造用の鋳型、大量の土器片が堆積した文化層、ガラスビーズ、ガラス腕輪、ガラス鋳造の残余物、ガラスビーズ未成品、青銅鈴、青銅管形耳飾、青銅滓、鉄刀、鉄鏃、鉄滓、金箔、金珠、骨針、骨製組合式釣針、骨製魚叉、骨鏃、骨簪、骨珠、各種牙製の墜飾（ペンダント）、百歩蛇を彫刻した牙飾、青銅刀の柄と見られる鹿角製の彫刻品などが出土した。^{14}C年代としては、1420±50、1380±40、1340±40、1320±40、1280±40、1270±40、1240±40BPのデータが得られており、

1500-1200BPの間にまとまる。旧香蘭遺跡では台湾において初めて砂岩製の鋳造用の鋳型と半熔解のガラス素材が発見され、当時の台湾ですでに合わせ形鋳型によって、小型の青銅耳飾、青銅鈴、青銅刀柄や、ガラスビーズの鋳造が行われていたことが明らかとなっている（李坤修 2005・2006）。

　三和文化の内容から見ると、卑南文化の伝統（石板棺、一部の土器の形態、石鋤、石刀、石鎌、打製円盤器、分銅型石錘など）をある程度受け継ぐと同時に、それ以前には台湾本島に見られなかった相当な量の外来要素（刺点紋・圏印紋を施した紅色折腹（屈折した胴部を持つ）圏足罐、蛇紋を持つ灰黒色・紅色の鉢、小型金属器やガラスビーズの鋳造技術、3つの突起のある玉製装飾［ling-ling-O］、多量の骨角器など）が出現している。このことは、三和文化が台湾東部の固有文化と島外の文化との融合によって形成された新しい文化類型であることを意味している。いくつかの遺跡で得られた遺物の内容から見て、三和文化の年代はあるいは今から2500年前頃にまでさかのぼる可能性がある。

(2) 屏東中北部山地—北葉文化

　北葉文化は、屏東中北部山地とその北側の高雄県茂林郷一帯に分布する。この文化はこの地域で今までに発見された最古の先史文化である。

　屏東中北部山地方面には、三地門郷大社村のChula遺跡、三地門郷徳文村の伊拉対岸遺跡、内埔郷北葉村（一部が瑪家郷にまたがる）の北葉I遺跡下層、内埔郷北葉村の上北葉遺跡、内埔郷隘寮村の涼山遺跡、瑪家郷の北葉II遺跡および旧筏湾Kapaiwanan遺跡、霧台郷霧台村の伊拉遺跡下層および華容遺跡、来義郷丹林村の丹林I遺跡、来義郷南和村の埔姜山遺跡などがある（郭素秋ほか 2007）。高雄茂林郷方面では、濁口渓流域の多納村の小多納遺跡、茂林村の得楽得卡（瑪雅）遺跡（徐明福ほか 2008：222～232）、および万山旧社遺跡（呉美珍 2008調査資料）において、北葉文化に属する土器が発見されている。

　屏東県三地門郷大社村のChula遺跡では、陳維鈞が1996年12月に当該遺跡で試掘を行った結果、2基の石板棺が発見されている。それらのうち、B1墓では人骨は検出されなかったが、遺物として板岩質の石鏃1点、台湾玉製の

人獣形玦2点、および47点の台湾玉質の小管珠（台湾軟玉製の管状ビーズ）と、5点の土製小管珠が出土した。B2墓も人骨は検出されなかったが、遺物として台湾玉製の管珠1点、打製石斧1点、推定鉄製環3点、および石製鋳型に似て火を受けた痕跡のある、砂岩質の磨製石製品1点などが出土した（陳維鈞1997）。

　1990年、劉益昌は「屏東県瑪家郷北葉遺跡試掘報告」を発表し、北葉Ⅰ遺跡の文化的特質が、鳳鼻頭遺跡最上層の上貝塚層および中央山脈以東の卑南文化と相当に類似していることを指摘した。北葉Ⅰ遺跡出土の1基の短長方形組合式石棺は、素材が長方形のブロック状の板岩と砂岩の礫石で、その北面は1つのブロック状の板岩と6つの礫石を積み上げて形作られており、蓋石と底石は見られない。土器はおもに紅褐色の夾砂陶で、全体の95％以上を占め、おもな器型は各種の罐、鉢、ならびに少量の杯盤である。土器全体の中で施紋されたものは全体のわずか3.99％だが、土器の取っ手部分の施紋率はじつに25.16％に達する。おもな紋様は点紋・刻紋・叩き紋・押圧紋で、通常は土器の取っ手部分と口縁および肩部に見られるが、叩きの方格紋は全面に施される。このほか、少量の土製の紡錘車・錘・ビーズ・腕輪などがある。石器もかなり豊富で、多量の斧・鏟・鏃・錘と少なくない片刃石斧・刀、および4つの突起をもつ蛇紋岩製の玦1点、また少量の腕輪と有溝石棒（斜格子状の刻紋をもつ叩き道具）が出土した。有溝石棒と方格印紋土器は共伴しており、おそらく両者の間には何らかの関連があるものと推測される（劉益昌1990）。

　北葉文化の文化内容から見ると、高雄地域の鳳鼻頭上層類型に由来する要素と、台湾東部の「卑南文化晩期」に由来する要素がともに認められ、とくに台湾東部の要素が主要な部分を占めることがわかる。なかでも、台湾東部の「卑南文化晩期」に由来するとされる要素については、じつのところ同時期に台東南側地域に出現した三和文化の内容とおおむね一致している。その例としては、長方形石板棺、土器の形態、三角形で扁平な横向きの取っ手、小さな平面をもつ橋状の横向きの取っ手、圏印紋、刺点紋、打製の斧鋤形器、磨製石刀、分銅型の石錘、2カ所くびれた石錘、3カ所くびれた石錘、打製の円盤器、携帯型

の砥石（李坤修 2005）などを挙げることができる。このほか、屏東県三地門郷大社村のChula遺跡の北葉文化の石板棺から出土した鉄製環形器と玉管珠48点は（陳維鈞 1997）、台東県旧香蘭遺跡の三和文化のB9石板棺に副葬されていた鉄器・玉管珠（李坤修 2005：136 図版119−1・2・4）と類似する。そのため、北葉文化の中で台湾東部の「卑南文化晩期」に由来するとされる要素は、実際には台東南側地域の三和文化に由来した要素と見なすべきであると考える。

台東南側地域の、目下知られる三和文化の内容から見れば、蛇紋・人頭形紋・圏印紋などは、三和文化に特有の文化要素であり、これらの要素は台湾の他地域の先史文化には見られず、そしてこれらの要素は現在の排湾文化の重要な文化的特徴の一部である。したがって、排湾文化の起源問題について考える際には、北葉文化の中の三和文化に由来する要素について把握することが、きわめて重要なのである。

さらに、北葉文化が存在した時期には、恒春半島の山地にいわゆる響林文化（後述）の人々が存在し、また北葉文化の晩期には、屏東平原に蔦松文化に属する人々が存在していた。筆者は、相互に共通して見られる特徴的な遺物の存在から、北葉文化は、南部の響林文化および西部平原の蔦松文化と、それぞれに接触があったと考える（郭素秋ほか 2007）。すなわち、北葉文化の人々はけっして孤立していたのではなく、彼らは台東南側地域の三和文化の人々との交流を持続したのと同時に、また恒春半島の響林文化の人々や、屏東平原の蔦松文化の人々とも、程度は異なるが一定の接触をしていたのである。

北葉文化の年代については、目下のところ、数点の木炭による^{14}C補正年代で、大部分は2300-2000年BPにデータがまとまる。しかし、三地門郷大社村のChula遺跡の石板棺から出土した3点の鉄製環形器の破片には、少なくとも2種類の形式の鉄環があり、北葉文化がおそらくすでに金属器時代に入っていたことを意味している。さらに、屏東平原に位置する下廓遺跡（蔦松文化）では、一部の土器の器型が明らかに北葉文化の影響を受けているが、目下のところ蔦松文化の最古の年代はおよそ今から1600年前頃である。これらの現象と、推

測される文化接触から見て、筆者は北葉文化の年代を今から千数百年前まで下ると考える。

(3) 台東南部地域・恒春半島―三和文化晩期（別称「亀山文化」、今から1600～1000年前頃）

　上述の台東県太麻里郷の旧香蘭遺跡（李坤修 2005 ほか）では、三和文化から亀山文化への明確な連続的発展の手がかりが認められる。これにより、本論文では亀山文化は三和文化の晩期に位置づけられるものとして考察を進める。

　三和文化晩期（亀山文化）の遺跡は、目下のところ大多数が台東南側地域に分布する。台東県の卑南郷初鹿村の初鹿遺跡（葉美珍 1994）、台東県卑南郷初鹿村西南の新斑鳩山地の巴蘭遺跡（傅君ほか 2004）、台東県太麻里郷三和村の三和遺跡、台東県太麻里郷華源村の山棕寮遺跡、台東県太麻里郷華源村の新吉遺跡（劉益昌 1994）、台東県大武郷大鳥村の大鳥万遺跡などで少量の発見があり、近年では李坤修が台東県太麻里郷香蘭村の旧香蘭遺跡や台東県太麻里郷多良村の下多良遺跡で多くの亀山文化の土器を発見し、なかでも旧香蘭遺跡は数量が最も多く（李坤修 2006：12、19～20）、さらに台東県太麻里郷大竹村の工作地遺跡でも亀山文化と類似する土製腕輪が発見されている（郭素秋ほか 2007：図 14）。屏東地域ではわずかに恒春半島で、車城郷射寮村の亀山遺跡上層と、満州郷港口村の後壁山Ｉ遺跡上層の2カ所の発見例があるにすぎない。

　台東県太麻里郷華源村の山棕寮遺跡で発見された、底板のある長方形の石板棺（劉益昌 1994：図版 31）を見ると、三和文化晩期（亀山文化）の墓葬形式が、卑南文化と三和文化早期以来の埋葬方式の延長であり、石板棺を継続して用いていたことがわかる。

　三和文化晩期（亀山文化）の遺物は土器であり、灰黒色あるいは褐色の小鉢が主要な器型で、表面には通常人形・幾何形などの各種刻紋が施され、押圧印紋が見られることもあり、人形紋が最も特徴的である。石器には斧鋤形器・錘・凹石・分銅型の錘があり、貝製のスクレイパーや、各種の骨器、ガラスビーズ、刃をもつ鉄器、施釉硬陶などがあって、これらの内容に加え、台東県太麻里郷

旧香蘭遺跡の年代を参考に、筆者はその年代を今から1600～1000年前頃と見ているが（郭素秋ほか2007）、さらに後まで続いた可能性も考えられる。

　屏東中北部の北葉文化が台東南側地域の三和文化早期からの強い影響を受けたのに対し、恒春半島の山地では響林文化晩期になって、三和文化晩期（亀山文化）の影響を受けたことが、屏東県満州郷港口村の後壁山Ⅰ遺跡の遺物内容から見て取れる。すなわち、恒春半島の山地では、紀元後1000年前後になって、台東南側地域の三和文化晩期（亀山文化）の文化勢力の一派が恒春半島地域に進出したのであり、この外来文化の影響が、後の恒春半島の排湾文化の形成に相当な影響を与えたにちがいない。李坤修は、亀山文化の百歩蛇紋様などの特徴から、亀山文化はおそらく三和文化（旧香蘭遺跡に代表される）が発展して形作られたものであり、またおそらく排湾文化の祖先文化であると指摘するが（李坤修2006）、筆者もその見方に賛成である。

(4) 恒春半島山地―小型長方形石板棺に代表される文化段階

　恒春半島の山地では、砂岩の小型長方形の石板棺を検出した遺跡が数カ所発見されていて、筆者らは2007年にそのうちの1つ、満州郷里徳村に位置する山頂Ⅱ遺跡の石板棺について調査を行った。石棺は長さ約100cm、幅約50cmで、底板をもたず、棺内の人骨は単体の側身屈肢の1次葬で、人骨の頭部から胸部にかけての左側に、1点の長細い鉄器が副葬されていた（郭素秋ほか2007）。近隣の満州郷烏加烏遺跡などでも（李匡悌2002：27図）、山頂Ⅱ遺跡と類似する小型の長方形の砂岩石板棺が発見されている。

　恒春半島に今から500年前以後に出現する排湾文化の旧社遺跡である南仁山遺跡や老仏遺跡では、ともに室内葬で方形あるいは円形の墓坑であること、さらに上述の山頂Ⅱ遺跡などの砂岩石板棺がこの地の響林文化の石板棺に比較的近いこと（砂岩の石板で構築し、底板がなく、長方形であることなど）から、筆者は暫定的に山頂Ⅱ遺跡などの遺跡に見られる小型の砂岩石板棺の年代を、響林文化とその後の排湾文化（後述）の間に置いている。排湾文化に属する旧社遺跡の恒春鎮亀子角遺跡では、山頂Ⅱ遺跡と類似する長方形の小型砂岩石板

考古学から見た台湾の排湾（パイワン）文化の起源　143

（●：三和文化と北葉文化の遺跡、■：
　三和文化晩期〔亀山文化〕の遺跡）

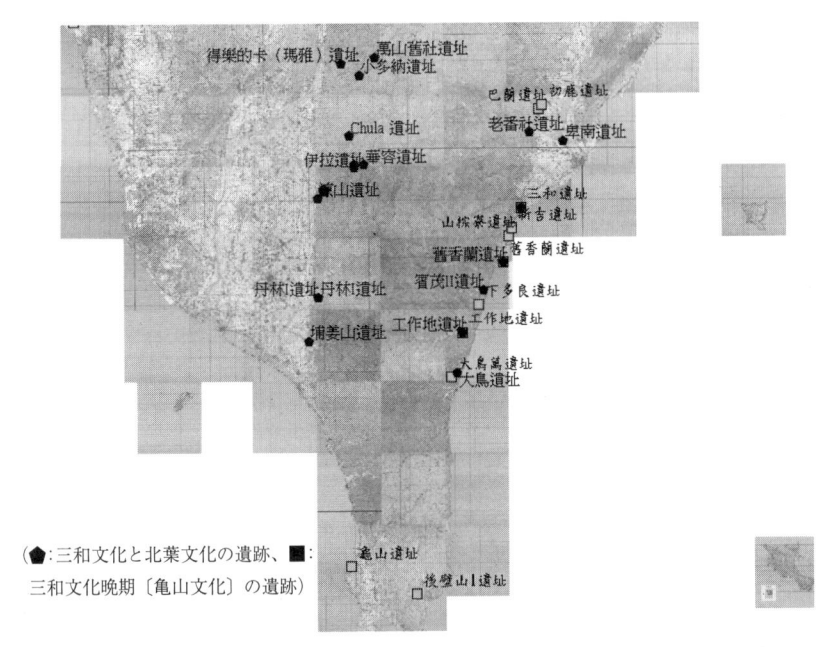

図3　台湾南部の三和文化・北葉文化及び三和文化晩期（亀山文化）の遺跡分布図

棺（長 90cm、幅 55cm、石の厚さ 5cm、李匡悌ほか 2000）と、現在の排湾文化によく見られる方形の石棺が同時に検出されていることから、筆者は山頂Ⅱ遺跡などに代表される文化が、おそらく後に恒春地域の排湾文化に発展したものと考える。ただし先史文化晩期にはもともと室外葬の長方形の石棺であった葬制が、なぜ、またいつ、排湾文化の室内葬に転換したのかは、現段階ではなおも不明である。

3　排湾文化と当地の先史文化晩期の比較

　以下では、排湾文化のいくつかの主要な文化要素と、当地の先史文化晩期の考古学的文化についての比較を試みる。

(1) 土 器

　排湾文化の古陶壺は、目下わずかに屏東中北部の山地において関連する遺物あるいは伝世品が発見されているだけであり、恒春半島では今まで同様な形式の古陶壺は未発見である。今日のこうした考古学的調査の結果は、半世紀前の任先民による排湾文化の古陶壺の分布状況についての所見ともおおむね一致する（任先民 1960：163）。

　前章までに述べた先史文化晩期の土器の特徴と、この地域に後に出現した排湾文化の古陶壺の特徴を比較すると、排湾文化の古陶壺の多くの要素（器形・取っ手・紋様などの特徴）は、いずれも北葉文化や三和文化にその類縁を見出せることが明らかとなる。

(2) 紋様と図像

　①蛇紋　三和文化において出現する蛇と関係する多くの紋様は、粘土紐の貼り付け紋、刻紋あるいは押印紋として土器の表面に施されており（旧香蘭遺跡、李坤修 2005：150 図版 129、151 図版 130a・b、153 図版 132a・b）、なかには石刀（旧香蘭遺跡、李坤修 2005：173 図版 140）や猪牙製品（旧香蘭遺跡、李坤修 2005：185 図版 152）や鹿角製彫刻（旧香蘭遺跡、李坤修 2005：184 図版 151）などの表面に施された例もある。

　三和文化の蛇紋が排湾文化の百歩蛇の紋様と関連をもつ可能性については、李坤修によってこれまでに繰り返し指摘されてきた。改めて比較検討してみると、三和文化の蛇紋は、確かに排湾文化の古陶壺などに見られる百歩蛇の紋様と類似点をもつ。さらに三和文化の蛇紋の尾の部分に表現された渦巻き紋は、高雄県茂林郷の万山石刻の一部の紋様と類似点をもつことが確認される。

　②その他の紋様　さらに三和文化のその他の紋様を排湾文化と比較してみると、三和文化の多くの重要な紋様（圏印紋・人頭紋・三角形紋・亜字形紋・斜線画紋・方格加点印紋など）が、同様に後の排湾文化の主要紋様の一部になっていることが明らかとなる。

　なかでも、排湾文化において重要な位置を占める人頭紋と圏印紋などの紋様

は、現在の排湾文化の分布域のほかに、魯凱（ルカイ）族の下三社群の分布地である高雄県茂林郷の万山石刻群の中にも見出される。これらの紋様を北葉文化・三和文化の紋様と比較すると、三和文化の器物の装飾に多く見られ、重要な文化内容の一部を構成することが明らかとなる。

　高雄県茂林郷の万山石刻群は、現在の魯凱文化の万山旧部落（万斗籠社）の古くからの狩猟場であり、昔は「内本鹿」と呼ばれていた地域である。万山石刻群の紋様中に三和文化晩期（亀山文化）の人頭紋・蛇紋などの紋様と類似するものが認められることは、注意すべき点である。

(3) 三和文化の双小頭装飾と排湾文化の多小頭装飾

　旧香蘭遺跡の三和文化の要素に、蛇の舌先のようなものが二股に分かれて発展した紋様が見られることについては、李坤修がすでに指摘している。旧香蘭遺跡では、ある種の石器の尖頭部や人面形の角製彫刻の頭部にも、2つの突起あるいは2つの小頭が認められるが（李坤修 2005）、これらもおそらく蛇の舌先が二股に分かれた意匠から生まれたものであろう。三和文化晩期とおおむね同時期の台北県八里郷の十三行遺跡の青銅刀柄の人像は、その頭部に双鳥の装飾があり、旧香蘭遺跡出土の人面形の角製彫刻や双鳥彫刻（李坤修 2005：183 図版150の角製彫刻、および李坤修 2005：186 図版153の鹿彫刻）と相当に類似する。三和文化の影響がはるか北部の十三行遺跡にまで及んでいた可能性も否定できないと考える（郭素秋 2006）。

　台湾全体の先史文化の発展から見ると、台湾全島はおよそ紀元後200～500年前後に相次いで金属器時代に入り、各地の遺跡に鉄器・青銅器・ガラスビーズなどが出現する。台湾のいわゆる金属器時代とは、一般に鉄器・青銅器・ガラス器などの遺物が出現することを指しているが、石器の種類や数量は明らかに減少する傾向があるものの、石器が完全にそれらに取って代わられたり、あるいは石器が消滅したということを意味しない。おそらく鉄器や青銅器などはなお高級品で、どの場所でも等しく十分な使用量を獲得できるわけではなく、多くの地域では、少量の金属器が出現しても、なお多くの石器が利用されたの

であり、その例として日月潭のLalu遺跡がある。

　台湾がいかにして新石器時代から金属器時代に変わったかについては、今なお明確な答えは得られていない。しかし、台湾東部の旧香蘭遺跡で青銅器・鉄器・ガラス器の製作技術が発見されたことにより、台湾北部の十三行遺跡の鉄器の製造技術とあわせて、当時の台湾島内に小型青銅器・ガラス器・鉄器の製作ができる人々がすでに出現していたことが明らかとなった。この種の技術の出現と作り出された青銅器・鉄器・ガラス器などが、当時の社会に相当大きな衝撃を生み出したであろうことは疑いのない点である（郭素秋 2006）。

　三和文化の「双頭」装飾は、おそらくこうした時間の推移の中で、しだいに発展して現在の排湾文化に広く見られる、智恵を象徴する多小頭装飾になったと考えられるのである。

(4)　石製品

　排湾文化の石製品は数量も種類も少ないが、石臼と長方形の磨製石器があることが知られる。これらはともに当地の先史文化晩期の石器中に見られるもので、後者の長方形の磨製石器は先史時代にはもともと小型の砥石として用いられたものである。

　排湾文化のこの種の長方形磨製石器の用途については、恒春半島の満洲郷老仏遺跡を例に説明することができる。老仏遺跡の円形の室内葬の石棺からは、かつて数点の長方形磨製石器が出土し、採集者である排湾族の潘顕栄による説明によれば、これらの石製品は「祖先や神霊はこの石を通して彼らの考えや要求を伝え、この石の振動やその頻度から背後にあるものが読み取れるのであり、一種の法器である」（2007.4.6 個人談話）という。筆者の観察では、これら長方形磨製石器の表面には使用痕が認められない。しかしそれらが実際に法器の類として用いられたか否かについては、さらなる検討が必要である。

(5)　小型金属器とガラスビーズなど

　三和文化には、すでに相当な数の小型金属器とガラスビーズが存在し、この

2種類の器物を製作する工芸技術も出現していた（台東県太麻里郷旧香蘭遺跡、李坤修 2005）。筆者の比較検討によれば、排湾文化にもまた三和文化と類似する工芸品が認められる。

　このほか、現在の排湾文化の狩猟対象は、野生イノシシ・ヤギ・シカ・山羌（シカの一種）・サルなどが主であり、さらにクマ・ユキヒョウおよび各種の小動物があり、鳥類は野鶏・竹鶏などが主である（呉燕和 1964：89）。これら現在の排湾文化の大多数の狩猟対象は、三和文化の骨角器の素材や遺跡出土の獣骨とも一致する。台東県太麻里郷旧香蘭遺跡出土のイノシシの頭骨と下顎骨（李坤修 2005：202 図版 170-3）、ヤギの角（李坤修 2005：203 図版 171-1）、山羌の角（李坤修 2005：202 図版 170-4）、山羌の下顎骨（李坤修 2005：202 図版 170-6）、シカ角製の猪形装飾品（李坤修 2005：187 図版 154）、シカの下顎骨（李坤修 2005：202 図版 170-5）、シカの尺骨製の骨尖器（李坤修 2005：190 図版 158）、シカ角製の彫刻（李坤修 2005：192 図版 160）、イノシシの牙製の百歩蛇紋の彫刻（李坤修 2005：185 図版 152）のほか、屏東県車城郷射寮村亀山遺跡出土のユキヒョウの牙製彫刻（李匡悌 2002：78 図）などが、その例である。

4　三和文化に見られる台湾島外の文化要素

　ここまでの検討により、恒春半島山地と、台東南側地域から屏東中北部山地にかけての地域に、以下のような先史文化の異なる発展過程があることが明らかとなった。

　まず恒春半島山地では、土器・石板棺・穿孔玉墜（軟玉製ペンダント）などの内容から見て、恒春半島平原地域の先史時代中期の墾丁類型が先史時代晩期の響林文化に発展したことが明らかである。その過程で高雄の鳳鼻頭上層類型の影響を一部受け、さらに響林文化の最後の段階で台東南側地域の三和文化晩期（亀山文化）の影響を受けて、おそらく山頂Ⅱ遺跡に代表される長方形石板棺を指標とする文化段階を経て、今から 500 年前頃に恒春半島の特色ある排湾

文化が形作られた。そして今から 100 〜 200 年前頃になって、恒春半島の排湾文化は、屏東中部の排湾文化や台東地域の阿美（アミ）族や卑南（ピュマ）族などからの影響を受けつつ共存することで、今日の複雑な排湾文化の様相が形作られたと見られるのである。

　恒春半島が、先史時代晩期の響林文化の段階においても、決して孤立した存在ではなく、屏東中北部山地の北葉文化の人々と一定の文化接触をもっていたことは、響林文化と北葉文化のどちらにも穿孔玉墜が見られることによって確認される。

　一方、屏東中北部山地と高雄県茂林郷の一部地域は、先史時代晩期には北葉文化の分布地域であった。すでに述べたように、北葉文化は一部に高雄の鳳鼻頭上層類型の要素を含むが、その主要な文化内容は同時期の台東南側地域に分布していた三和文化とおおむね相同である。筆者は、台東南側地域の三和文化が、中央山脈をこえて西に移動したとき、高雄地域に由来する一部の文化要素と融合発展して形作られた文化が北葉文化であると考える。北葉文化が三和文化を主要文化内容としていることから、北葉文化と台東南側地域の三和文化には相当大きな共通性が認められるのであり、屏東中北部山地と台東南側地域を広い意味で三和文化の分布範囲と見ることも可能である。この仮説が成り立つならば、排湾文化の人々は、屏東中北部山地に暮らすようになる以前、台東南側地域一帯に居住していたはずである。もしそうであれば、長い間考えられてきた排湾文化の屏東北部起源説には、相当に大きな衝撃となるであろう。

　このように理解すると、恒春半島の排湾文化と、台東南側地域から屏東中北部山地にまたがる地域の排湾文化は、それぞれに異なる発展過程をたどったことが明らかとなる。

　では、この 2 つの地域の排湾文化には、どこに接点があったと考えられるのだろうか。筆者は、この 2 つの地域が後に「排湾文化」の分布地となったのは、ともに前後して三和文化と三和文化晩期（亀山文化）の影響を受けたことによると考える。つまり三和文化こそが、排湾文化のこの大きな分布圏を形作った主要な要素と言えるのである。

以上から、筆者は、現在、排湾文化の最も古い起源については、三和文化までさかのぼることができると考える。

注意したいのは、三和文化には卑南文化を継承した要素も見られる一方で、この時期あるいはそれ以前の台湾の先史文化に見られない要素、すなわち小型金属器やガラスビーズの製作技術、土器の新たな器形、百歩蛇紋・圏印紋・刺点紋などの紋様、3つの突起のある玉製装飾（ling-ling-O）などが出現し、これらの外来と見られる要素が、後に排湾文化のなかで相当重要な要素となっているという点である。排湾文化の起源を解明するためには、台湾島外の文化要素を、さらに大きな地理的広がりの中で検討することが必要となる。

(1) 小型金属器とガラスビーズを製作する技術

台東県太麻里郷の旧香蘭遺跡からは、製作途中のガラスビーズの未成品と製作時の廃棄物が出土しており、鉄の棒上に巻かれたままのガラスビーズ（李坤修 2006：12・29 図版24）や、切断されたガラス棒（李坤修 2006：12・29 図版22）、熔解したガラス（李坤修 2005：194 図版162h）と、22点のおそらく金属器を製作するために用いたと見られる小型の砂岩製鋳型などがあった（李坤修 2005）。

旧香蘭遺跡のこの種のガラスビーズと小型金属器を製作する技術は、この同時期あるいはそれ以前の台湾の先史文化には確認されておらず、三和文化は台湾の新石器時代晩期から金属器時代早期の段階に位置づけられる。この時期に台東南側地域に出現したこの種の工芸技術は、当時の台湾社会に相当な衝撃を与え、台湾の先史文化の新石器時代から金属器時代への転換を促したはずである。

(2) 土器の新たな器形と百歩蛇紋・圏印紋・刺点紋などの出現

三和文化の起源についてさらに理解するために、三和文化の中で卑南文化には見られない土器の器形と紋様を周辺地域と比較してみると、旧香蘭遺跡と類似する土器が東南アジア地域にも見られることが明らかとなる。たとえば、

Gunung Piring、Lombok、Leang Buidane、Talaud で出土した2点の早期鉄器時代の土器（Bellwood 1997）は、旧香蘭の主要な土器の器形とかなり相似しており、またルソン島北部の Lal-lo 貝塚群の有紋の紅色スリップ土器（2900-2400BP）の紋様は（Ogawa et al. 2006：Fig.28-1）、旧香蘭遺跡の紅陶の紋様と相似し、とくにルソン島北部の Nagsabarab 遺跡の土器の紋様と器形は（Hung Hsiao-chun 2008：180 Fig.7-15、189 Fig.7-23、191 Fig.7-25）、三和文化の紅陶の紋様および小鉢の器形と酷似している。

　ルソン島北部の Lal-lo 貝塚群は、Cagayan 河の下流に位置し、最近、AMS による ^{14}C 年代測定を行った結果、剥片石器群（the flake assemblage）の年代が 7000-4000BP、土器のおおよその始まりが 4000BP、無紋の紅色スリップ土器群（the non-decorated red-slipped pottery assemblage）の年代が 3400-3000BP、有紋の紅色スリップ土器群（the decorated red-slipped pottery assemblage）の年代が 2900-2400BP、有紋の黒色土器群（the decorated black pottery assemblage）の年代が 2300-1500BP、無紋の黒色土器群（the non-decorated black pottery assemblage）の年代が 1500-1000BP というように、文化層の序列が確認されている（Ogawa et al. 2006）。

　洪曉純（Hung Hsiao-chun）は最近の研究で、「三和・旧香蘭・卑南・老番社などの三和文化の遺跡では、ルソン島でよく見られる刺点紋をもつ土器片を、ともに認めることができる。その特色は、刺点で円圏と直線からなる幾何学的図案を形作るというもので、おそらくルソン島北岸文化からの影響を受けたものであろう」（洪曉純 2005：267）と指摘している。筆者もまたこの見方に同意する。洪曉純の注目した土器の文様のほかにも、三和文化には、土器の器形・紡錘車・ガラスビーズなど、東南アジア（とくにルソン島北部）に類似するものを見出すことができる。

(3) 3つの突起のある玉製装飾（ling-ling-O）

　台東県太麻里郷の旧香蘭遺跡で最近発掘された遺物には、1点の3つの突起のある玉製装飾（ling-ling-O）があり、「この標本は墨緑色の玉器で、そろば

ん玉の形をしている。本体部分には3つの尖った突起があり、そのうちの1つはすでに折れて無くなっている。標本の長さは2.8cm、幅2.5cm、厚さ1.4cmで、その形態的特徴は、ベトナム・フィリピンに見られ、ling-ling-Oと称される耳飾りと相似する」ことが指摘されている（李坤修 2007：68）。葉美珍からの筆者へのご教示によれば、旧香蘭遺跡ではこれ以外にもう1点のling-ling-O玉玦が出土しており、台湾軟玉で製作されているとのことである（2008.12.16個人談話）。また洪曉純からの筆者へのご教示によれば、彼女はかつてある個人コレクターの家で、墾丁地域から出土したもう1点のling-ling-O玉製装飾を見たことがあり、それは台湾軟玉で製作されたものであったとのことである（2008.10.11個人談話）。

旧香蘭のこの玉製装飾に類似するling-ling-O玉玦は、蘭嶼（Hung Hsiao-chun 2008：260 Fig. 9-14左上角）のほか、バタン諸島のSavidug島、パラワン島のTabon洞穴群や、ベトナムなどの地に認められる（鹿野 1946a：228 第36図3〜5、Hung Hsiao-chun et al. 2007：Fig.1A〜C）。その中で、バタン諸島のSavidug島では、台湾東部の花蓮の豊田玉製の3つの突起のある玉製装飾（ling-ling-O）そのもの以外に、花蓮の豊田玉を用いた玉器製作時の残余物も出土しており、^{14}C年代は400BCである（Hung Hsiao-chun 2008：269 Fig.9-19）。

洪曉純の研究によれば、台湾の花蓮の玉器はおおよそ今から4000年前頃にすでに東南アジア地域に出現し、こうした現象はその後も今から2000年前頃まで続き、その末期には花蓮の玉材そのものが東南アジア地域に搬出されるようになって、これにより花蓮の玉器あるいは玉材が東南アジア地域で相当広い範囲に分布するようになったと見られる（Hung Hsiao-chun et al. 2007：Fig.3）。

これによれば、旧香蘭遺跡から出土した2点のling-ling-O玉製装飾の由来については、花蓮の玉材が東南アジアに搬出されて現地人によって製作された後に、東南アジアからの移住者が台東南側地域に（それを携えて）持ち込んだ可能性と、東南アジアからの移住者が台湾に来た後に花蓮の玉材を手に入れて

製作した可能性の2つが考えられる。

　筆者は、台東地域の卑南文化期の考古資料を調査した際に、台湾新石器時代晩期によく見られる4つの突起をもつ玉玦の中に、4つの突起の形状がling-ling-O玉製装飾の典型的な尖角突起（李純嘉 2006：112 図 189・190）に類似するものを、いくつか見たことがある。同様な現象は、旧香蘭遺跡出土の「8字型玉玦」の突起の表現（李坤修 2005：83 図版 78）にも認められる。「8字型玉玦」自体は、台湾東部のより古い先史文化である卑南文化においてすでに見られるのだが、その外側の突起が鋭く尖っている形状は、まさに東南アジアのling-ling-O玉製装飾の特徴である。つまり、この時期の台湾本土に見られる4つの突起をもつ玉玦の製作者は、ling-ling-O玉製装飾の鋭く尖った突起表現の特徴を取り入れたのであり、そのことは両者が一定の接触と融合を経ていたことを意味するのである。

5　結　語

　以上の検討によれば、台湾南部の先史時代において、排湾文化の色彩をもつ存在として最も早くに出現したのは、台東南側地域と屏東中北部山地の三和文化と北葉文化である。三和文化の年代はおそらく今から 2500 年前にまでさかのぼり、北葉文化の年代は今からおよそ 2300 年前頃である。北葉文化の主要な構成要素となったのは三和文化であり、台東南側地域には三和文化のより古い起源の1つとして卑南文化が確認されている。以上から見れば、排湾文化の色彩をもつ遺存は台東南側地域に最も早く出現したことになる。

　その後ほどなくして三和文化が屏東中北部山地に拡大し、さらに高雄地域に由来する鳳鼻頭上層類型の要素と一定の融合がなされて、北葉文化が形成された。そして北葉文化が形成された後、台東南側地域の三和文化、恒春半島の響林文化、屏東平原の蔦松文化などとの間で、さまざまな文化的交流が生じたのである。

　もし、このような推測が成り立つのならば、台湾本島について言えば、排湾

文化の最も古い起源の場所は台東南側地域に違いなく、その後、中央山脈をこえて屏東中北部山地一帯にまで拡大したということになる。そして今から約1500年前頃の三和文化晩期（亀山文化）に、三和文化の勢力が台東南側地域から恒春半島地域に進入し、恒春半島にすでに展開していた響林文化と一定の融合を経た後に、恒春半島地域の特色をもつ排湾文化が徐々に形作られる。その後、台東南側地域、屏東中北部山地、恒春半島のあいだの相互影響と、基層となる三和文化に由来する文化要素との融合を通じて、これらの地域全体に排湾文化の大きな分布圏がしだいに形成されていったのである。

　三和文化は、台湾東部の卑南文化の伝統をある程度受け継いだ以外に、東南アジア（とくにフィリピンのルソン島北部地域）の要素を多く融合した。こうした外来要素の流入は、小規模な移民というかたちであった可能性がきわめて強く、彼らこそが刺点紋・圏印紋などを施した土器や、青銅器・鉄器・ガラスビーズの使用者・製作者であり、おそらく黒潮にのって台東南側地域の海岸部に到達したものと推測される。彼らは台湾に到達すると、台湾東部土着の卑南文化晩期の人々と一定の融合を果たした。それによって、台東南側地域の卑南文化晩期は、在地要素（石板棺・紅色夾砂圓腹〔球形胴部を持つ〕罐・石鎌・石刀・分銅型の石錘・台湾玉製の管珠など）と、外来要素（刺点紋や圏印紋をもつ紅色土器および灰黒色土器、3つの突起のある玉製装飾 [ling-ling-O]、蛇・亀・犬の形の取っ手あるいは紋様など）、そして在地と外来伝統が融合して形作られた新たな要素が組み合わさった新しい文化、すなわち三和文化となったのである。

　注目すべきことは、東南アジアからの移民が台湾に進入するより前に、台湾の先史文化には明確な排湾文化の特色をもつ文化が確認されていない点である。このため、排湾文化の起源という問題について考えるには、2千年あまり前に（おそらくその後今から1千年あまり前頃まで）、東南アジア（おそらくルソン島北部）から台湾に進入した外来要素について理解することがきわめて重要となる。そして小型青銅器とガラスビーズ製作の技術をもったこれらの外来移民が入ってきたことは、おそらくその後に台湾全体がきわめて短期間に、

新石器時代から金属器時代へと転換したことと大きな関係性をもつと推測されるのである。

　今から約500年前頃になると、台湾南部には排湾文化の集落形態・室内葬・石板屋・ガラスビーズ・人形銅柄鉄刀などの文化内容が出現する。少なくとも屏東中北部山地と恒春半島山地では、500年前に明確な排湾文化の要素が出現し、また両地域ともに、オランダ時代にはオランダ人および中国人との接触があったと見られるのである。

　これら2つの地域のうち、屏東中北部山地では、最近に至るまで古陶壺をもつ家族が認められ、また一部の旧社遺跡の地表では大量に散らばる古陶壺の破片が採集できる。屏東中北部の北葉文化の土器が排湾文化の古陶壺と強い類似性をもつことから見ると、古陶壺は今から約2千年あまり前に地元に存在した北葉文化の土器と関係するのであり、かつて土器は日常用のものであったが、おそらく最近になって土器がその他の素材のものに取って代わられ、また土器の製作技術が忘れられた結果、しだいに神聖な性質を帯びるようになったと考えられる。

　ところが屏東中北部山地とは対照的に、恒春半島地域では、今までに行われた民族調査において排湾文化のいかなる古陶壺も発見されておらず、また考古調査でも旧社遺跡の日常的生活を反映した文化層で大量に出土するのは、漢人の製作と見られる大型の硬陶罐などである。こうした現象が生み出されたのが、外来の漢文化の影響のほかに、恒春半島の排湾文化がまとまって自律発展を見せたことに関係するのか否かについては、今後の検討課題である。

　相対的に見れば、恒春半島は先史時代晩期において、北葉文化が分布した地域ではなく、響林文化に属していた。響林文化では今のところ出土している土器の数は多くないが、土器には少量の縄紋をもつものがあり、また長方形の石板棺や穿孔玉墜などが出現していることなどから見ると、響林文化の起源は、おもに恒春半島の沿海平原地域に分布する新石器時代中期の墾丁類型と大きく関係するに違いない。響林文化の発展の過程で、前後して高雄の鳳鼻頭上層類型や三和文化晩期（亀山文化）と接触し、またおそらく屏東中北部の北葉文化

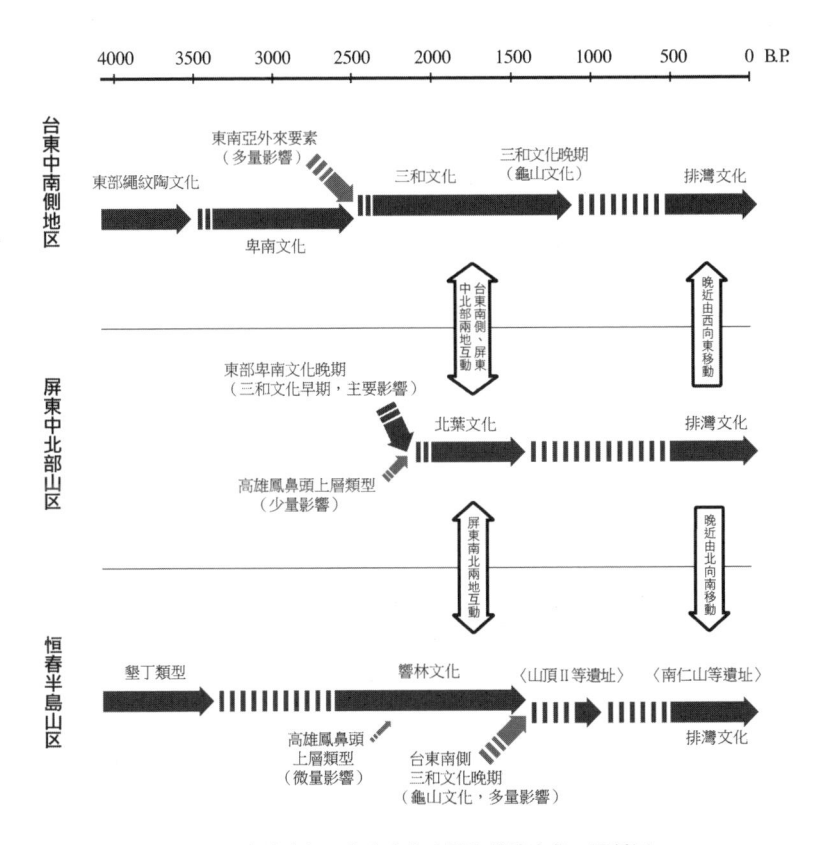

考古学から見た台湾の排湾(パイワン)文化の起源 155

図4 台湾南部の先史文化晩期と排湾文化の関係図

地区	4000 — 0 B.P.
台東中南側地区	東部縄紋陶文化 → 東南亞外來要素(多量影響)/卑南文化 → 三和文化 → 三和文化晚期(龜山文化) → 排湾文化
屏東中北部山区	東部卑南文化晩期(三和文化早期,主要影響)/高雄鳳鼻頭上層類型(少量影響) → 北葉文化 → 排湾文化（台東南側、屏中北部兩地互動／晩近由西向東移動）
恒春半島山区	墾丁類型 → 響林文化 → 〈山頂II等遺址〉 → 〈南仁山等遺址〉排湾文化（高雄鳳鼻頭上層類型（微量影響）／台東南側三和文化晚期（龜山文化,多量影響）／屏東南北兩地互動／晩近由北向南移動）

とも接触し(穿孔玉墜など)、さらに恒春半島の特殊な地理的環境(板岩がなくて砂岩が多いこと、恒春半島の海域が開けていて漢人・オランダ人や後の日本人などの外来文化と接触する機会が多かったこと)によって、この地域特有の排湾文化が形作られた。さらに阿美(アミ)族・卑南(ピュマ)族などの異なる民族集団との相互交流や融合、そして近年になって屏東中北部の排湾文化から恒春半島に入った因素などによって、恒春半島の排湾文化の内容は、屏東中北部の排湾文化と異なる様相を見せるようになったと考えられるのである。

このほか、北葉文化の分布域には現在、排湾文化の人々のほかに、他の文化

に属する民族集団が存在することについても注意が必要である。たとえば、屏東県霧台郷霧台村の伊拉遺跡の所在地は、現在、魯凱（ルカイ）文化の西魯凱群（隘寮群）の人々が暮らしており、また高雄県茂林郷の小多納遺跡や得楽得卡（瑪雅）遺跡、万山旧社遺跡の所在地には、現在、魯凱文化の下三社群の人々が暮らしている。この地域の魯凱文化は、北部排湾文化と多くの類似性をもつが、相互の頻繁な文化交流のほかに、2つの文化がともに同じ起源（北葉文化）をもつことが主要な理由であるのか否かについては、今後の研究を待つ必要がある。

参考文献

移川子之蔵ほか　1935　『高砂族系統所属の研究』台北　台北帝国大学土俗人種学研究室

馬淵東一　1954「高砂族の移動および分布」『季刊民族学研究』18-1・2 123-154 頁、18-4 23-72 頁　日本民族学協会

任先民 1960「台湾排湾族的古陶壺」『中央研究院民族学研究所集刊』9 163-224 頁

李匡悌 2002『恒春半島的人文史蹟』墾丁　内政部栄建署墾丁国家公園

李匡悌 2005「芸術風格的考古分類—以亀山遺址出土人形紋飾陶片為例」黄翠梅主編『2003 海峡両岸芸術史学与考古学方法研討会論文集』57-78 台南　国立台南芸術大学

李匡悌 2006「伝承与断裂—再看恒春半島史前石板屋遺址的聚落、家屋与人」中央研究院歴史語言研究所九十五年度第十二次講論会文稿

李匡悌ほか 2000『墾丁国家公園史前文化遺址現況調査及地理資訊系統档案建立』恒春　内政部営建署墾丁国家公園管理処委託中央研究院歴史語言研究所之報告

李光周ほか 1983『鵝鑾鼻公園考古調査報告』交通部観光局墾丁風景特定区管理処委託台湾大学人類学系之報告

李光周ほか 1985『墾丁国家公園考古調査報告』恒春　内政部営建署墾丁国家公園管環処

李坤修 2005『台東県旧香蘭遺址搶救発掘計画期末報告』台東県政府文化局委託国立台湾史前文化博物館之報告

李坤修 2006「台東県旧香蘭遺址的搶救発掘及其重要的発現」『九十四年台湾考古工作会報報告集』12-1～12-30　国立台湾史前文化博物館主辦　台東　国立台湾史前文化博物館

李坤修 2007『台東県旧香蘭遺址搶救発掘計画第二期計画期末報告』台東県政府文化局委託国立台湾史前文化博物館執行之報告

徐明福ほか 2008『高雄県歴史建築得楽的卡（瑪雅）部落遺址周辺資源調査計画期末報告』高雄県政府委託財団法人古都保存再生文教基金会執行之報告

許勝発 1996『伝統排湾族北部式家屋装飾初歩研究』国立成功大学建築研究所碩士論文（未出版）

郭東雄 2003『台湾排湾族七佳旧社住居文化之研究』台南師範学院郷土文化研究所碩士論文（未出版）

郭素秋 2006「従考古資料看一千多年前的日月潭 Lalu 島」『旧社与新民族自治国際学術研討会』文稿　政治大學原住民族研究中心

郭素秋ほか 2007『屏東県遺址補遺調査暨数位化保存計画研究報告』屏東県政府文化局委託中華民国国家公園学会之報告

張金生 2005「排湾族箕模（Cimo）人溯源之研究」『中央研究院民族学研究所資料彙編』19　149-226 頁

黄士強ほか 1987『墾丁国家公園考古民族調査報告』恒春　内政部営建署墾丁国家公園管理処

臧振華ほか 2004『台南科学工業園区道爺遺址未画入保存区部分搶救考古計画期末報告』南部科学工業園区管理局委託中央研究院歴史語言研究所之報告

蔡佩穎 2007『空間分析与房舎結構—以屏東県牡丹郷排湾族 Saqacengalj 旧社遺址為例』国立台湾大学人類学研究所碩士論文（未出版）

劉益昌 2002『台湾原住民史—史前篇』南投　国史館台湾文献館　台湾総督府臨時台湾旧慣調査会

劉益昌 2003 重刊『番族慣習調査報告書　第五巻　排湾族　第一冊』蒋斌主編　中央研究院民族学研究所編訳　台北　中央研究院民族学研究所

劉益昌 2004 重刊『番族慣習調査報告書　第五巻　排湾族　第四冊』蒋斌主編　中央研究院民族学研究所編訳　台北　中央研究院民族学研究所

劉益昌 2005 重刊『番族慣習調査報告書　第五巻　排湾族　第五冊』蒋斌主編　中央研究院民族学研究所編訳　台北　中央研究院民族学研究所

盧泰康 2006『十七世紀台湾外来陶瓷研究—透過陶瓷探索明末清初的台湾』国立成功大学歴史研究所博士論文

譚昌国 2007『排湾族』台北　三民書局

Bellwood, P. 1997 *Prehistory of the Indo- Malaysian Archipelago*. Revised edition. Honolulu: University of Hawai'I Press.

Ogawa, H.、Wilfredo P. Ronquillo、Ame M. Garong 2006　Typological and Chronological Studies on the Decorated Black Pottery Assemblage from Lal- lo Shell Middens. *Journal of Southeast Asian Archaeology*. No. 26:1-34

Hung Hsiao-chun　2004　A Sourcing Study of Taiwan Stone Adzes. *Indo- Pacific Prehistory Association Bulletin* 24（Taipei papers, vol. 2）: 57-70.

Hung Hsiao-chun　2005　Neolithic Interaction between Taiwan and Northern Luzon: The Pottery and Jade Evidences from the Cagayan Valley. *Journal of Austronesian*

Studies 1 (1) : 109-132

Hung Hsiao-chun 2008 *Migration and Cultural Interaction in Southern Coastal China, Taiwan and the Northern Philippines, 3000 BC to AD 100: The Early History of the Austronesian- speaking Populations.* A thesis-submitted for the degree of Doctor of Philosophy of The Australian National University. June 2008.

Hung Hsiao-chun et al. 2007 Ancient jades map 3,000 years of prehistoric exchange in Southeast Asia. PNAS vol. 104, no. 50, pp. 19745-19750, Dec. 11, 2007. (http://www.pnas.org/content/104/50/19745/2008.9.3)

Iizuka, Y., Hung Hsiao-chun 2005 Arxhaeomineraolgy of Taiwan Nephrite: Sourcing Study of Nephritic Artifacts from the Philippines. *Journal of Austronesian Studies,* National Museum of Prehistory, Tai- tung

南琉球の先史文化と東南アジア

安 里 嗣 淳

はじめに

　琉球列島を、ここでは九州の南から台湾の東まで弧状に連なる南西諸島のうち、奄美諸島、沖縄諸島、宮古諸島と八重山諸島の範囲とする。さらに奄美・沖縄諸島を北琉球、先島と通称される宮古・八重山諸島を南琉球と呼ぶ。それは、先史時代において琉球列島は北琉球と南琉球の2つの文化圏に大別され、しかもその境界は単なる地域的特色の差を越えて、それぞれの文化的源流の異なる東アジアのなかの大きな文化的境界として位置づけられるからである。
　北琉球の先史（新石器時代）文化は日本の、主に九州の縄文時代の人と文化を基本的源流として形成されたことは、これまでの研究史が明らかにしてきたことである。北琉球を縄文文化の枠組みでとらえるか否かの議論はあるが、その基盤が縄文文化であることは疑いのない事実である。
　一方、南琉球には縄文文化も弥生文化もまったく伝わらなかった。縄文土器、弥生土器の一片さえも出土しない。先史時代においては、南北琉球圏は互いにほとんど没交渉の関係にあったのである。それでは南琉球における先史時代文化は、どのようにして形成されたのであろうか。可能性として、台湾や東南アジア地域との関連性が推定されているのであるが、未だに起源地・経由地の具体的な把握には至っていない。
　私は南琉球の先史文化は、大方の研究者と同様に東南アジアに源流をもち、独自の地域的展開をしてきたものと想定しているのであるが、その方面との詳

図1　南琉球の位置

細な比較分析をする力をもたない。ここでは、南琉球先史文化の内容をあらためて概観し、いくつかの物質文化をとりあげて東南アジア地域との関連を探るための参考に供したい。

1　琉球列島への先史人集団の渡来

　先史時代において、東海（東シナ海）を弧状に縁取る一連の島々でありながら、いかなる理由で異なる2つの文化圏が形成されたのであろうか。それはこの地域に渡来した先史人集団の移住航海のあり方、または航海技術の制約によ

るものと考えられる。奄美・沖縄諸島は九州本土から種子島・屋久島、トカラ列島とそれぞれ相互の島が望見できる距離にあり、さらに奄美・沖縄の島々へと連なる。目標とするべき次の渡航先（島）がつねに視界にある「有視界航行」によって、主に九州から南の島々へと先史人集団が渡来してきたのである。

一方、宮古諸島、八重山諸島も隣接する島々は相互に視認しつつ渡島できる「有視界航行」の距離にあり、年に数回程度ではあるが最西端の与那国島から台湾の山脈を望見できることもある。沖へ出れば、同時に両島を確認できる頻度はさらに高まるはずである。そして台湾島から蘭嶼（日本時代の紅頭嶼）を経てバシー海峡の島々、バタン諸島からフィリピンのルソン島へと「有視界」の距離にあり、東南アジア世界へとつながるのである。東南アジア地域（おそらく島嶼部）から南琉球へ渡来した先史人集団は、宮古島までたどり着いた。

しかし、南北文化圏いずれの先史人集団も、沖縄諸島と宮古諸島間約260kmの航海はしなかったようだ。両諸島間は相互に視認できない距離にあり、視界の中にない島への渡航をすることはなかったのである。そのような地理的条件が南北それぞれを起源地とする先史文化の展開の制約となり、結果として宮古島と沖縄島との間に文化圏の境界が形成されたのであろう。それは視認できない海のかなたの世界への拡散を促す社会的経済的動機が熟成されなかったとか、航海技術が未熟であったとか、「冒険心」に乏しい保守的伝統をもった集団であったとか、さまざまな理由づけが考えられようが、考古学的にはそういう議論に立ち入るだけのデータを得ていない。いずれにしても南琉球は東南アジアと島伝いにつながっているのである。

2　土器文化―下田原式土器

南琉球新石器時代で土器を製作使用しているのは前期に限定される。編年上、前期と後期の区別は土器を有するか有さないかが基本的な特徴となっている（安里 1989）。後期には土器を使用しない。かつては無土器期が古く位置づけられていたが（西村ほか 1960）、石垣島の神田貝塚、大田原遺跡の発掘におい

図2　南琉球下田原式土器
1、無文土器（波照間島）　2、有文土器（石垣島ヒユッタ遺跡）

て初めて2時期の文化層が層位的に確認され、土器のない時期が新しいことが判明した（金武ほか1980）。これによって土器の有無だけを根拠に「ない」時期を古く位置づけていた旧編年（早稲田編年）が逆転することとなった。有土器期たる前期の土器は現在のところすべて下田原式土器の範疇にあるものとして理解されている。

下田原式土器は、農耕・金属器使用を伴うグスク時代に属する八重山式土器の水平把手とは異なる形態の把手をもち、石英粒などの粗い混入物が目立つ（図2-1）。当初は文様を施さないことも特徴のひとつとして認識されていた。しかし、表面採集ながら1977年に石垣島フーネ遺跡において有文土器が発見され（大濱1977・1999）、大田原遺跡、さらに西表島仲間第二貝塚においても発見されたことによって、無文のみではないことが判明した。

下田原貝塚期の編年上の位置がかつて先史時代後半にあった際には、次の時期たる八重山式土器の外耳の祖型として想定する見方があった。しかし、間に無土器期が介在することによってこの議論は自然に消滅した。下田原式土器はある時期に消滅し、後期には継承されないこととなったのであるが、その出自についても未だ不明である。

器形は下田原貝塚の発掘によって判明した。代表的な器形は広口の口縁をもち、口縁が頸部をもたずに内部へ傾く「無頸の内湾口縁型」で、肩部に斜め上方に向いた牛角状の把手をもつ。胴部は丸くふくらみをもち、底は立ち上がりが丸みをもつ広い底の鍋型である。文様はかなり少ないが口縁から肩部付近にかけて細い爪形文、沈線文を施すことがある。ほかに連点文、押し引き文、刺突文などもみられる。また指頭によって口縁下にくぼみをめぐらすこともある。口縁の形状によって有頸外反口縁や無頸直口もあるが、これらも含めて全体としては胴部よりも口縁が内側に傾く形態である。しかし、石垣島のピュウツタ遺跡の土器には筒形やコップ形もあり、下田原式土器がかならずしも内傾型に限られないことを示している（島袋1997）。口径は10～25cm程度で比較的小型である。胴部器壁の厚さでみると、11mm以上の厚手が90％以上を占め、10mm以下の薄手も含まれるものの、ほとんどは厚手の土器である。また胎土に石

英や長石などの粒を多く含むのは、粘土調整の段階における混和材ではなく、自然に存在する土壌の状態のようである。むしろ、これらの粒が多く含まれるほど焼成は脆弱であり、少ないほど良好に仕上がっている。土器造りの技術はあまり洗練されているとはいえない。

　土器の器形を北琉球地域とくらべてみると、そこにかなり大きな違いがあることが指摘できる。すなわち、北琉球先史土器の器形は全時期を通して深鉢形を基本とする。日本および北東アジアの深鉢形土器文化圏に属するのである。ところが南琉球の下田原式土器はピュウツタ遺跡の一部を除いては胴部がふくらみ、口縁が内側に傾き、丸底に近い広底形、すなわち球形土器に近い。これは東南アジア地域などアジア南部に広く分布する球形土器文化圏に属するものと理解される。出自、系統が北琉球および日本とはまったく異なるのである。

　そもそも南琉球新石器時代前期は、土器を製作使用することが少ない。大田原遺跡、下田原遺跡で土器片が比較的多量に出土したとされるが、破片で900片余、大田原遺跡でやはり破片で約4000片である。ほとんどが小破片であり、復元しても数十個にすぎないとみられる。土器をあまり多用しない文化といえる。もともと土器が調理、貯蔵、運搬等に占める割合は低く、この時期については不明ではあるものの、後期にみられる焼石調理は前期においても存在していた可能性もある。

　近年、南太平洋諸島のラピタ式土器文化が南琉球にも分布しているのではないかとして発掘調査が試みられているが、未だ作業仮説の域を出ていない。

3　石器文化

(1)　南琉球の石斧

　八重山の先史文化と北琉球先史文化との違いを代表するものとして石斧がよく取り上げられてきたように、南琉球の石斧はきわめて特徴的である。それは局部磨製、半磨製石斧と称され、全体として表面が粗く整形加工され、刃の部分だけを研磨するもの、胴部の研磨が凸部のみにとどまり全面に及ばないもの

が多いことによる。また、平面形が短冊形をしたものや撥形（三角形）をしたものがある。扁平な短冊形で半磨製あるいは局部磨製の石斧が八重山型石斧の特徴とされてきた（金関ほか 1964、西村ほか 1960）。

　国分直一は短冊形の石斧や断面三角の石斧が八重山の現代の農耕具ヒーラ（ビラ）に類似しているとして、これをビラ型石器と称し、実際に農耕具と解釈した（金関ほか 1964、国分 1972）。ヒーラはレ型をした二叉の木を把手・柄とし、一方に刃先を取り付け、もう一方を握り柄にして片手で用いる農作業具である。植え付けや種蒔きのときに小さな穴を掘るとき、あるいは雑草を除く作業などに用いられる。国分直一はこのヒーラの刃先部分に八重山の石斧の類似を感じたのである。国分直一は下田原貝塚発掘時から主張していたとみられ、共同発掘者の多和田真淳も当該石斧は農耕具であると同調している（多和田 1956）。しかし遺跡からは農耕の存在を示す資料はなく、単なる形態的印象から機能を論じたものであった。土掘り具としての機能をもっていた可能性はあるが、ただちにそれが農耕を示すものとはいえないだろう。

　早稲田大学の調査以来、八重山の石斧は有土器期（前期）は小型で、研磨面が少なく、無土器期（後期）は大型化し、研磨面が拡大するとされてきた（西村ほか 1960）。高宮広衛はこれを詳細に分析検討した結果、いずれの時期にも小型・大型があり、かならずしもそうとはいえないとした（高宮 1996）。後期後半に大型の石斧が出現するとか、中型がやや増加するということは見られるが、全体的な傾向として大型化に向かうという捉え方はできないという。同様の結果を森威史も報告書の分析から得ている（森 1995）。高宮広衛は研磨面の拡大についても、かならずしも前期より後期の方が拡大しているわけではないとしている（高宮 1995）。局部磨製、半磨製、磨製に分類すると、前後期ともに磨製が優位にあり、半磨製と磨製の比率が後期にやや拡大するという程度の変化にすぎないという。しかし、研磨面による分類のなかで半磨製、磨製の基準を研磨しようとした「意図」においていて、できた結果はわずかの磨製にもかかわらず全面磨製とも受け取れる磨製に分類するなど、その妥当性については検討を要する。それでも高宮広衛の観察結果のとおり、前期の石斧は研磨が

図3 南琉球石斧
1、石垣島大田原遺跡　　2、与那国島トゥグル浜遺跡

少なく、後期には研磨面が拡大するということはいえないようである。

　形態については、平面形でみると前期・後期とも基本的には3つに大分類できる（高宮1994）。それは頭部から刃部にかけて幅が広くなる撥型、おおむね平行な幅の短冊型、胴部より刃部が狭い狭刃型（逆撥型）である（以後「形」の字を用いる）。短冊形は厚さがあまりなく、平たい薄手の石斧がめだつ。平面の両側縁から中央にかけて加工剥離面があることが多く、なかにはその断面が部分的に三角形あるいは山形を呈するものもある。刃の幅が胴部よりもせまい狭刃形石斧はきわめて特徴的であり、八重山型石斧を代表する形態である。東南アジアや南太平洋諸島の石斧にも見られることから、南方に系譜をもつ可能性が強い。これら3つの形態は八重山型石斧の特徴的な形態であるが、前期と後期に際だった違いはみられない。

　南琉球の石斧はその形態や器面の研磨状態によって分類観察しようとするとき、つねにその粗雑な造形や研磨、非相称形ゆえに基準の設定に戸惑うことが多い。それは打剥を中心とした整形によって石斧の基本形を造り、それによってできた形状をあまり修正することなく、斧身部の凸面に簡単な研磨を加えるという技法によって製作される傾向があるからであろう。ていねいに研磨を施すのは刃面のみである。なかには刃部の研磨も施さない打製石斧もみられる。斧身の打剥面は凹面をなしている部分が多く、研磨が加えにくいということもあって、胴部の研磨にはあまり関心を示さないようである。また、打剥作業段階で整形を終了してしまうために、左右相称形を求めにくい。剥離面は一定の狙いのもとに形成されているとはいえ、ある程度の偶然性を伴うことから、左右あるいは前・裏面がうまく相称形に剥離されることはほとんどない。

　南琉球型石斧の特質は、研磨面というよりも器面のかなりの範囲が粗面整形という点にある。研磨という観点からみると、それは局部磨製や半磨製であり、磨製といえども全面磨製はかなり少なく、ある程度は粗面整形面を残しているのである。そしてこの粗面整形は全体形としては各種の石斧の形態、すなわち撥形、短冊形、狭刃形などとして把握されるけれども、器面としてはいずれも不規則でイレギュラーな粗面をもっている。この「不規則な器面構成」が南琉

球新石器時代の石斧の基本的特質なのである

　従来いわれてきた前期から後期へ向けて大型化する、あるいは研磨面が拡大するという理解は、高宮広衛の分析によってかならずしもそうとはいえないことが明らかにされた。しかし、もうひとつの従来の理解「局部磨製石斧が多い」というのは、「不規則な粗面整形を基本とする」と表現を変えることによって、すなわち視点を変えることによって妥当性をもつといえるのではないか。高宮広衛は前期、後期とも磨製が優位にあるとの結果を得ているが、磨製としたものの多くはじつは完全な全面磨製ではなく、粗面整形をベースに全面凸部に研磨を施そうと「意図している」ものである。高宮広衛の磨製の基準は、研磨面の範囲にかかわりなく全面を研磨しようと「意図した」と判断できるものは磨製としている。したがって、直感的に半磨製でも磨製に分類されているのも少なくない。見方を変えれば粗面整形石斧になるのである。

　石斧の刃部の形状は平面からみて直刃形、弧状形、斜刃形、狭刃形などがあり、側面からみると刃線（縁）が中心軸を通る、やや一方に偏る、片刃があり、刃縁の正面観は直線を呈するもの、弧状をなすものがある。これらは前期と後期にきわだった相違はないが、狭刃石斧は後期の後半に増加する傾向にある。

　また、これらとは別に、断面方形石斧（方角石斧）がある。比較的大型に属するものが多い。厚手で片刃のもの、すなわち方角片刃石斧は研磨が全面に及んでおり、南琉球の石斧群ではまったく異質の存在である。船越貝塚、崎枝赤崎貝塚などにみられる。前・後期ともに出土しているが、数量はきわめて少ない。この石斧は粗面整形技法には含まれないことから、南琉球の伝統的な石斧ではなく、外来の可能性を検討すべきではないかと考える。もちろん南琉球の石斧文化そのものがおそらく東南アジアなど南方の粗面整形石斧を源流に形成され、地域的伝統を形成していったものであろう。しかし、この全面研磨の方角片刃石斧は南琉球で製作されたものではなく、東南アジア地域からの外来品ではないかと考えるのである。

　ところで、阿利直治は石垣島大田原遺跡の石斧の分析を通して八重山先史時代の石斧のほとんどは横斧すなわち手斧型だと主張している（阿利ほか

1982)。しかし、森威史も指摘しているように観察結果として統計的にそれが示されているのではなく、印象として主張しているのであり、確たる根拠はない（森 1995）。直交方向の使用痕が確認されているのは全体のわずかにすぎないのである。独木舟造りに横斧が多用されたであろうことを想定して、海洋民たる南琉球先史人の道具にふさわしいと考えたようである。

さきに指摘した狭刃形石斧は明らかにその機能に関わる形態であろう。刃の幅を胴部よりも細く造るが、扁平胴部の多い南琉球型の石斧のなかで狭刃形の断面は比較的厚手胴部に属する。これは木などを切ったり割ったりするような機能ではなく、抉って掘りくぼめる作業に適している。すなわち独木舟の製作である。この狭刃形石斧はそのような用途の工具としての機能をもつのではなかろうか。

八重山諸島の先史遺跡で圧倒的といってよいほど目立つのは、石斧の量の多さである。ただし、後期の貝斧文化期を除く。発掘でもかなりの数が出土しているが、地元の人々や遺跡探訪者によって表面採集された例も相当数にのぼる。八重山諸島先史人は石斧を多用する集団であるといえる。これは当然かれらの生活（生業）の形態を反映しているものと考えられる。周知のように石斧は実生活のなかではじつに多様な用途をもっていたと考えられ、限定的に生活形態を想定することはできない。どちらかというと小・中型の石斧が多いことから、日常のこまごまとした作業に「万能の利器」的に使用される加工具、処理具的な傾向が強いように見受けられる。考古学的な議論からはずれるが、東南アジアで現代でもよく見られるような、山刀を常時携帯する生活スタイルは、先史時代における石斧の用い方の伝統なのだろうかと考える。証明は不可能である。

南琉球先史人は石材のない島にあっても石斧を多用した。与那国島や波照間島は砂岩や石灰岩を基盤としていて、石斧の石材を産しない。しかし、トゥグル浜遺跡や下田原貝塚からはかなりの量の石斧が出土している。石材の産地は西表島の一部で得られるほかはほとんど石垣島産とみられる。これは宮古諸島についてもいえる。宮古諸島にはほとんど石斧石材を産する自然分布はなく、

すべて石垣島に依存していたと考えられる。生業活動の主要道具たる石斧の石材の入手をとおして、南琉球は石垣島を中心に共通の物質文化圏を形成していたのである。近隣の島々が相互に視界の範囲にあり、航行による連絡はそれほど困難なものではなかったであろう。ほとんどの島々に分布する石垣島産、西表島産の石斧は、そのことをよく物語っている。

また、さきに方角片刃石斧についてふれたように、島伝いにつながる東南アジア地域から石斧が持ち込まれる機会も存在したと推定される。

(2) 「栫ノ原型石斧」と東南アジアの石斧—小田静夫の「黒潮幻想」

小田静夫が南九州縄文時代草創期の栫ノ原型石斧の系譜を東南アジアの丸ノミ石斧に求め、あたかも琉球列島を含めて東南アジアの丸ノミ型石斧が南九州にまで分布しているかのごとく主張している（小田 1994・2000）。この問題についてはすでに新田栄治が的確に批判しているように、東南アジアの丸ノミ型石斧とは時期的にも型式的にも結びつかない（新田 1995）。栫ノ原型石斧は丸ノミが最大の特徴であるが、もうひとつ、頭の部分が亀頭状のふくらみをもつことも重要な要素である。この要素を欠いた比較は意味をなさない。東南アジアと関連づけて系譜を論ずることは、現在の資料に依拠する限りかなりの飛躍である。

先史時代に黒潮の流れる「海上の道」を通ってきた南方文化の要素が日本文化の古層のひとつを成しているという仮説は、今日なお多くの人々を魅了してやまない。この点に関する結論をいうと、考古学的には南方文化が琉球諸島を経由して日本列島に北上した形跡はかなり乏しい。国分直一が南琉球の外耳土器文化が北上して北琉球先史時代中期の外耳土器となった、と主張したように（国分 1972）、ときには部分だけの類似をとらえて、遠隔地の資料を無理に関連づける飛躍した説が展開されたりもした。小田静夫の論説はそのような「黒潮幻想」の危うさを秘めている。

図4 椛ノ原型石斧(沖縄県カヤウチバンタ)

4 貝 器

(1) シャコガイ製貝斧

　南琉球の貝塚からシャコガイ製の貝斧が見つかることは、1950年代末頃から表面採集資料として知られ、類例は南太平洋諸島によく見られることから、南方系文化を示す典型的な考古資料として注目されていた

　シャコガイは太平洋中南部やインド洋のサンゴ礁地帯に棲む比較的大型の二枚貝で、ヒメジャコ、シラナミ、ヒレジャコ、シャゴウ、ヒレナシジャコ、オオジャコの6種類が知られている。琉球諸島近海にはそのすべてが棲むといわれるが、超大型のオオジャコは海岸砂丘の中から殻のみが（おそらく化石の一種として）発見されることが多い。かつては広く棲息していたのであろうが、現在では生貝としては確認できないようである。

　貝斧は南太平洋諸島の例からすると、シャコガイのほかにトウカムリ貝、タケノコガイ製などがあるが、琉球に分布するのはほとんどシャコガイ製の貝斧だけである。

　これらの貝斧の系譜については、リチャード・ピアソンや国分直一がフィリピンのパラワン島ドゥヨン洞穴出土の貝斧との類似性を指摘した（国分 1972、Pearson 1969）。ピアソンは当初、偶然の漂流者によってもたらされたものととらえたが、国分直一は両地域の比較研究の重要性を説いた。その後、高山純は広く南太平洋諸島やフィリピンの貝斧と八重山のそれとを比較検討し、南琉球の貝斧はフィリピンとの類似性が強いことを論証した（高山 1977）。そのなかで指摘されたのは、貝斧製作におけるシャコガイの利用部位による比較であった。高山純はフィリピンと八重山の貝斧は「蝶番部利用型」に属しており、形態がよく似ているということを指摘した。

　ここで、シャコガイ製貝斧の形態について、利用部位を基準として概観してみよう。

Ⅰ　蝶番（ちょうつがい）部利用型（図5-1）

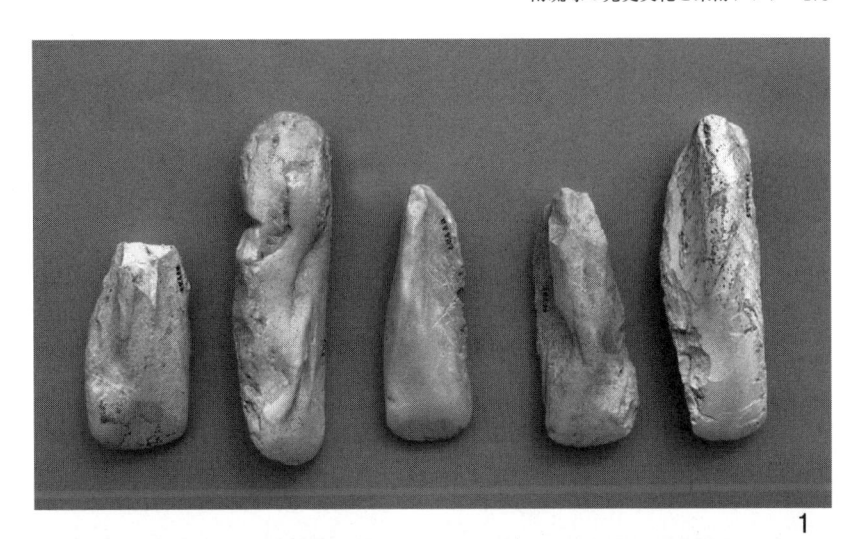

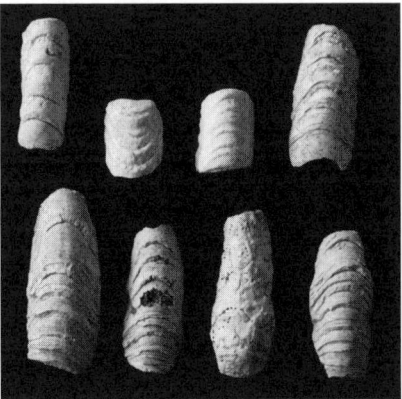

南琉球の先史文化と東南アジア　173

図5　シャコガイ製貝斧
1、蝶番部利用型（宮古島長間底遺跡）　2、腹縁部利用型・肋斜行型（宮古島浦底遺跡）
3、腹縁部利用型・肋平行型（宮古島浦底遺跡）　4、ミクロネシアの腹縁部利用型貝斧（テニアン島）

シャコガイのちょうつがい部は厚く、一方の側縁は凹凸はあるものの比較的まっすぐな形をしている。その部分を切り取り、先端側を刃部に、根元側を頭部にして斧の形に仕上げたものである。

Ⅱ　腹縁部利用型

　A　肋斜行型（図5-2）

　　シャコガイの腹から縁にかけての薄い部分をななめ方向またはやや横方向に切り取り、斧の形に加工したもので、比較的小型の貝斧が多い。背面にはシャコガイの自然の波形文様が残っていることが多い。

　B　肋平行型（図5-3）

　　シャコガイの腹から縁にかけての薄い部分を、放射肋の方向に平行して切り取ったもので、形は筒を半裁した割竹型になる。肋の自然形がそのまま丸のみ形となる。斧というよりは丸ノミである。

南太平洋諸島では両タイプとも分布するようであるが（印東 1981）、どちらかというと腹縁部利用で肋斜行型の薄く小さな貝斧が卓越する（図5-4）。このタイプをここではミクロネシア型と称する。南琉球とフィリピンではⅠ型すなわち蝶番部利用型が圧倒的に多く、わずかにⅡB型すなわち丸ノミ型貝斧がある。しかもミクロネシア型は皆無である。このように、シャコガイの利用部位のちがいは地理的分布のちがいにも表れているのである。

このような形態および分布上の特徴から、八重山・宮古諸島に分布する貝斧文化はフィリピンと関連する可能性の高いことが指摘できる。南琉球の貝斧文化は、おおむね2500～1900年前の年代測定値を得ている。それからすると、後期の前半期ということになる。中国唐代の銭貨開元通寳が出土する遺跡からは貝斧は伴わなくなるので、おそらく5～6世紀頃まで存在したものでそれほど長期間ではない。

シャコガイ製貝斧はその自然形のカーブを活かして、ヨコ斧すなわち手斧として用いられたと見られる。一般に独木舟の製作に適しているといわれ、オセアニアでは近年までその民俗観察例もあるという。しかし、南琉球の貝斧には

宮古島浦底遺跡にみられるように、全面を剥離研磨してあたかも石斧を作る要領で仕上げたものもあり、これらはタテ斧の可能性もある。

　貝斧は石斧の代替材として、石器石材の得られないサンゴ島で発生し、あるいは多用されたものだとする見方がある。この観点からすると石材の豊富な島では貝斧を必要としないことになるが、実際には石垣島の名蔵貝塚や西表島中野貝塚にみられるように、八重山における石器石材供給地である島でも多くの貝斧が製作使用されているのである。たしかに石材の自然分布のない宮古島浦底遺跡において大量の貝斧が製作使用されているのは、石材に乏しい環境がそれを促した面もあるだろう。

　しかしながら、南琉球の島々は域内交通圏であり、石材を石垣島から航海によって入手することはそれほど困難なことではなかった。やはり、貝斧使用は石垣島の名蔵貝塚が示すようにかれらの生活スタイルに根ざした「文化的選択」であったといえる。宮古島の貝斧も文化的選択による貝斧使用であって、島が主に石灰岩からなり石器石材がないことが貝斧製作使用の動機とはいえない。また、貝はみた目よりもねばりがあって、しなやかで強い。石斧と同じように十分に機能するのである。けっして石斧の代替、補完材にとどまるものではない。

　最近、高山純は南琉球の貝斧はフィリピンとの関連ではなく、南琉球で独自に発生したものだとする説に転じた。オセアニアおよび東南アジア考古学に関する豊富な情報を駆使して、フィリピン起源説とした場合の問題点を指摘し、南琉球の貝斧は地元で自生したと考えるとこれらの課題が解消できるとする新たな見解を提起している（高山 2001）。しかし、上述したようにシャコガイ製貝斧には利用部位による型のちがいと、その地理的分布の特徴があり、フィリピンと南琉球とはかなり類似している。ちょうつがい部利用を主体とすることとあわせて、「腹縁部斜行型」が存在しないということもきわめて重要な特徴である。貝斧はフィリピンなど東南アジア島嶼部の東海域諸島で発生し、そのひとつの波は太平洋諸島へ、もうひとつは琉球諸島へと広がっていったものと考える。そして、ミクロネシアなどでは腹縁部利用型や他の貝種の斧も発達さ

せた。南琉球では伝統的なちょうつがい部利用型を基本に発達し、宮古諸島ではさらに肋部を平行に用いた丸ノミ型貝斧などを発達させたのである。

　私はフィリピン南部の島嶼で貝斧を出土する遺跡の発掘に参加する機会を得た（安里ほか 1993）。その成果から、シャコガイ製貝斧が南琉球に伝わる経緯についての仮説を提起した（安里 1994）。遺跡はタウィタウィ諸島サンガサンガ島の海岸に面する石灰岩低地のバロボク岩陰遺跡である。遺跡の層序は次のようなものであった。

　Ⅰ層・Ⅱ層　　新石器時代文化層および金属器時代
　　　　　　　土器、ガラス玉、青銅斧、磨製石斧、一部に剥片石器
　Ⅲ層　　　　無土器文化、剥片石器盛行、打製貝器、打製貝斧

　この状況から、貝斧の発生と展開について次のように考察してみた。

　下層の時期、貝斧の発生前にまず剥片石器文化があった。このなかから、石材のほかに貝殻を素材として剥片石器の要領で製作された打製貝器が登場した。石から貝への材質転換である。しかし未だ旧来の伝統のなかにあり、素材が変わっただけで剥片貝器ともいうべきものであった。やがてこれが斧の形態をとるようになる。しかし、なお剥片石器の伝統的な形態をぬけきれず、全体的に打製による加工で、きわめて大雑把な斧の形態をとっているにすぎない。

　上層の時期には外部から磨製石斧がもたらされる。丸ノミ形と方角片刃石斧で、全体が研磨されている。この全面を研磨するという技法が、この地域の剥片貝斧文化に大きな影響を与えることとなったのではないか。もともと海洋民的性格の強いこの地域の先史人にとって、研磨された石斧はカヌー造りのためにより有効な工具として魅力あるものであったことだろう。しかしながら、かれらが使用していた従来の剥片石器の材質はチャートや硅化木などの硬いもので、敲打法や研磨法による加工が比較的困難な材質のものばかりであった。

　そこで着目したのが、剥片石器文化の伝統のなかから生まれた打製貝斧である。貝殻は石灰質で、研磨は容易である。また、一見脆いようにみえるが、十分にしなやかで粘り強さがあり、斧としても木材の伐採、加工が可能である。こうして打製貝斧に研磨を施し、上層にみられる磨製貝斧が発生したものと考

えられる。ちょうつがい部利用型貝斧は背面の自然形が反ってカーブしており、カヌー造りの手斧として格好の形態をもっていることから、好んで利用されたものとみられる。

　一方、フィリピンと宮古島には丸ノミ型貝斧もあるが、この型の出現の経緯もバロボク岩陰遺跡の上層の様子からヒントが得られる。上層において丸ノミ石斧が外部から入ってくるが、その影響をうけてシャコガイを用いた丸ノミ貝斧が登場するのではないだろうか。放射肋は自然形が割竹状になっていて、やはり同様の工具として適当である。

　しかし、打製貝斧や磨製貝斧がバロボク遺跡で発生したということではなく、この地域を含む環スルー海諸島および環スラウェシ諸島のどこかで、剥片石器文化のなかから貝斧が誕生したのではないかと考えるのである。

　ところで、南琉球の貝斧はすべて磨製貝斧ばかりである。これは、南琉球に貝斧文化が波及したのは貝斧がすでに研磨加工の技術段階に、バロボク遺跡でいえば上層文化の段階に至ってからであることを示しているといえる。それは、もうひとつの状況からも説明できる。南琉球の貝斧は前期にはなく後期にのみ存在する。これは磨製貝斧の段階に至ってから他の地域への伝幡が始まり、ついには先史後期の頃の南琉球にまで達したものと解される。

　おそらく、南琉球の貝斧出土遺跡で最も古い約2500年前よりそう古くない時期に、フィリピンから北への貝斧文化の動きが始まり、それほどの間隔をおくことなく南琉球に達したのであろう。そのように理解するとバロボク遺跡上層における青銅斧や丸ノミ石斧との共存との整合性が確保され、南琉球前期において貝斧がまったく出土しない事情も説明できるのである。

　しかし、フィリピンの貝斧自体も実は出土量がわずか10個前後と、きわめて少ないのである。貝斧文化発生地とするにはあまりにも貧弱である。また、南琉球とはあまりにも遠い。貝斧の発生と展開の経緯、南琉球との系譜関係の解明は今なお不明というのが実状である。高山純が指摘した課題を解決しながら、貝斧の分析を進めていく必要がある。

図6　スイジガイ突起加工品（宮古島浦底遺跡）

(2)　スイジガイ棘状突起加工品

　一般にスイジガイ製利器として扱われているもので、スイジガイの棘状突起の先端を研磨して尖らせるものである。大きく3つに分けられ、先端が平たく研ぎ出されるタイプと丸く研ぎ出されるタイプ、および鋭く尖るタイプとがある。ほとんどが決まった部位の棘状突起1本に加工を施すが、さらに隣の突起にも施す例がわずかにある。また、体層部の背面を打割してあることが多いが、これはこの貝器の機能と関係するとみられている。すなわち工具としてあるいは漁労用のピックとして用途が推定されており、その際の握りやすさまたは水抜き孔として打割されていると考えられているのである。特定部位の突起の先端だけを研磨するのは、機能的にその部位でなければいけないということを意味しているのであろう。実用品としての用途を推定するのが定説であるが、利器とするには他の突起が作業上障害になることが考えられ、あまり合理的には思えない面もある。他の突起はそれを考慮してある程度切除されているとする見方もある。

ところで、琉球諸島には現在もスイジガイを魔除けの呪具として家畜小屋の前に吊す習俗があり、スイジガイに対する特別の観念を伝統的にもっている地域である。これがはるか先史時代に起源をもつかどうかは不明だが、そのような可能性を考慮してあえて利器と称せずに「棘状突起加工品」とした所以である。このスイジガイ棘状突起加工品は南北琉球に共通して分布する数少ない琉球圏独自の貝器文化である。南北でそれぞれ関係なしに別個に発生したのか、それとも共通の貝器文化なのか、きわめて重要なことであるが現在のところ判断しがたい。

(3) 貝　盤

大きめのイモガイの殻頂部を平たく円形に切り取り研磨を加えたもので、中央に孔を穿つものもある。これは後期に集中する傾向がある。フィリピンではシャコガイの貝斧に伴って発見されているが、南琉球の場合も貝斧が発見される遺跡では貝盤もともなうことがある。

5　おわりに──「北の勢い」と東南アジア系文化の終焉

(1) 中国唐代銭貨開元通寶

後期半ばの6～9世紀頃と、終末期に属するとみられる11～12世紀頃に、外部からの動きによる変化が南琉球においても見られる。6～9世紀頃に中国唐代の銭貨開元通寶が広く奄美から八重山にかけての遺跡から出土するのである（安里 1991）。南琉球においては西表島の仲間第一貝塚において、耕作土のなかから初めて発見されたが（金武 1974）、採集時の状況からこれを疑問視する見解もあった。しかし、石垣島の崎枝赤崎貝塚において1カ所から27枚、散発的に6枚、計33枚もの開元通寶が明確な文化層から出土するに及んで、この時期に属することが確定した（阿利ほか 1987）。

この開元通寶流布の意味について、文献史学の側から日本古代国家の遣唐使一行が南島路を経由した際にもたらしたものだとする説がある（山里 1999）。

当時の日本古代国家は琉球を内部に取り込んで「調庸の民」として支配することはできなかったが、中国を真似て小帝国の体裁をよそおって琉球など周辺地域を「化外の民」とみなし、朝貢をさせる関係を保っていた。そういう関係を基盤にして遣唐使の南島路を確保し、結果として開元通寳も琉球にもたらされるようになった、という説である。

しかし、当時の琉球は未だ先史時代後期で、しかも南北琉球圏が別々に存在していた。対外的に朝貢をして「安全保障」を求めるほど大きくまとまった社会でもなく、遣唐使によって奄美地域にもたらされた開元通寳を、南琉球にまで流布させる交通ネットワークは存在しなかったのである。遣唐使が南琉球にも往来し、直接開元通寳をもたらした可能性はもっと少ない。

それではどういう事情で南琉球にもそれが流布しているのだろうか。私は琉球の産物を求めて環東中国海に交易を展開した海洋商人（おそらく九州商人が中心）が、それを流布させたものと考えたい。それでは南島の交易品目は何かというと、推定の上に推定を重ねるだけなのでこれ以上深入りはしない。一部にヤコウガイ交易の動きであるとする見方があるが、この時期に八重山にまでその需要があったかどうかについては現段階の資料からは否定的である。

(2) **良質容器の需要と供給**

11・12世紀頃の九州産滑石製石鍋、奄美産カメヤキ（中世須恵器）、中国産玉縁白磁碗が、南琉球の遺跡からも出土する。波照間島大泊浜貝塚からこの3種がともに出土し、竹富島のカイジ浜貝塚と新里村遺跡では石鍋を模倣した在地の土器が発見された。これは北琉球における新石器時代終末期から、農耕・階級社会段階に至るグスク時代の開始期におこる現象と共通している。そして、八重山式土器（中森式）の外耳をもつ鍋形土器の起源が滑石製石鍋にあることが判明した。この時期の外来容器流入の動きは、琉球世界における穀物食のための「良質容器需要」に応える形で、外部からの交易集団の往来がみられるのである。こうした動きのなかで、鉄器と農耕はさらに普及し、社会の階層化をうながして、社会を大きく変えていったものと推測される。

(3)「北の勢い」

　南琉球では良質容器の流布に見られるような「北の勢い」が11世紀（後半）以降に増していき、北琉球圏と共通の物質文化圏、すなわち琉球圏が形成されていった。鉄器と農耕の普及による内陸部の開発、社会の変化にもとづく砦の構築、交易の展開による貿易陶磁器の流入など両圏の共通性があらわれ、少なくとも物質文化の上では南北琉球圏の境界は解消され、琉球圏の形成をみているのである。これが数世紀後には政治的共通圏すなわち琉球王国の形成につながる前提となっていく。

　そして「北の勢い」が南琉球を覆い尽くしたとき、東南アジアに系譜をもつ先史文化も消えていった。しかし、歴史時代に至って琉球王国が形成されたとき、王府は東南アジアの港市国家との交易を展開し、再び南方との結びつきを強めていった。現在も沖縄に見られる「南方系」の文物は主にこの時期に招来されたといわれる。琉球は先史時代と古琉球時代（最近は中世に含める傾向）の二度にわたって、東南アジアとの交流を展開していたのである。

引用文献

安里嗣淳 1989「南琉球先史文化圏における無土器新石器期の位置」『琉中歴史関係論文集』655-671頁　琉中歴史関係国際学術会議実行委員会

安里嗣淳 1991「中国唐代貨銭開元通寶と琉球圏の形成」『文化課紀要』7　1-10頁　沖縄県教育委員会文化課

安里嗣淳 1993「バロボク岩蔭遺跡発掘調査概報」『史料編集室紀要』18　162-178頁・(1)-(40)

安里嗣淳 1994「シャコガイ製貝斧文化の発生と展開」『国内・国外派遣研究員研究報告』3　102-120頁　財団法人沖縄県人材育成財団

阿利直治ほか 1982『大田原遺跡』石垣市教育委員会

阿利直治ほか 1987『崎枝赤崎』石垣市教育委員会

印東道子 1981「オセアニアの貝製品」『名蔵貝塚群発掘調査報告』103-159頁　沖縄県教育委員会

大濱永亘 1977「フーネ遺跡発見の土器によせて」『沖縄タイムス』12月20日朝刊

大濱永亘 1999「石垣島フーネ遺跡発見の土器に関する新聞発表論考（共同執筆）」『八重山の考古学』457-466頁

小田静夫 1994「黒潮圏の丸ノミ形石斧」『南九州縄文通信』8　46-52頁　南九州縄文研

究会
小田静夫 2000「栫ノ原型石斧文化」『黒潮圏の考古学』179-195頁　第一書房
金関丈夫・国分直一・多和田真淳・永井昌文 1964「琉球波照間島下田原貝塚の発掘調査」『水産大学校研究報告（人文科学編）』9
金武正紀 1974「仲間第一貝塚出土の開元通宝について」『南島考古だより』13　2頁
金武正紀ほか 1980『石垣島県道改良工事に伴う発掘調査報告－大田原遺跡・神田貝塚・ヤマバレー遺跡・附編：平地原遺跡表面採集遺物』沖縄県教育委員会
国分直一 1972『南島先史時代の研究』慶友社
国分直一 1973「那覇市ゆうな荘（1972年12月14日）における集会報告と追考」『南島考古』3　26-29頁　沖縄考古学会
島袋綾野 1997「ピュッタ遺跡発掘調査報告」『名蔵貝塚ほか発掘調査報告』37-199頁 石垣市教育委員会
高宮広衛 1994「八重山地方新石器無土器期石斧の推移（予察）」『南島考古』14　1-30頁　沖縄考古学会
高宮広衛 1995「八重山型石斧の基礎的研究（3）」『南島考古』15　1-32頁　沖縄考古学会
高宮広衛 1996「八重山地方進石器無土器期出土の石斧のサイズ」『国分直一博士米寿記念論文集　ヒト・モノ・コトバの人類学』457-467頁　慶友社
高山純 1977「南島と太平洋のシャコガイ製斧」『沖縄県立博物館紀要』3　78-98頁　沖縄県立博物館
高山純 2001「先島のシャコガイ手斧はフィリピン起源か」『南島考古』20　1-27頁　沖縄考古学会
多和田真淳 1956「琉球列島の貝塚分布と編年の概念」『文化財要覧』琉球政府文化財保護委員会『沖縄文化財調査報告 1956-1962』6-24頁
西村正衛ほか 1960「八重山の考古学」滝口宏編『沖縄　八重山』100-173頁　校倉書房
新田栄治 1995「「栫ノ原型石斧」は東南アジアから伝わったのか」『南九州縄文通信』9　南九州縄文研究会
森威史 1995「既存発掘調査報告書より探る石垣島の新石器時代遺跡の様相」『南島考古』15　33-62頁　沖縄考古学会
山里純一 1999『古代日本と南島の交流』吉川弘文館
Pearson, R. J. 1969 "Archaeology of the Ryukyu Islands"

日本出土ベトナム陶器の生産地
―― フエ・フックティク窯業村の調査 ――

菊 池 誠 一

はじめに

　伝世された茶道具の中に"南蛮"とよばれる一群の焼きものがある。"南蛮〆切糸目建水""南蛮切溜花入"、そして"南蛮芋頭"の蓋などとよばれるもので、同形のものが日本の中近世の遺跡から出土している。これらは東南アジア製品と長らく推定されてきた（西田 1993、森本 1993）。では東南アジアのどこなのか。現地調査が難しかったこともあり、1990年代初頭まで生産地の特定は困難であった。しかし、東南アジアにおける政治的諸条件の変化、とりわけベトナムにおけるドイモイ（刷新）政策は日越共同考古学調査を実現させ、この調査のなかで"南蛮"の生産地を推定できるようになった。それは、ベトナム中部にあるフエ（Hue）のミースエン（My Xuyen）窯跡発掘資料とホイアン（Hoi An）旧市街地の発掘資料の存在からであった。

　本稿では、"南蛮"、あるいは日本から出土したベトナムの無釉陶器（以下、陶器と記載）の生産地のひとつと推定されるミースエン・フックティク（Phuoc Tich、福積）窯跡群のなかでフックティク地区（以下、フックティク窯業村とよぶ）の様相を検討する。フックティク窯業村は1990年代まで窯業生産を中心に行う中部を代表する伝統村落であり、そのため1994年に筆者は初歩的な民俗調査を実施した。2008年には国の史跡に指定され、2009年から日越共同の村落保存調査の一環として考古学調査を開始した。[1]本稿はこの基礎的調査をふまえ、史料と考古資料、そして陶器の科学分析結果を参考にし、日本出土

ベトナム陶器の生産地を考察するものである。

なお、文中のベトナムの人名や遺跡名、主要な地名はベトナム語表記（声調記号・発音記号省略）と一部漢字表記をした。

1 フックティク窯業村の概要

フックティク窯業村は、トゥアティエン・フエ（Thua Thien-Hue）省フォンディエン（Phong Dien）県フォンホア（Phong Hoa）社フォクフー（Phoc Phu）村に属している（図1）。

省都フエ市から国道1A号線を北上し、ミーカイン（My Canh）で49B線に入ると村に着く。村はフエ中心街から約30kmでクアンチ（Quang Tri）省との境をなすオロウ（O Lau）川の右岸にあり、湾曲した川に囲まれている（図2）。このフックティクから川を下るとトゥアンアン（Thuan An）河口まで約35km、また川・沼を経由して省都フエまで約40kmの距離である。フックティクの隣接する地区が窯跡の発掘調査が行われたミースエンである。

フックティク窯業村は7つのソム（Xom、地区）に分かれ、それぞれカウ（Cau）、カイティ（Cay Thi）、ベンカン（Ben Can）、ディン（Dinh）、カイバン（Cay Ban）、ロ（Lo）、ホイ（Hoi）とよばれている。このなかで"ロ"というのは陶器の器種名であり、そのためこの地区では窯業を営んでいた家が多かったという。村の面積は約1.2km^{2}で現在117棟ほどの建物があり、そのなかで築200～100年を経過する木造民家は24軒ほどある。世帯数は125世帯で人口約425人である。1994年の記録では1900人ほどという（Nguyen Huu Thong 1994）。この村はベトナムでも典型的な高齢化と過疎の村となっており、人口は現在でも減少の一途をたどっている。主要な生業は窯業であったが、1994年に最後の窯の火が消え、その伝統が途絶えてしまった。以後は麺や菓子作りを生業とする人、あるいは大工や左官に転職してしまった。

村への入り口は川の東に架かる橋が唯一のものであり、そこから村内は網の目のように小道が張り巡らされている。村内の小道から川にでる道はかつての

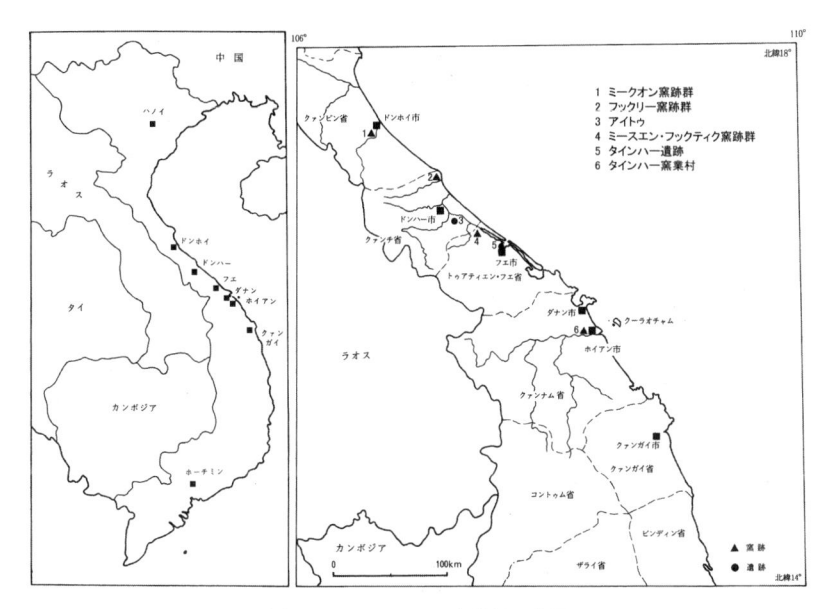

図1 フックティク窯業村の位置

船着き場にたどり着き、この場所から陶器などが運びだされた。民家は小道や行き止まりの露地に面して生け垣に囲まれた緑豊かな敷地をもち、精巧な加工が施された木の柱梁をもつ木造家屋である。1998年に省内で実施された民家調査では、歴史的・伝統的価値の高い上位60件のうちフックティクは4件が選定された。また、川に面して祠堂や廟がみられ、その数は30件ほどである。そのなかに窯業とかかわる「陶耕廟」と「陶芸廟」がある。阮朝の頃に科挙試験で登用された官吏を多く輩出しており、その子孫は当時の家を先祖廟として大切に維持している。(2)

1990年代に廃絶してしまった窯業であるが、現在でも10数名ほどの窯業関係者がおり、窯業技術を次世代に伝えていくことを望んでいる。そのため、2008年に行政と住民による一時的な陶器作り体験祭りが実施された。

2009年夏に筆者は村内を踏査した。村内の小道にそって遺物分布を確認し、屋敷地にはほとんど立ち入らなかったが、図2の①～⑫にベトナム陶器が濃密

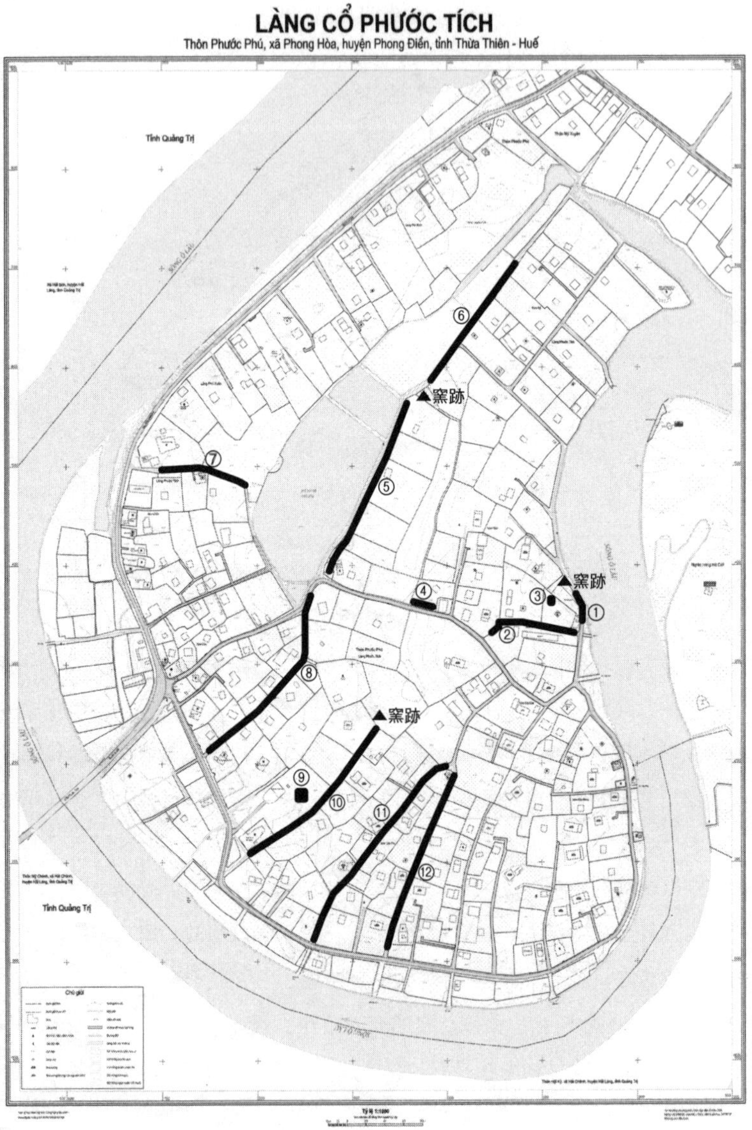

図2　フックティク窯業村と遺物分布図

にみられた（図3・4）。そのなか
に若干ではあるが中国磁器片もあ
り、⑩の地点では窯壁の一部と思
われる遺構を確認した（図5）。
また、村集会所の建設中に出土し
た陶器が山積みになっていた（図
6）。村民のレ・チョン・グー（Le
Trong Ngu）が1971年に記録し
た手書きの *Nghe Gom Phuoc-
Tich*（『フックティクの窯業』）
には、大小16カ所の窯の場所が
略図に記されている（図7）。略
図では川沿いに窯の位置が記され
ており、今回の踏査地点と異な
る地点にも窯があったことにな
る。このことから、村内の中央
付近や窯壁が検出された地点は
レ・チョン・グーが記録する以前
に廃絶していた窯の可能性も考え
られる。また、1960～1970年代
には、大小あわせて36基の窯が
あり、ロサップ（Lo Sap）とロ
グア（Lo Ngua）と呼ばれる2形
態があった。Lo Sapは主に陶器
を、Lo Ngua は主にレンガを焼
く窯であった（図8）。原料とな
る粘土はクアンチ省のジエンカ
イン（Dien Canh）地区から仕入

図3 村内の遺物分布状況

図4 遺物分布状況（⑤）

図5 窯壁か？（⑩）

図6　掘り出された陶器

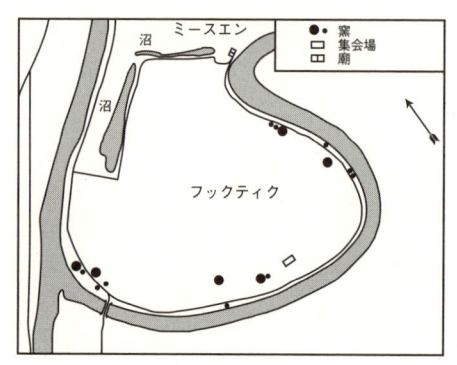

図7　窯の分布（Le.TG 1971 より改変）

図8　窯跡

れ、舟で運んだ。窯の構築材となる赤土はクアンチ省カンニ（Can Nhi）から、燃料となる木は同省ミーカインやホイキー（Hoi Ky）から購入した。そして、村人の2/3が窯業関係者であった（Le Trong Ngu 1971）。

では、フックティク窯業村の成立はいつか。つぎに史資料をもとに検討する。

2　フックティク窯業村の成立と歴史

フックティク窯業村の歴史を考えるためにまず史料を紹介する。

中部地域における焼きもの作りを記録した最初の文献は『烏州近録』である。1553年に楊文安がまとめた6巻からなる地誌で、中部の様相をまとめた貴重な文献である。この巻二の「産物総論」のなかに「土器陶於金茶勇敢敢決、利最不軽」とある[(4)]。さらに巻三の肇豊府金茶県の条に「勇敢之人陶土成器」とある。肇豊府には「金茶県、思栄県、武昌県、海陵県、丹田県、奠盤県」があり、金茶県

に60社が記され、そのなかに「敢決、勇敢」の社名が載る。金茶県は広南阮氏時代（1558～1788年）に「香茶県」と変更されており、現在のクアンチ省の南からフエの北方地域である。肇豊府の地はもともとチャンパ王国の領土であった。しかし、1069年に大越（ベトナム）領に編入され、黎朝の光順10（1469）年に「順化二府、七県、四州」が設置された。この二府のひとつが肇豊府である。

つぎに18世紀の様相は黎貴惇の『撫辺雑録』で知ることができる。全6巻からなるこの書は景興37（1776）年にまとめられ、順化・広南地域（現在の中部地域）の歴史、行政、物産、人物などを載せる。このなかで肇豊府は「五県三百九十八社二十三村、一百二十二坊」とあり、「安寧、羅渚、龍湖、竹林、福禄」の5社が記されている。しかし、敢決、勇敢の社名はない。巻六に「香茶県羡網坊、例税土甕三十口」とあり、レ・ティエン・コン（Le Tien Cong）はフックティクの旧名の可能性を指摘しているが（Le Tien Cong 2004）、その根拠を示していない。ベトナム最後の王朝、阮朝（1802～1945年）では『大南一統志』「承天府」巻之四のなかの「土産下」条に「陶器 出豊田県」とある。「豊田」をベトナム語読みすればPhong Dien（フォンディエン）となる。トゥアティエン・フエ省とクアンチ省の境に接する地域は現在もフォンディエン（豊田）県であり、フックティク窯業村はこの県内にある。そのため、この『大南一統志』の記載は阮朝期にフックティクで窯業生産をしていたことを示す明らかな証拠であろう。

以上が窯業、あるいはフックティクにかかわる地誌である。フックティクの窯業記載が確実に見られるのは阮朝からである。それ以前については地名検証を要する。このことについては次節の考古資料と併せて検証する。

また、資料として村内の各家に保管されている「家譜」と先に紹介したレ・チョン・グーの記録がある。「家譜」は村内のホアン（Hoang、潢）家、ドアン（Doan、端）家、ファン（Phan、潘）家、チュオン（Truong、張）家などに保管されている。19世紀頃に書写されたと思われるファン家の「家譜」には、

　　公原在乂安鎮敢決社。即今瓊瑠県勇決社。至黎朝洪徳元年。公與親父即玉譜。父子一団楽従阮主。南来移到香茶県。占群陽所立為家。

とある。つまり、ファン家の先祖は洪徳元年（1470）に北部のゲアン（Nghe An、乂安）から移住してきたという。他家の「家譜」も出身を一様にゲアンとする。フエ総合大学のグエン・フー・トン（Nguyen Huu Thong）はフックティクの民俗調査を実施し、村の開村伝承を紹介している。それによると黎朝の洪徳1、2年（1470～71年）にチャンパ攻略にかかわったホアン・ミン・フン（Hoang Minh Hung、潢明雄）が開祖であり、故郷であるゲアン・クインルー（瓊瑠）カムクイット（敢決）から12家族を引き連れて窯業を始めたという（Nugyen Huu Thong 1994）。ゲアンのカムクイット（敢決）と『烏州近録』に記載された陶器作りの「敢決」の地名が一致している点が興味深い。

　ルオンタイン（Luong Thanh、梁清）家、レゴック（Le Ngoc、黎玉）家の「家譜」によると、フックティクの最初の村名は「福江」（Phuoc Giang）という（Le Tien Cong 2004）。ホアン家、ドアン家、ファン家、チュオン家の「家譜」では「潢江」（Hoang Giang）と記され、そのため、レ・チョン・グーは「福江」から西山朝（1788～1802年）に「潢江」と代わり、阮朝に「福積」（Phuoc Tich）になったと推定している（Le Trong Ngu 1971）。しかし、その根拠は示されていない。

　筆者の「家譜」調査は一部にとどまるため、ここに資料批判の成果を紹介できない。しかし、史料によるとクアンチからフエ地域には16世紀半ばにさかのぼる陶器作りが認められること、また「家譜」からフックティクの先祖は北部ゲアンのカムクイット出身であることなどが判明する。そして、その出身地名は『烏州近録』の地名とも一致する。

3　ミースエン窯跡出土遺物とホイアン旧市街地出土遺物

　フックティク窯業村に隣接してミースエン地区がある。ミースエンは木彫村として阮朝期から知られていたが（Nguyen Huu Thong 1994）、現在では木彫り業で生計をたてる人はほとんどいない。

　このミースエン地区で窯跡が確認されたのは1993年のことであり、確認し

たのは民俗調査を実施していたグエン・フー・トンとグエン・クアン・チュン・ティエン（Nguyen Quang Trung Tien）の両氏であった。かれらはチャムの窯跡を発見したと報告し、遺物をチャム陶磁器とよび、年代を15～16世紀頃と推定した（Nguyen Huu Thong, Nguyen Quang Trung 1993・1994）。

その報告をうけ、1993年7月から9月にかけてベトナム考古学院がミースエン地区の3カ所で発掘調査を実施し、窯跡を検出した。4mにも達する物原もあり、大量の陶器と若干の中国陶磁器片が出土した。調査者は出土遺物から17世紀末から18世紀前半頃と推定し、その生産者をベト人（狭義のベトナム人）と考え、チャム陶磁器という考えを否定した（Phan Nhu Ho et al. 1994）。翌年には、調査者のひとりが年代観を16世紀末から18世紀代と修正し、出土遺物と類似する製品がフエの外港タインハー（Thanh Ha）でも発見されていることから外国へも輸出された可能性を指摘した（Tran Anh Dung 1995）。

1994年4月にこの地を踏査した筆者は、隣接するフックティクにも陶器を焼く古窯跡があったことなどから翌年に"ミースエン・フックティク窯跡群"として報告し、出土磁器片のなかに17世紀の肥前磁器があることを報告した（菊池 1996）。その後、筆者はミースエン遺跡出土遺物を保管するトゥアティエン・フエ省博物館で遺物の再整理を実施し、製品の様相と生産年代をホイアン出土遺物と比較しながら検討した。その結果、ミースエン窯跡群の年代は16世紀末から17世紀前半にさかのぼることが確実であり、さらに出土遺物に中国景鎮窯系の16世紀前半から中頃の青花唐草文皿があることから、16世紀中頃までさかのぼる可能性も指摘した（菊池 1997）。ではミースエンで生産された陶器の様相を図示する（図9）。

長胴の筒形容器は内面に製作時のロクロ目が顕著に残る。口縁部に2本の沈線と肩部に1本の沈線を施すのが一般的である。鉢は大小のタイプがあり、上げ底気味の底部から湾曲して立ち上がり、"く"の字状の口縁部である。胴部に線状文があるものとないものがある。蓋は多くのタイプがみられ、つまみのある山形の蓋は胎土に白色砂粒を多く含む。他に瓶、壺、台付鉢、甑、石灰壺、灯明皿、擂鉢、陶製煙管などである。この出土遺物のなかで、いわゆる"南蛮"

図9 ミースエン窯跡出土遺物

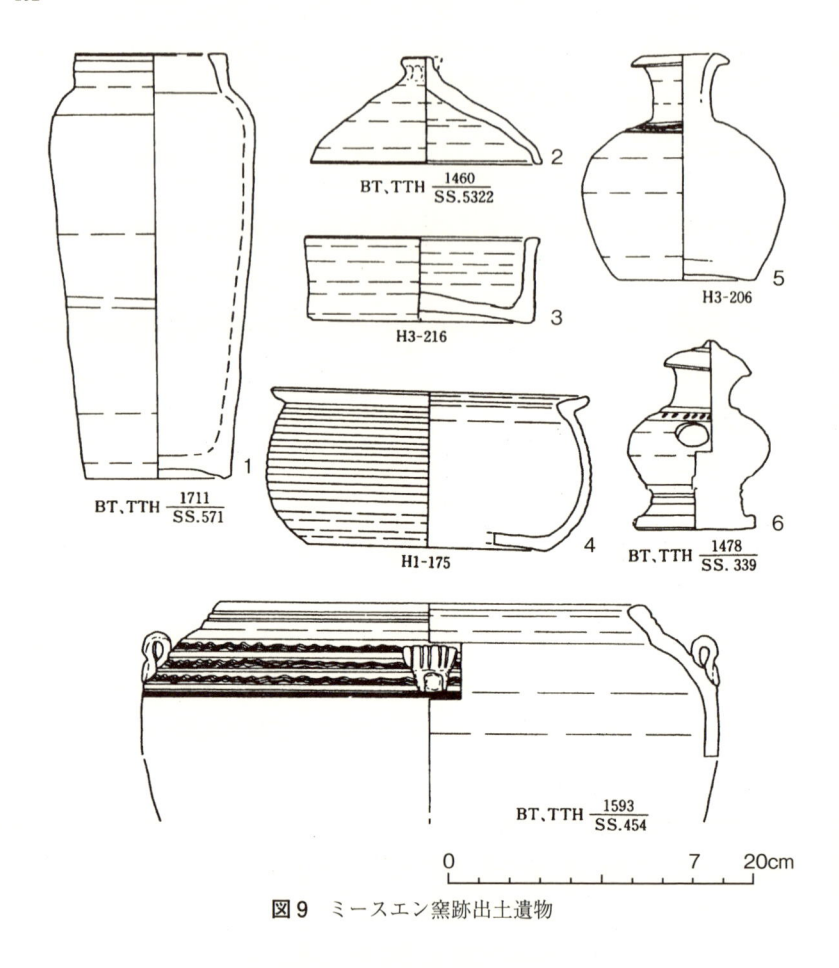

とよばれた茶道具と類似するものは長胴容器と鉢、蓋である。
　つぎにホイアン旧市街地出土遺物を図示する（図10）。このなかで出土量が多いのは長胴の筒形容器であり、他に鉢、蓋があげられる。ミースエン出土遺物と類似するものは、長胴容器と鉢（大小）、浅鉢、蓋、瓶、石灰壺である。しかし、ミースエン出土資料にはないものとして、大形で頸部がほぼ直立し、肩部に波状文と沈線文、あるいは細い凸帯を施し、器壁が大変薄い容器がある。
　このようにミースエン出土資料とホイアン旧市街地出土資料には共通する器

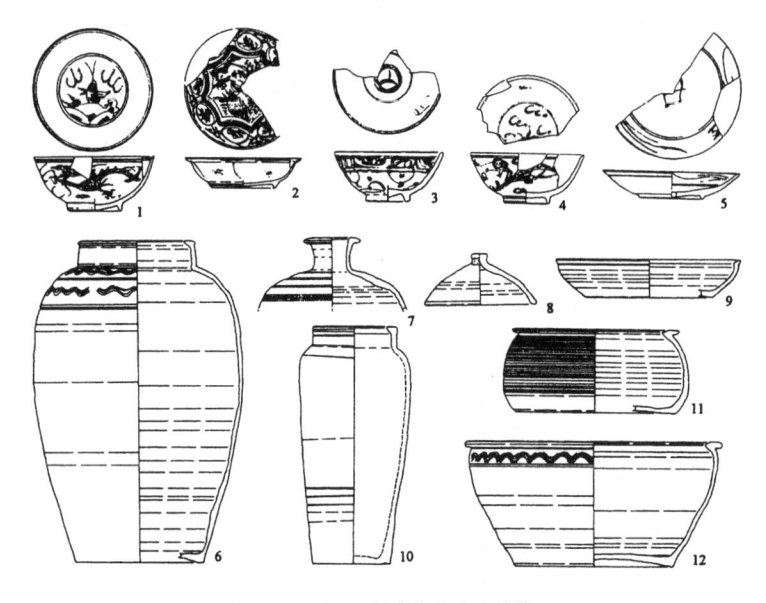

図10 ホイアン旧市街地出土遺物
1～3：中国、4・5：肥前、6～12：ベトナム

種や違う器種がある。このことはミーエスン窯跡出土資料が16～18世紀の資料を含み、ホイアン旧市街地の資料が17世紀に限定できる資料のためであろう。また、ホイアン地域にはフックティク窯業村と同じように、16世紀にさかのぼるという伝承のあるタインハー（Thanh Ha、青霞）窯業村があり、古い窯跡の存在が予想される（菊池・阿部 1998）。ホイアン旧市街地出土遺物のなかにはその製品が含まれている可能性もあり、それがミーエスン窯跡出土遺物との相違となっていることも考えられる。

ところで黎朝期の肇豊府域にある窯跡は、これまでの考古学調査によってミーエスン窯跡、フックティク窯跡、クアンチ省フックリー（Phuoc Ly）窯跡、クアンビン（Quang Binh）省ミークオン（My Cuong）窯跡が知られている。

フックリー窯跡はクアンビン省に接するクアンチ省ヴィンリン（Vinh Linh）県のベンハイ（Ben Hai）川河口付近に位置し、1993年にハノイ総合大学（現、ハノイ国家大学）の調査チームが発見し、翌年に1基を発掘調査した。調査者

は出土遺物から判断して17世紀末から18世紀初め頃と報告している（Nguyen Tien Dong et al. 1995）。筆者は1996年に出土遺物を検討し、17世紀に普遍的な長胴容器がなかったことから17世紀よりも新しい時期と推定した（菊池1997）。

クアンビン省ミークオン窯跡は、ドンホイ（Dong HOi）市ギアニン（Nghia Ninh）社ミークオンに所在する。省都ドンホイ市から西南約9kmに位置し、ナャットレ（Nhat Le）川の支流であるミークオン川の左岸に位置し、河口まで約10kmである。1996年に日越共同で窯跡群の分布調査を実施し、現存する9基の窯跡を確認し、翌年に3基の窯跡を発掘調査した。その結果、この窯跡群の年代は1672年以降に成立し、19世紀頃まで続いたと考えられる（菊池2003）。したがって、発掘調査をしていないフックティク窯跡をのぞけば、16世紀にさかのぼるのはミースエン窯跡だけである。

ではつぎに、これらの窯跡採集陶器片とベトナムおよび日本の消費地遺跡出土陶器片の化学分析結果を示し、その関係を明らかにしたい。化学分析方法は、陶器片の識別・分類、さらに生産地推定にもっとも有効な方法のひとつである諸種微量成分元素存在量とさらに主成分元素存在量にもとめ、それにもとづいて検討が行われた。諸種微量成分元素の定量には原子炉中性子照射、ガンマ線スペクトロメトリーによる機器中性子放射化分析をもちい、主成分元素存在量はエネルギー分散型蛍光X線分析法によった（大沢・二宮1998）。また、生産地推定については定量された諸種微量成分元素と主成分元素存在量を変量とするクラスター分析によって検討が行われた。詳細は割愛するが、分析結果を樹形図に示す（図11）。

この結果、クラスターによる分類③として、窯跡ではミースエン窯跡、フックティク窯跡、フックリー窯跡と消費地ではホイアン旧市街地とフエ・タインハー（Thanh Ha）、そして日本の堺環濠都市遺跡出土、京都市内出土の陶器片が対応した。分類①として、窯跡ではミークオン窯跡があり、消費地資料では対応するものがなかった。分類②として、対応する窯跡資料がなかったが、消費地ではホイアン旧市街地などと長崎市内遺跡の資料が対応した。

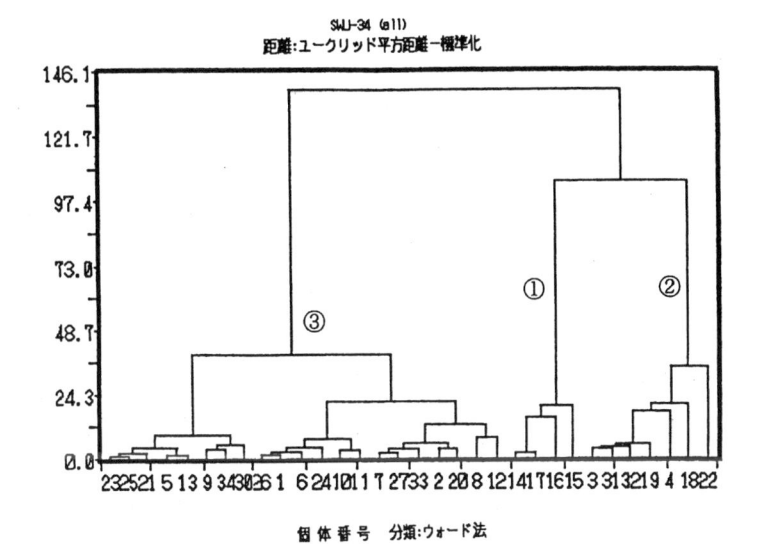

図11 分析結果の樹形図

　以上のことから、フエ北部のミースエン窯跡やフックティク窯跡、クアンチ省北部のフックリー窯跡採集資料と対応する資料がホイアンと日本の遺跡出土資料のなかに確認されたのであった。ミークオン窯跡に対応する資料は確認されなかった。

　ところで1558年に広南阮氏は北部の鄭氏の圧迫を逃れるため、現在の中部地域に南遷し、最初の正営をクアンチ省アイトゥ（Ai Tu、愛子）に築いた。アイトゥはミースエン窯・フックティク窯跡群の北約20kmにあり、フックリー窯跡からだと南約30kmになる。正営はアイトゥからチャバット（Cha Bat、茶鉢）、ジンカット（Dinh Cat、葛営）、フックイエン（Phuc Yen、福安府）、キムロン（Kim Long、金龍府）、バックヴォン（Bac Vong、博望府）、第1次・第2次フースアン（Phu Xuan、富春府）へと移動する。第2次フースアンは1738年から1775年までの期間であり、タイソン（Tay Son、西山）党の乱を経て、フエを王都とするベトナム最後の王朝である阮朝が1802年に成立する。正営はクウンチからフエへ、つまり北から南への移動であり、その位置関係を

みればミースエン・フックティク窯跡群は正営と近い距離にある。そのため、正営をひかえた生産地としてミースエン・フックティクは重要な位置をしめ、そのことがフックティク窯業村として近年まで生き残ってきた歴史的背景であろう。

さて、以上のことからフエ地域からクアンチ省の範囲に入る窯跡は、これまでのところフックリー窯跡とミースエン窯跡、フックティク窯跡である。出土遺物から16世紀にさかのぼるのはミースエン窯跡であり、フックティクはそれに隣接する地域であるため、ミースエン・フックティク窯跡群が先に指摘した『烏州近録』に載る陶器作りをした「敢決、勇敢」の有力候補地と考えられる。

ミースエン窯跡やホイアン旧市街地で出土しているベトナム陶器と類似する陶器が日本の中世から近世の遺跡から出土している。つぎに、日本出土のベトナム陶器について紹介したい。

4　日本出土のベトナム陶器

日本や琉球におけるベトナムとの交易・交流の解明には、当時の外交文書などの史料を駆使した研究がある。しかし、近年では遺跡から出土した陶磁器がベトナムとの直接・間接的な交易・交流を裏付ける資料として注目されている。

日本で出土したベトナム陶磁器の総点数は500点ほどあり、遺跡数として確認できるものは101カ所、その年代は14世紀から18世紀にかけてである（吉田 2007）。

ベトナム陶磁器が出土した遺跡は沖縄から九州、中国・四国、関西、北陸、関東地方におよび、現在までのところ東北、北海道では未検出である。出土した陶磁器の種類は、青磁、白磁、青花、鉄絵、色絵、そして陶器である。このなかで、青花は碗・皿の器種が多く、沖縄では1459（尚泰久王5）年の火災で焼失した首里城の倉庫跡（京の内跡）から出土している。16世紀以降になると青花や鉄絵が九州、関西、関東地方で出土している。こうしたベトナム陶磁器のなかで、陶器は沖縄では未検出であるが、九州、関西、関東地方に多く

みられ、とくに長崎県、大阪府、京都府に集中している。出土した遺跡は大名屋敷跡や城跡、出島オランダ商館跡などにみられるような貿易関係のものが多い。器種は長胴の容器が多く、これには、頸部が長く口縁部が玉縁状に肥厚し肩部に沈線と削り痕を残すタイプと、頸部が低く口縁部と肩部に1本または2本沈線がある胴部無文のタイプがある。前者のそれは17世紀を中心にベトナム北部（鄭氏政権下）で生産され、後者のそれは同時代に中部（広南阮氏政権下）で生産された陶器である。

　年代がわかる資料は大分県中世大友府内町跡から出土した中部産の陶器である。この資料は島津氏が府内に侵攻した際に火災にあった遺構から出土したもので、1580年から1590年代があたえられる。日本ではこの種の陶器が確認された最古例である。堺環濠都市遺跡の例では、1615年の夏の陣の火災層から中部産や北部産の陶器が出土している。こうしたベトナム陶器出土数を吉田泰子は中部産と北部産に分け図示した（図12）。この図から読み取れることは、ベトナム中部産の陶器が北部産のそれよりも多く出土しており、このことは「鎖国」前の日本とベトナムの交易状況を反映したものと考えられる。朱印状の発給数によると北部鄭氏政権下のトンキン（東京）には37通、それに対して中部阮氏政権下のホイアン（交趾）に71通、安南に14通、順化に1通、迦知安に1通とその合計は87通となり、北部よりもはるかに多い。このことは先に指摘したように日本で出土する17世紀のベトナム北部産と中部産陶器の割合と比例するものであろう。そして、その生産地のひとつがミースエン・フックティク窯跡群と考えてさしつかえない。

5　おわりに―フックティク窯業村研究の展望と課題

　2008年に国の史跡に指定されたフックティク窯業村は、その集落保存事業のため日越共同調査が始まり、その一環として村の歴史を解明する考古学調査を開始した。このフックティク窯業村の解明は、チャンパ王国以後の中部地域におけるベトナム人による窯業開始を明らかにすることにもつながり、また日

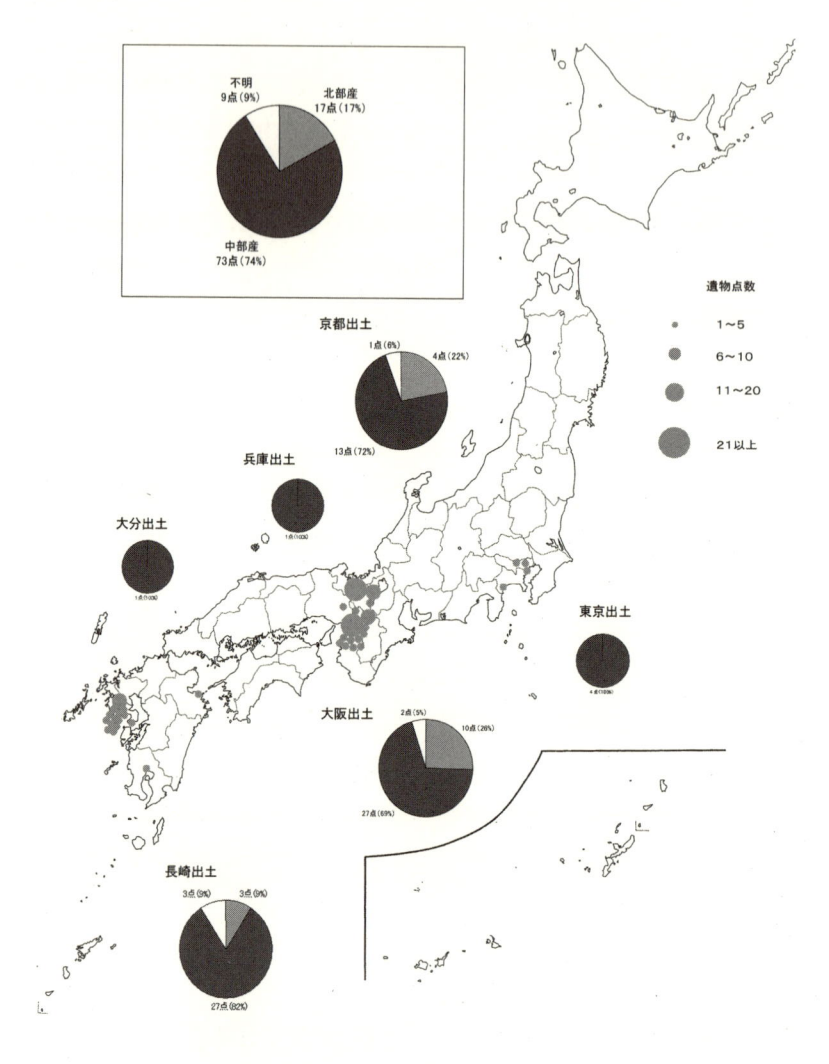

図 12　日本出土ベトナム陶器（長胴容器）の分布と北部産と中部産の比率（吉田 2007）

本出土のベトナム陶器の生産地を特定することにもなる。これまで、筆者の調査などによって下記のことが判明した。

　①『烏州近録』に陶器作りの社名として「敢決、勇決」の名がある。史料によると16世紀半ばにはフエ北方地域で陶器作りが行われていた。

　②19世紀の「家譜」にはフックティクの開村を15世紀後半、その起源をゲアン・カムクイット（敢決）とし、開村と同時に窯業を開始したという記載がある。

　③フックティクと隣接するミースエン窯跡は考古学調査によると16世紀末には確実にさかのぼり、16世紀半ば頃にさかのぼる可能性もある。

　④フックティクではいたるところで陶器片が表採され、古窯跡の一部も確認できる。ミースエン窯跡出土陶器と同種の陶器も採集されている。そのため、ミースエンとフックティクはひとつの窯跡群として捉えられる。

　⑤陶器片の化学分析結果によれば、ミースエン窯跡採集資料とフックティク窯跡表採資料は、ホイアンや日本出土ベトナム陶器片と類似する胎土であることが確認されている。

　以上のことにより、16世紀末から17世紀代の日本出土のベトナム陶器のなかに、ミースエン・フックティク窯跡の製品が含まれていることは間違いないであろう。また、『烏州近録』の記載と考古資料の語る年代は近似しており、その意味で史料の信憑性が高い。しかし「家譜」の語る15世紀後半までさかのぼるかは考古学的な検証が必要である。

　筆者は村の開村時期と窯業生産の開始年代、そしてフックティク製品の様相を明らかにするために、2010年に村内において発掘調査を実施する予定である。これによって「家譜」に記す開村年代の検証と日本出土のベトナム陶器の生産地の様相が明確になると思われる。

　今後の課題は、村の各家に保管されている「家譜」などの資料調査と地名検証、そしてフックティクの起源をゲアン省カムクイットとするため、ゲアン省クインルー県カムクイットの実地調査が必要となろう。

註

(1) フックティク窯業村の調査は 2009 年から日本側(文化庁、奈良文化財研究所、昭和女子大学など)とベトナム側(文化情報省、トゥアティエン・フエ省文化局、博物館など)の共同で始まった。この調査は「ベトナム伝統農村集落の地域比較研究と保存」(学術研究振興資金による助成)の一環として実施し、考古学調査は日本側では筆者のほか飛田ちづる(筑波大学大学院生)が参加し、ベトナム側は省博物館の職員が参加した。
(2) フックティク窯業村の住宅や生活の現況は、調査を実施している奈良文化財研究所(島田敏男)や昭和女子大学(山田美加子)の情報の一部をもとにしている。
(3) ともに地上式の窯であり、Lo Sap の平面形は焚口がすぼまる楕円形をし、Lo Ngua の立面形は台形をしている。
(4) ベトナム漢喃院所蔵本 A.263 を使用。
(5) 東京大学東洋文化研究所附属東洋学文献センターから 1983 年に刊行された陳荊和編校の『校合本 大越史記全書』を使用。
(6) ベトナム漢喃院所蔵本 VNv を使用。
(7) 1910 (維新 3) 年にベトナムで印刷刊行された『大南一統志』(東洋文庫蔵)を使用。
(8) フエ在住のファン・スオン・マイ (Phan Xuan Mai) の許可をえて実見した。

引用・参考文献

大沢眞澄・二宮修治 1998「日本・ベトナム出土のベトナム焼締陶器の放射化分析」『ベトナム・ホイアン考古学調査報告書』157-169 頁 昭和女子大学国際文化研究所

菊池誠一 1996「16・17 世紀、日本に渡ったベトナム陶磁の故郷―中部トゥアティエンフエ省ミースエン・フックティク窯址群を訪ねて―」『考古学研究』第 43 巻第 1 号 19-22 頁

菊池誠一 1997「中部ベトナムの陶磁生産と日本―16〜17 世紀の日越交流」『物質文化』第 63 号 1-22 頁

菊池誠一 2003「中部ベトナムの陶器生産の展開と歴史的背景」『ベトナム日本町の考古学』211-240 頁 高志書院

菊池誠一・阿部百里子 1998「ベトナム中部のホイアン・タインハーの土器づくり」『古代学研究』第 142 号 22-33 頁

西田宏子 1993「南蛮・島物」『南蛮・島物』109-124 頁 根津美術館

森本朝子 1993「ベトナムの古窯址」『南蛮・島物』125-154 頁 根津美術館

吉田泰子 2007『日本出土のベトナム陶磁器』昭和女子大学大学院生活機構研究科に提出した修士論文(未刊行)

Le Tien Cong 2004 Lang Phuoc Tich. *Lang Di San Phuoc Tich*:25-33.Hoi Kien Truc Su Viet Nam-So Van Hoa Thong Tin Tinh Thua Tien Hue.

Le Trong Ngu 1971 *Nghe gom Phuoc Tich.*

Nguyen Huu Thong 1994 *Hue nghe va lang nghe thu cong truyen thong.* Nha xuat ban Thuan Hoa.

Nguyen Huu Thong, Nguyen Quang Trung 1993 Nhung lo bom cua nguoi Cham o My Xuyen. *Bao Thua Tien-Hue:ngay* 15 thang 7.

Nguyen Huu Thong, Nguyen Quang Trung Tien 1994 Ve nguon goc nghe gom o Phuoc Tich. *Nghien cuu Lich su,* 4:52-53.

Nguyen Tien Dong, Nguyen Thanh Tung, Le Duy Son 1995 Khai quat lo gom co Phuoc Ly, Vinh Giang, Vinh Linh (Quang Tri). *Nhung phat hien moi ve khao co hoc nam 1994*:336-337.

Phan Nhu Ho, Tran Anh Dung, Ha Nguyen Diem 1994 Khai quat Lan thu nhat Khu lo gom My Xuyen. *Nhung phat hien moi ve khao co hoc nam 1993*:224-225.

Tran Anh Dung 1995 Vai suy nghi ve Lang gom sanh My Xuyen (Tri-Tien-Hue) va vung gom sanh Mien Trung. *Nhung phat hien moi ve khao co hoc nam 1994*:313-315.

アジア東部島嶼地域における近世瓦文化
―――蝦夷〜八重山―――

石 井 龍 太

はじめに

　アジア東部域には、大陸に沿って弧状をなす島嶼地域が存在する。千島列島からインドネシアまで連綿と続く弧状列島は、それぞれ異なる自然環境を背景とし、隣接地域と交流を繰り返しつつ各地で独特の文化を育くんでいた。
　これら島嶼地域に見られる建築物には、茅葺を基本とする植物質の屋根葺き材が伝統的に広く用いられていた。しかし例外的に、中部地域には大きく2つの瓦文化が存在した。本州島を中心として広がる北の瓦文化と、沖縄本島を中心に琉球・先島諸島に広がる南の瓦文化である。
　これら2つの瓦文化は、時期、契機とも異なるが、いずれも朝鮮半島からの影響をその端緒とする点で共通する。両地域の瓦文化はその後独自化し、朝鮮半島とも、また両地域とも異なる展開を遂げていく。おおむね18世紀前半までに、この2つの瓦文化はそれぞれの地域全体に広がり、その内容は1つの頂点を迎えていたと評価される。
　本稿ではアジア東部島嶼地域に誕生した2つの瓦文化が1つの完成を見た18世紀前半〜19世紀前半の時期を取り上げ、両者のあり方を比較する。とくに中心的拠点地域から周辺地域への拡散を主要なテーマとして見てみたい。

1 南の瓦文化

(1) 琉球諸島の瓦　登場と展開
初期の瓦

　琉球諸島は、北の沖縄諸島と南の先島諸島から形成され、長く連なる南西諸島のちょうど中央から南半に位置している。北には薩南諸島、さらに九州島が連なり、南は台湾島に隣接している。そして中国東沿岸部、韓半島と対面している。こうした環境下で、琉球諸島では大陸部（中国、朝鮮半島）、日本列島、さらに東南アジアの諸地域とさまざまな関係を持ちつつ、独自の文化が形成されていたことはよく知られている。

　沖縄諸島の中心となるのが沖縄本島である。南西諸島に連なる島々の中でもひときわ大きく、また東シナ海を巡る島嶼地域全体の中心に位置している。この沖縄本島を中心に、最大時には北の奄美諸島から南の先島諸島まで、東シナ海の東側のほとんどを領域とする島嶼国家・琉球王国が成立していた。その支配領域には、北部に見られるものとは大きく異なる瓦文化が存在した。

　琉球諸島最古の瓦は、未だ議論があるものの、13世紀頃には製作され使用されていたとされる。叩き板の痕跡が明瞭で、板に彫られた「癸酉年高麗瓦匠造」銘から上記の年代が推察されており、また朝鮮半島系の技術者によって製作されていたと考えられている。綾杉状を呈する叩き板の痕跡も、朝鮮半島の瓦に見られるものである。またこの他に製作技法や紋様等が異なる一群も確認されている。

　これらは琉球諸島で発明されたものではないが、持ち込まれたものでもなく、周辺諸地域からの影響を受けつつ琉球諸島で生産されたものだと考えられている。近年、沖縄本島北部・名護市付近の土を使用したものだとする胎土分析のデータが提出されており（山本他 2007：88）、裏付けになるものといえよう。

　ただこれら初期の瓦群は、沖縄本島南部を中心とした一部の遺跡でのみまとまった数量が出土している。瓦葺きは全島に普及していたわけではなく、一部

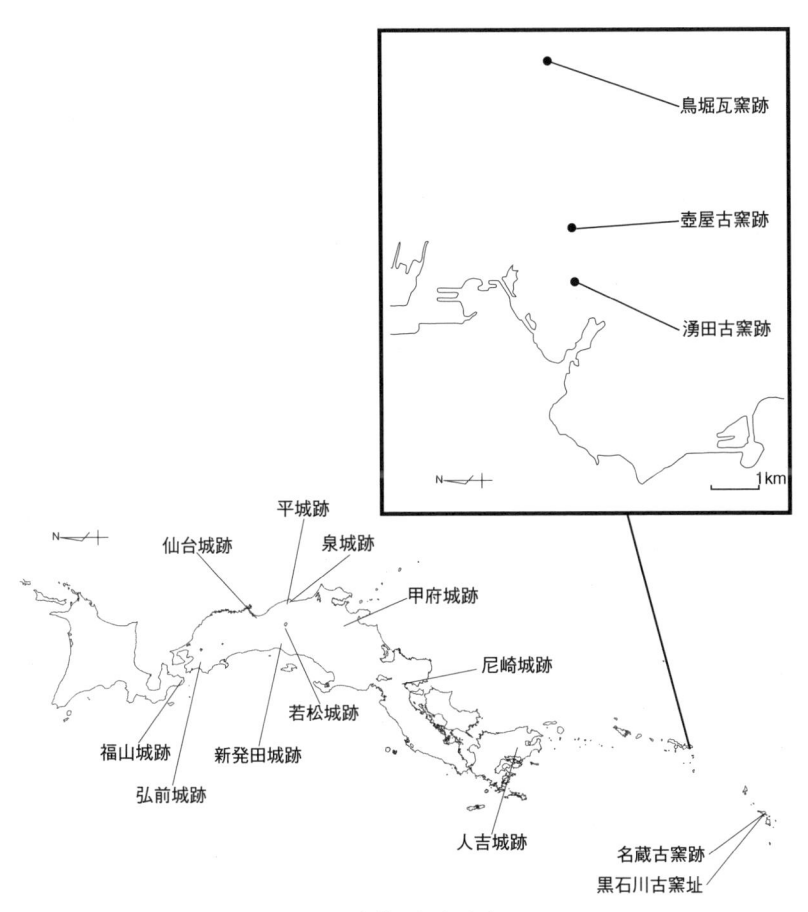

図1　本稿で扱う遺跡

の権力者に関係する一部の建築物に限られていたと考えられる。またこれらの瓦を出土する首里城は、文献史料によれば17世紀には板葺きであったとされる。いずれかの時点で瓦葺きではなくなり、また継続して生産されることもなかったと考えられている。

　琉球近世瓦

　その後数世紀を経て定着、発展した新たな瓦文化は、現在の琉球諸島各地で見られる「島瓦」の原形になったと考えられる。この瓦、琉球近世瓦は、それ

以前の一部の遺跡からのみ出土する瓦とは製作技法、規格、紋様とも大きく異なっており、琉球諸島において新たに展開した瓦だと考えられる。またそれまでよりはるかに普及することとなった。

　瓦当紋様には牡丹がよく用いられている（図2）。筆者はかつて、琉球近世瓦の瓦当紋様は中国南部・浙江省の瓦に類例があることを指摘した。そして同時に、文献史料に見られる瓦に関する用語は日本列島に類例が求められることを指摘した（石井2008d：25他）。このように系譜を1つに定め難いが、それは琉球諸島の地理的特異性からすれば不自然なことではなかったと言えよう。琉球近世瓦は中国南部、日本列島からの影響を受けつつ成立した、国際的な様相を持つ瓦だと考えられる。ただし胎土は、沖縄本島北部・名護市付近のものとする分析データが提出されている（山本他2007：80）。それ以前の瓦群と同じく、地元の原料を用いて製作されていたと考えられる。

　琉球近世瓦はいつごろ登場したのだろうか。『成宗實録』や『使琉球録（陳侃）』といった15世紀末から16世紀前半の史料には、那覇・首里の一部の邸宅が瓦葺きであったと記述される。16世紀後半の中国人の記録『使琉球録（蕭崇業）』には、「鈎頭、滴水、筒、版瓦之類」が存在していたと記録される（臺灣銀行經濟研究室1971：111-120）。それぞれ軒丸瓦、軒平瓦、丸瓦、平瓦を意味する用語であろう。ただ16世紀代まで確実に遡る出土資料は確認されていない。

　遺跡からの出土例は17世紀以降を中心としており、なかでも沖縄本島南部の首里、那覇の諸遺跡からの出土が多い。その出土量は圧倒的で、出土遺物の大半が瓦となることもめずらしくない。瓦の生産に傾けられた労力がどれだけ大きかったのかを物語るものだと言えよう。同地域は琉球王国の政治的中心地であり、瓦葺き建築が多く集中していたと推察される。文献史料、出土遺物の量から考えて、那覇・首里は九州以南の南西諸島において、最も瓦の需要が高かった地域であったと考えられる。そうした状況は現在も変わることがない。

　また消費だけでなく、琉球諸島では瓦の生産も首里・那覇を中心に行われていたことが知られる。これまでに確認された瓦生産窯の遺跡は沖縄本島に4つあり、そのうち読谷村の喜名焼古窯跡を除く3つが南部の那覇・首里近郊に位

置している（図1）。湧田古窯跡、鳥堀古瓦窯跡、壺屋古窯跡である。那覇・首里には首里城を始めとする王府の諸施設、さらに士族の邸宅、寺院が集中しており、そうした建築物からの需要を受けて生産窯が築かれ、操業されていたと推察される。それぞれの操業年代は定かでないが、湧田窯は出土した記銘年資料から17世紀初頭にはすでに操業していたと考えられる。また鳥堀窯は18世紀初頭前後の古地図に描かれている。壺屋窯は現在も操業しており、琉球王国の正史『球陽』の17世紀後半の記事に見える「牧志」がそれとされている。

　これらの窯のうち、湧田窯は琉球諸島における初めての本格的な大規模窯業施設として注目される。またるつぼ等も出土していることから、窯業生産に留まらない複合的な生産施設だったと推察される。湧田窯ではそれまでは輸入によって賄ってきたさまざまな製品が自給されていたと推察される。調査の結果、遺跡内で製作用具、製作技法、瓦当紋様の異なる瓦資料が分布を異にして出土することが明らかになった。湧田窯では瓦の葺き方や製作の流儀、デザインといった点で異なる製品を生産する集団が、異なる地点において生産活動を行っていたと考えられる。これが時期差を意味しているのか、あるいは同時に複数の集団が活動していたのか定かではないが、少なくともその後の琉球近世瓦に受け継がれたのは生産集団の中の一部の技術、紋様系統であったことが判明している（石井 2007b・2008c）。

(2) 琉球近世瓦の転機

　琉球近世瓦の大きな転機は、17世紀末ごろから生じてきたと考えられる。大きな変化がいくつも生じ、琉球諸島の瓦が、また瓦葺きの建築景観が大きく変化していくことになる。順に取り上げてみてみよう。

　この時期に生じた大きな変化の1つとして、瓦の色調変化が挙げられる。それまでの時期に製作された琉球近世瓦は、灰褐色を呈するものであったと考えられている。湧田古窯跡で出土した瓦は灰褐色のものばかりだった。しかし記銘年資料からおおむね18世紀前半ごろまでに赤色を呈する瓦が生産されるようになったと考えられている。なぜ色調の異なる瓦が生産されるようになった

のか、その理由は判然としないが、いずれかの時点で灰褐色の瓦は生産されなくなり、赤色の瓦だけになったと考えられる。

　生産における色調の変化は、さらに消費の場においても影響し、とくに屋根景観には変化を引き起こすことになったであろう。ただ瓦の耐久年数は数百年に及ぶことから、生産の場において起こった変化が直に消費の場において表れてくるわけではなく、屋根の修復、あるいは建物の焼失や倒壊による建て替え等に伴って新たな瓦が少しずつ供給され、色調の変化は徐々に生じていったと推察される。

　そしてもう1つの変化として、瓦葺き建築の増加と生産窯の再構成が挙げられる。17世紀後半以降、琉球近世瓦は那覇・首里を中心として沖縄本島各地に広まっていく。建築物に関わる文献史料を集成してみると（石井2006a）、17世紀末以降に瓦葺きに関する記載が増加する傾向が見てとれ、建築ラッシュに伴って瓦葺きが広まっていく様子がうかがえる。

　そして沖縄本島に留まらず、南の先島諸島でも瓦の生産と使用が始まる。最古の瓦葺き建築は定かでないが、沖縄本島と同様の建築ラッシュは先島諸島に関する同時期の文献史料にも認められる（石井2007a）。そして『参遣状』『八重山島年来記』といった文献史料によれば、17世紀末に沖縄本島の技術者を招致して名蔵窯を築き、地元の原料と道具を用いて生産するようになる。また島民を沖縄本島へ派遣して窯で訓練させ、地元出身の技術者を養成していく。その目的は、琉球王府の出先機関である「蔵元」を瓦葺きにするためだったとされる。

　筆者はかつて、石垣島において生産された瓦群と沖縄本島の瓦群を比較したことがある（石井 2008a）。石垣島における最古の瓦生産窯跡と考えられるのが名蔵古窯跡であり、名蔵窯で生産されたと推察される軒丸瓦資料が蔵元跡から出土している（図2-2）。これらを見るかぎり、焼成、紋様構成といった諸特徴が沖縄本島の軒丸瓦、なかでも那覇の湧田古窯跡で生産されていたと考えられる瓦（図2-1）と共通する。沖縄本島の瓦を模したものと考えられる。

　名蔵窯はやがて閉じられ、石垣島には新たな窯が築かれるようになる。『参

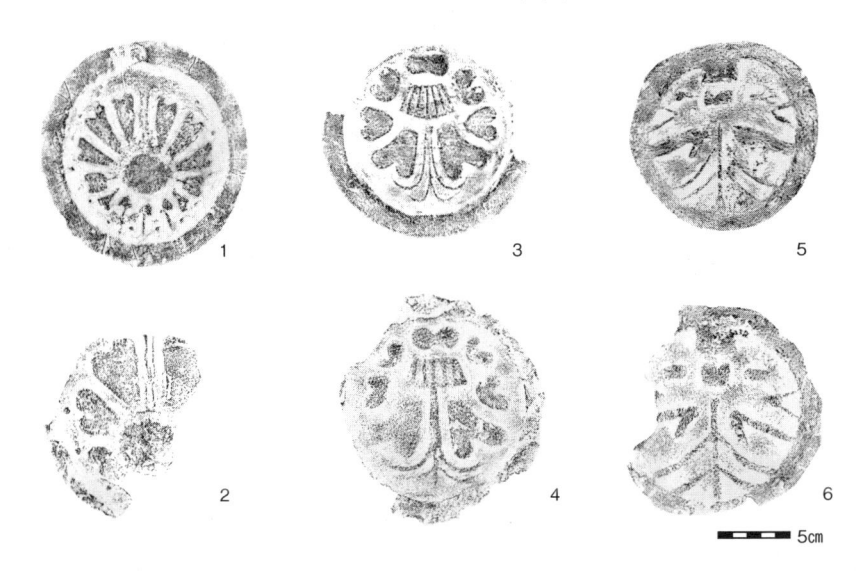

図2 琉球近世瓦
1：那覇市湧田古窯跡出土軒丸瓦、2：石垣市蔵元跡出土軒丸瓦、3〜6：石垣市黒石川窯址出土軒丸瓦

遣状』によれば、薪や土の利便性を求めてのことだったという。この時期に位置づけられ、名蔵窯から継続して瓦を生産していたと推察される黒石川窯は、『参遣状』『八重山島年来記』といった文献史料から雍正8（1730）年〜近代に位置づけられる。発掘調査によって出土した瓦資料（図2-3・4）は、沖縄本島、名蔵古窯跡の瓦を基本としつつも諸特徴が大きく異なっていた。色調は赤く、それまでの灰褐色のものは見られない。色調の変化は沖縄本島でも確認された現象であり、琉球諸島全体で生じたものと言えよう。また瓦当紋様は、沖縄本島の牡丹紋様を上下逆にした紋様と、さらにそれが幾何学化したものが認められる（図2）。この他、周辺諸地域に類例を求め難い幾何学紋が多く使用される。これは黒石川窯において、それまでのものとは異なる独自の瓦が作りだされていったことを示している。

　このように、17世紀末から18世紀前半の時期を境として、周辺諸地域へと生産窯が広がり、地域ごとに需要を満たす自給化が進行したこと、各地で独自

の瓦生産が行われ、地域ごとに個性的な瓦が生み出される多元化が進行していったことがうかがえる。こうした生産の変化は消費の変化にも繋がり、各地でそれぞれの独特の建築景観が生み出されていったと考えられる。

2　北の瓦文化

こうした島嶼地域の南方における状況に対し、北方ではどうだったのだろうか。

日本列島における近世瓦の出土量は、琉球諸島の諸遺跡よりはるかに多い。その全体を概観する作業は、資料状況からも方法論上も現時点では未到達である。こうした状況にあって、研究の基礎となる近世瓦の分類は、何人かの研究者によって工夫されてきた。以下、日本列島の近世瓦に関する分類研究の到達点を確認しつつ、具体的に資料を検討してみよう。

(1)　分　類

おおむね17～19世紀を中心とする日本列島の瓦研究は、主として瓦当紋様の分類を軸に行われてきた。金子智は、近世の軒平瓦、軒桟瓦の瓦当紋様に地域差があることを指摘し、大きく「江戸式」、「大坂式」、「東海式」の三分類（表1の付図1）を提唱している（金子1996：152他）。この三種の紋様は、出土事例からおおむね17世紀後半までには成立すると考えられている。本稿で中心的に取り上げる江戸式は、東京大学構内遺跡等の調査例から明暦3（1657）年の大火前後と考えられている（金子2007：34-35）。なおこれらは地域名を冠しているが、厳密に言えば地域差というより分布の偏りというべきであろう。出土点数を度外視すれば、どの紋様系統の類例も全国各地で確認されている。また紋様の変容が各地で進行していたと考えられる。詳細は後述する。

そして桟瓦の規格も、分類の重要な要素となると考えられる。本瓦葺きの平瓦とくらべ、桟瓦は葺き足が短いことから、単位面積当たりの枚数が少なくなる。一方で特殊な形状を組み合わせて葺くことから、わずかでも歪みがあれば

アジア東部島嶼地域における近世瓦文化　211

表1　桟瓦の規格
付図1：瓦当紋様の分類、2：計測部位

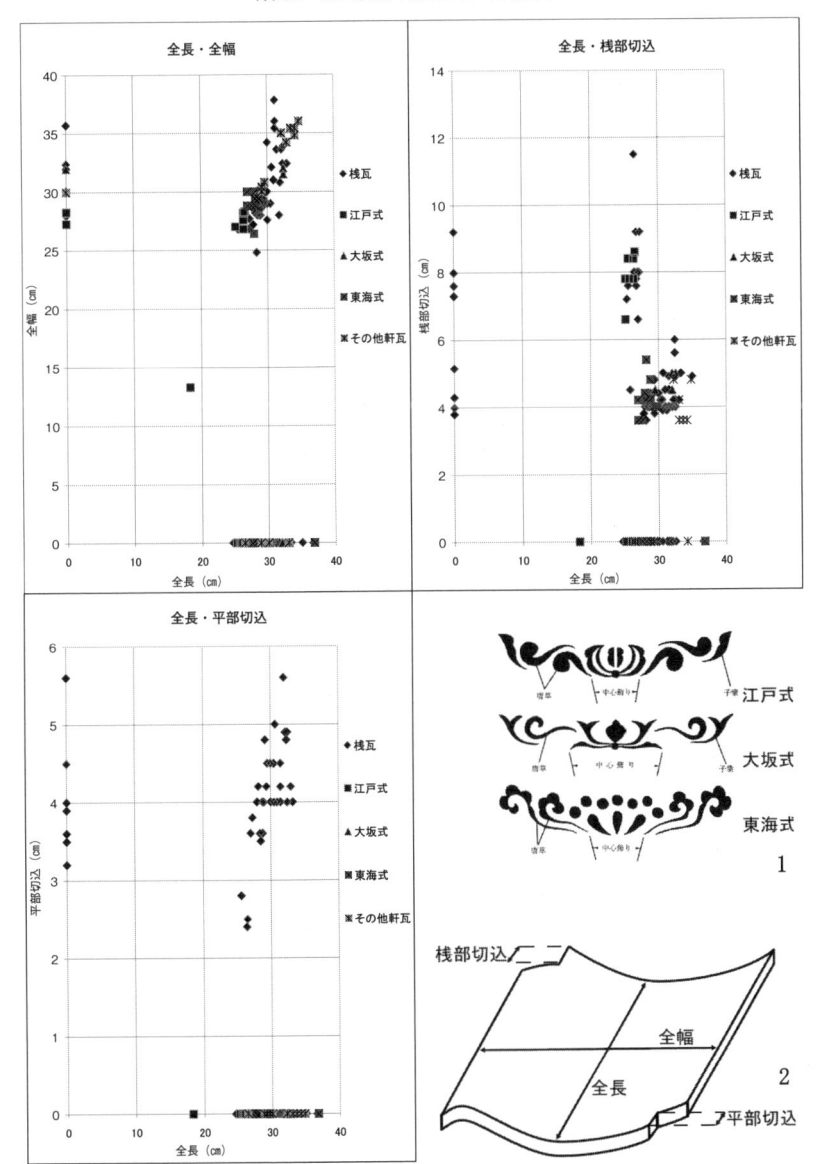

大きく作用する。そのうえ葺き足が短いことから融通が利きにくい。桟瓦の規格には、自ずと厳密さが要求されることになる。

　国内各地で出土する全形をうかがえる桟瓦を集成し、全長と平部・桟部切込を計測してみる（表1）と、いくつかのまとまりをなすことがうかがえる。日本列島の近世瓦には、大きく3つの規格が存在する。さらに軒桟瓦も合わせて計測するとそれぞれが三種類の瓦当紋様に対応することがわかる。

全長（A）	全幅（B）	桟部切込（C）	平部切込（D）	
約260mm	約280mm	約30mm	約80mm	……江戸式
約310mm	約310mm	約40mm	約40mm	……大坂式
約280mm	約300mm	約45mm	約40mm	……東海式

　ただしこれらはあくまで主体となる規格であり、これ以外の規格も数多く存在する。

　また近世瓦には、刻印が押されたものが散見される。一般に屋号を示すものだと考えられているが、簡単な記号のみのもの等、屋号とは考えにくいものも多数ある。なかには具体的な産地や、製作者と推察される人名を記したものもある。いずれにせよ、刻印は生産者を表象すると考えられるものが圧倒的に多く、遺跡ごと、遺構ごとに集成し比較することで、近世瓦の生産と供給のあり方を明らかにすることのできる手掛かりとして期待されている。

　以上のように、島嶼地域北部の近世瓦は瓦当紋様、規格、刻印といった特徴から分類することが可能だと予想される。瓦当紋様と規格はそれぞれ特定の組み合わせを持ち、さらに地域ごとにある程度偏って出土することが確認されている。したがってこれらの特徴から、資料の産地、あるいは系譜を知ることができる。また刻印は産地を明記する例がある。そして瓦当紋様や規格と同様、地域ごとの偏りが存在すると予想されることから、製作された地域や生産者を知る有効な手掛かりになると期待される。しかし資料収集が不十分であるため、現段階では検討以前の状況にある。

　今後は製作技法や同笵関係といった、瓦研究にまつわる基礎的な諸特徴の分

析とデータ集積が求められる。そのためには、瓦資料の持つ有益な情報の価値が調査の場において認知される必要がある。またこれらの特徴が確認される資料の胎土分析を積極的に行い、特徴との対応関係を検討したデータの蓄積が望まれる。

(2) 出土資料の分析

　日本列島の近世瓦に関する先行研究として、山崎信二による全国的な資料調査にもとづく研究成果は注目される。山崎は資料の集成と実見を通じ、『御用瓦師寺島家文書』を参照しつつ関西を中心とした近世瓦の全国的な動態をまとめている（山崎 2008 他）。「大坂」の刻印が押された瓦資料は全国から出土しており、関西の瓦が全国的な動向と深く関わっていたことは明らかである。

　一方で、瓦の生産、供給、消費における東の拠点であったはずの江戸は、主に瓦の消費地として認識されてきたきらいがある。そうした認識は決して誤りではない。江戸に瓦が集まっていたことはいくつもの分析によって明らかにされている。たとえば毛利家文庫「江戸三御屋敷新御作事記録」には、明和年間の火災により江戸屋敷を被災した荻藩が、国元から江戸へ瓦を廻漕した記録が見られる（宮崎 2000：169-170）。また東京大学構内遺跡・山上会館・御殿下念館地点から出土した瓦のうち寛文年間（1661～1673年）を中心とする資料には、静岡県駿府城、三島市三島大社境内遺跡、小田原市小田原城から出土した瓦と同笵あるいは同紋の瓦が認められるという（山崎 2008：376-380）。さらに紀州藩、和泉伯太藩の江戸屋敷跡から出土した19世紀代の瓦、尾張藩の江戸上、中屋敷出土資料から出土した18世紀代の瓦の中に、国元で製作されたことを示す刻印が押された資料が存在することが指摘されている。後者はさらに名古屋城跡出土資料と同じ瓦当紋様が用いられていることも確認されている（金子 2000：158）。このように、大量の瓦が各地から江戸へもたらされていたことは文献史料、考古資料から裏付けられる。

　ただし金子智も指摘している通り、こうした例はきわめて少数である。刻印研究の今後の進展によって、国元からの供給の実態が明らかになる可能性はも

ちろんあるが、一方で瓦はその土地で調達していた可能性もまた考えられる。瓦当紋様の比較研究も同様である。確かにどこの地域でも、異系統の瓦当紋様は時折出土しており、各地の資料と比較することで供給関係を明らかにできるだろう。しかし都内遺跡から出土する資料はそのほとんどを江戸式が占めている。筆者は、瓦当紋様や規格から資料を見る限り、江戸においてはむしろ瓦の自給が主体ではないかという見通しを持っている。

そして自給だけではなく、江戸で生産され消費されていた近世瓦と同系統の「江戸式瓦」は、都内遺跡を中心に全国各地で認められる。関東地方はもちろん、それ以外としては熊本県、兵庫県、山梨県、新潟県、福島県、青森県、北海道といった地域が挙げられる。ただ刻印や記銘資料等、産地を明記した資料がほとんどないため、そのあり方を把握しづらいきらいはある。また全形をうかがえる資料は報告されておらず、多くの場合は瓦当紋様のみから「江戸式」と判定されている。

本稿では江戸からの視点に立ち、上述した分類基準を踏まえた上で、各地に見られる「江戸式」に注目して論を進めることとする。[1]

熊本県　人吉城（図3-1〜3）

熊本県人吉城からは「江戸式」に分類される瓦当紋様を有する軒瓦（軒平瓦あるいは軒桟瓦の軒平部）が出土している。

報告書によれば、隅櫓の基壇整地層下に整地に用いられたと考えられる瓦層が検出されており、そこから江戸式の瓦当紋様を持つ瓦が出土している。隅櫓は寛永16（1639）年の人吉城絵図には記載がなく、天保期（1830〜43年）の絵図には見られる。瓦層出土陶磁器はほとんどが二次的加熱を受けており、下限が1640年代と考えられることから、寛永17（1640）年の御下の乱の後に建設されたとされる（人吉市教育委員会1989：55-56）。

出土資料は瓦当部のみが報告されており、全形をうかがえる資料はない。破片資料であるため軒平瓦か軒桟瓦かは判別できない。また上記の瓦層以外の層、地点からも江戸式は出土しているが、筒部まで確認されるものはないようだ。紋様は、加藤晃の分類に従えばⅠAaに分類される（加藤1989：43-45）。Ⅰ

アジア東部島嶼地域における近世瓦文化　215

図3　江戸式軒瓦
1〜3：熊本県人吉城跡、4〜7：福島県泉城跡、8〜9：青森県弘前城跡

Aaは、都内遺跡では出土状況から17世紀後半に位置づけられている。[(2)]

福島県　泉城跡（図3-4〜7）

　福島県泉城跡から、江戸式軒瓦（軒桟瓦ないし軒平瓦）が出土している。これらを出土した第8号溝は、泉城が築城された寛文8（1668）年から内藤氏の転封と板倉氏の入封（元禄15〔1702〕年）までの時期が想定されている。紋様は、加藤晃の分類に従えばⅠAaに分類される（加藤 1989：43-45）。

　なお同じ遺構から、破片ではあるが異なる瓦当紋様を持つ瓦資料が出土している。築城時に用いられた瓦が多様であったのか、あるいはいずれかが築城時のもので、他は補修時のものなのか、詳細な展開は判然としない。

青森県　弘前城跡（図3-8・9）

　津軽弘前城出土瓦に、江戸式軒平瓦が認められる。検出率は他の瓦当紋様にくらべて多く、とくに三の丸跡出土軒平瓦のほぼ90％を占めるという。また検出地も調査対象地のほぼ全域にわたってみられるという。出土資料は紋様から二種類に分けられる。いずれも加藤晃の分類に従えばⅠAaに分類される（加

藤 1989：43-45)。

　三の丸、二の丸跡出土の瓦類は、建物の建築年代から元禄年間（1688～1703年）のものとされている。また報告者は江戸式軒平瓦を築城期の瓦ではなく、それに次ぐ時期に位置づけているが、今後の調査研究を待つとして明確な年代を特定していない（弘前市・弘前市教育委員会・三の丸庭園発掘調査団1984：84-88)。[3]

　同時期の文献記録には、大坂から瓦を購入した記録が残されている。刻印には「大坂」の字が読めることから、やはり搬入品だと解釈される。山崎信二も同様に解釈している（山崎2008：424）。また地元でも生産されていたことが知られているが、寛政年間から逐次銅板葺きに代えられ、地元での焼成は廃止されていったという（弘前市・弘前市教育委員会・三の丸庭園発掘調査団1984：22)。

山梨県　甲府城跡（図4-1・2）

　甲府城跡からは、江戸式に分類される瓦当紋様を持つ軒平瓦が出土している。紋様は、加藤晃の分類に従えばⅠAaに分類される（加藤1989：43-45）。甲府城全域で広く出土し、総数の36.1％を占めるという（柏木1995：36)。

　報告書では、浅野家家紋の軒丸瓦を1591年の築城期のものとし、胎土、焼きの類似する軒平瓦を同時期としている。これらは浅野家の支配下にあった織豊期に当たる。しかし築城期の瓦には江戸式軒瓦は含まれないという（山梨県立埋蔵文化財センター2005：Ⅰ-160)。柏木秀俊は出土した江戸式軒瓦を細分し、出土層位から大きく二分できること、それぞれ1664年の修築時の一群と、1706年の修築時の一群とに分類できる可能性を示唆している（柏木1995：36-37)。ただこれらの年代は、それぞれの瓦資料自体、あるいは出土状況から導き出されたものではなく、今後の検討を要するところである。

　なお甲府城跡出土瓦は胎土分析が行われており、大部分が甲府盆地北部地域で生産されていた可能性が高いと考えられている（河西1995：58-67)。[4]したがって甲府城跡出土江戸式軒瓦は、江戸の瓦を模倣して製作された可能性が高いことになる。

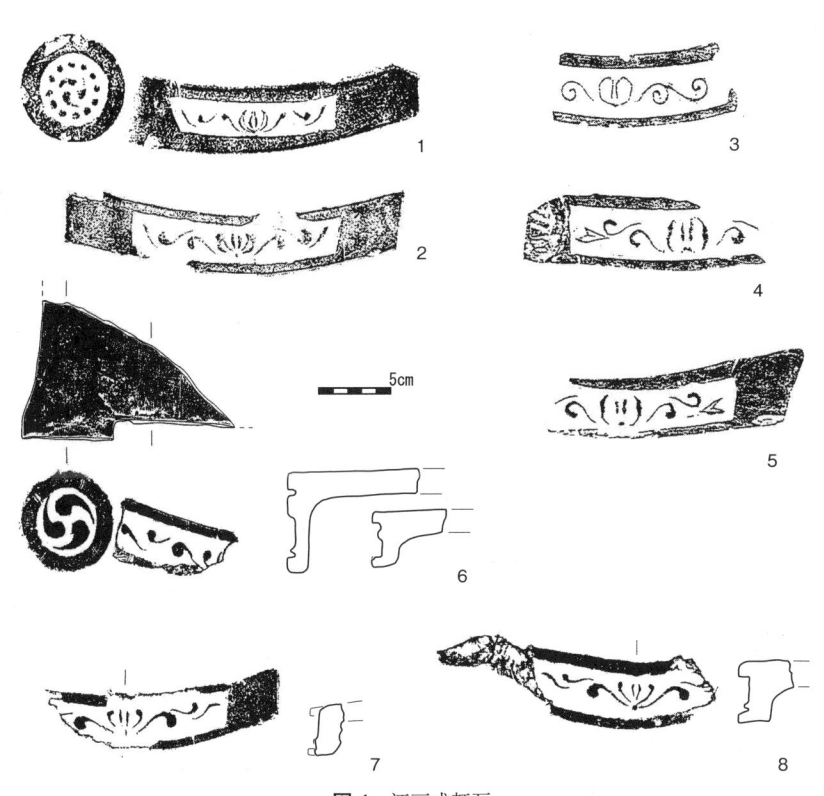

アジア東部島嶼地域における近世瓦文化 217

図4 江戸式軒瓦
1〜2：山梨県甲府城跡、3〜5：新潟県新発田城跡、6〜8：福島県若松城跡

新潟県　新発田城跡（図4-3〜5）

新潟県新発田城跡から、江戸式瓦当紋様を持つ軒瓦資料が出土している。瓦当部の破片のみのため、軒桟瓦、軒平瓦の区別は判然としない。出土遺構の年代から、18世紀以降のものと19世紀以降にはすでに使用されていたものとに二分類されている（新発田市教育委員会1997：76、2008：42）。

都内出土資料とは細部で異なり、とくに中心飾りの相違は著しい。図4-4・5の紋様は比較的都内遺跡出土の紋様に近いと言えるが、中心飾りの左右脇に配置される紋様の形状は都内遺跡出土資料には類例が見られないものである。こうした紋様の相違に加え、さらに施釉されたものも見られる。都内遺跡出土

資料には類例がなく、在地産と推察される。

その他、大坂式に分類される瓦当紋様を持つ資料も出土している。また「大坂」刻印が押された資料も見られる。江戸式は在地産、大坂式は搬入品と推察される。

福島県　若松城跡（図4-6～8）

福島県若松城から、江戸式瓦当紋様をもつ軒桟瓦が出土している[5]。瓦は施釉され、暗茶褐色を呈している。施釉の江戸式軒桟瓦は都内遺跡から出土しておらず、在地産だと推察される。

若松城跡出土瓦は大きく6期に分けられており、これらは桟瓦の使用が始まる18世紀中頃から、開城された19世紀後半の時期に位置づけられている（会津若松市教育委員会1995：183他）。この年代観は、出土層位や伴う建物の年代から導かれたものではない。ただこの種の施釉江戸式桟瓦が幕末期まで使用されていたのは確からしい。会津若松市に所在していた長命寺は、明治初期に会津若松城から御座所が移築された寺である。現存する寺の土塀（市指定文化財）には、同種の瓦が今も使用されている。

北海道　福山城跡（図5-1・2）

北海道には幕末になって初めて瓦葺き建築が築かれるようになった。その背景には西洋諸国との新たな国際関係があり、箱館の開港に伴う幕領地の支配を目的とした、対外的な警戒心にもとづく軍事施設としてであった。しかし建築の過程で軍事的色彩は薄まり、「国威」を示す象徴へと変化したとされている（函館市史編さん室1990：88-89）。

福山城跡から出土する瓦は施釉のもの、無釉のものが確認されている。そして大半を占める無釉のいぶし瓦の中には、江戸式瓦当紋様の中心飾りと唐草を上下逆さにした紋様を用いた軒桟瓦が見られる。類例は関東を始めいずれの地域にも認められない。これは江戸式の影響下で製作された在地の瓦だと推察される。

なおほぼ同時期に瓦葺きが建築された五稜郭跡からは江戸式瓦は出土していない。

福島県　平城跡（図5-3・4）

　以下に紹介するのは、現在のところ年代等を知る手がかりのない資料である。

　平城跡から、江戸式に分類される軒桟瓦が出土している。ゴミ穴から破砕された小片となって出土している（財団法人いわき市教育文化事業団2006：38）。共伴する陶磁器等もなく、残念ながら年代は判然としない。築城は慶長8（1603）年に開始されており、それ以降の年代が想定される。

　瓦当部のみの報告であり、他は埋め戻されているため筒部は検討できない状態にある。中心飾りはダルマ状を呈し、その左右に二対ずつ唐草が配置される。中心飾りの左右脇に配置される紋様や、唐草の形状は、都内遺跡出土資料には類例が見られないものである。また都内遺跡出土資料には一般的に見られる子葉が配置されない。在地産と推察される。

宮城県　仙台城跡（図5-5）

　仙台城跡出土資料の中に、何点か江戸式軒瓦が報告されている。全形のうかがえる資料は確認されていないが、軒丸部の欠損した軒桟瓦と推察される資料は見られる（図5-5）。年代等は判然としないが、図5-6は報告書によれば幕末から明治時代以降とされる磁器椀と共伴している（仙台市教育委員会2006：15）。

兵庫県　尼崎城跡（図5-6）

　兵庫県尼崎城跡から、ほぼ完形の江戸式軒桟瓦が出土している。軒平部の瓦当紋様は、加藤晃の分類に従えばⅡKjに分類される（加藤1989：43-45）。筒部は全長252mm、全幅270mm、桟部切込66mmを測る。江戸式の規格だと考えられる。後端部寄りに釘穴を有する。

(3)　考察　江戸式の拡散―供給から自給へ

　都内の近世遺跡出土資料は、在地産と考えられる江戸式桟瓦が多数を占める。一方、江戸式の瓦当紋様を持った軒平瓦、軒桟瓦は、関東以外の地域からも時折出土する。九州地域にも一部見られるが、とりわけ江戸以北、北陸、東北、北海道各地の城郭遺跡から出土することが確認される。

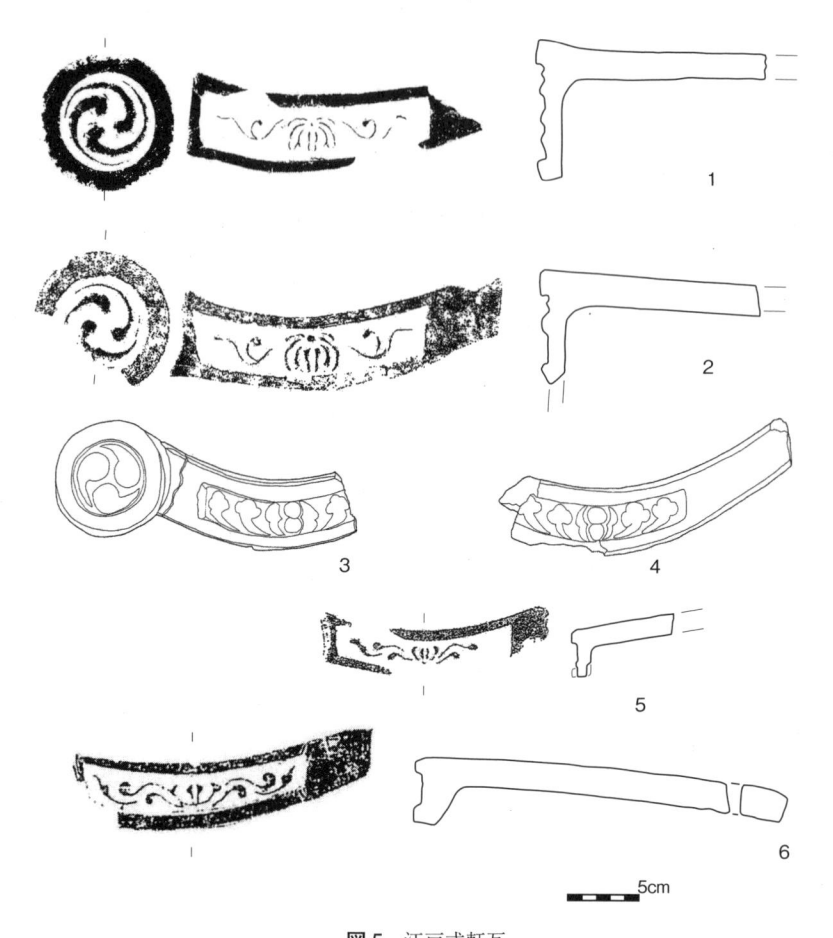

図5 江戸式軒瓦
1・2：北海道福山城跡、3・4：福島県平城跡、5：宮城県仙台城跡　6：兵庫県尼崎城跡

　これらの中には、江戸およびその近郊から供給された外来のものもあれば、江戸式瓦当紋様にもとづいて製作された在地のものもあると推察される。施釉されたもの、紋様の諸要素や構成といった点で都内遺跡出土資料には類例のないものが多く見られることから、後者も少なくなかったと考えられる。そして現時点で確認できる全体的傾向として、17世紀代の関東地方外の江戸式は持ち込まれたものが多く、年代が下るに従って在地産が増加するという傾向を見

て取ることができる。各地で在地色の強い瓦が製作され使用されていったと考えられる。

在地産の中では、北海道の福山城跡から出土した軒桟瓦資料は注目される。瓦当紋様は江戸式を上下逆にしたものであり、江戸式の情報を基に地元で製作されたものであると推察される。またこれは紋様が逆転した瓦当笵を用いたことも意味しており、製作用具も地元で製作されていたと推察される。瓦当紋様は、中心飾りと唐草が上下逆転している点を除けば江戸式の紋様要素そのものであり、製作者はこうした瓦当紋様を持つ瓦が存在することは認識していたと考えられる。しかし製作に当たって江戸式軒瓦の実物を手元に置いて手本とする、あるいは製作者が江戸式軒瓦の実物か、少なくとも葺かれた屋根を実見するといった経験を持っていれば、こうした現象は起こらないと考えられる。おそらくは実物や瓦屋根を実見することすらなしに、デザインを記した絵図等といった何らかの媒体を通じて情報を得たゆえに生じた現象だと推察される。

また江戸式瓦が分布する地域は、熊本、青森を除き大坂式に分類される瓦当紋様が少数である。日本列島の東西で瓦当紋様の傾向が異なっていたことが確認される。ただ大坂式は、「大坂」刻印のある資料が各地で出土していることから、持ち込まれていたものが多くあったと推察される。

さて都内遺跡から出土する江戸式瓦当紋様は多様である。豊富な種類は同時に瓦当笵が大量に存在していたことをも示しており、それだけ多くの瓦生産集団が江戸に存在していたことを示している。こうした多様性と対照的に、江戸以北をはじめ江戸以外の各地で出土する江戸式瓦当紋様の種類は限られている。中心飾りに注目すると、加藤晃の分類の内Ⅰ、Ⅱに属するものばかりである（加藤 1989：43-45）。唯一の例外が福島県平城跡出土例で、Ⅳに近い。模倣品と推察されるものも含めて、これ以外の中心飾りを持つものは今のところ確認されない。瓦当紋様が製作集団をある程度反映するという前提に立てば、周辺地域の瓦に影響を与えた江戸式瓦が限られていたということは、江戸における一部の製作集団のみが周辺地域に影響していたことを示していると推察される。

3 小　結

　アジア東部域島嶼地域に展開した南北2つの瓦文化は、隣接地域にありながら直接の関連を持つことなく、独自の展開を遂げていたと考えられる。
　琉球・先島諸島では那覇が瓦の大規模生産地となり、首里・那覇を中心に普及していった。17世紀末頃には瓦の製作を始めとする大きな変化が生じ、周辺諸島にも生産地が築かれるようになる。瓦生産の大規模編成が進むと同時に、各地で沖縄本島の瓦から発展した在地の瓦が生み出され、独自の展開を遂げていくことになる。
　日本列島における北の瓦文化においては、文献資料、および考古資料において地域を越えた瓦の供給関係が確認される。小規模な建築物でも数千数万枚という莫大な数量が必要となる瓦だが、高度に発達した物流網を利用して大規模生産地から各地へと供給され続けた。しかしおおむね18世紀前半以降、拠点的な生産地からの影響を受けつつ各地で生産されるようになる。各地の遺跡からは、江戸式の影響を受けつつ自給されたと推察される在地の瓦が出土している。
　両地域とも程度の差はあれ、18世紀前半までに「拠点的地域からの供給」から「地域毎の自給生産」へと移り替わっていく点で共通する。これは瓦だけではなく、他の窯業製品と連動していた可能性がある。そして島嶼地域の瓦文化における最北端、最南端の地において、中心的地域の紋様を逆転させた瓦が分布するという奇妙な対象性を見せている点は興味深い。この2つの類似した現象に直接の関係を見出すことは難しいであろうが、拠点的地域からの技術やデザインの伝播と、その後の在地化・自給化が近似した形で表れた一例だと言えるだろう。

おわりに

本稿ではアジア島嶼地域の近世瓦について、とくに拠点的地域から地方への伝播と在地化に注目し概観してきた。それぞれの地域での瓦の生産・消費の背景等、明らかにしなければならない課題は多いが、本稿はあくまで予察に留めた。今後は具体的な事柄に踏み込む作業に向け、資料蓄積と方法論の整備が必要となる。

調査に当たっては莫大な量に及ぶ近世文書の調査はもちろんだが、近世史を扱う考古学者として、資料蓄積の最初の一歩である発掘現場において目的意識を持った瓦の調査が行われることが望まれる。発掘現場ではとかく邪魔者扱いされがちな瓦だが、その圧倒的出土量は窯業生産の中心的位置を占め続けてきたことを証している。近世瓦の研究は始まったばかりだが、大きな意義を持つものと期待される。

註
(1) 山崎信二は加藤晃、金子智によって整理された瓦当紋様の三分類を評価しつつ、これらの分類だけで事足りるとする他の江戸遺跡報告者の瓦記述には失望を感じるとし、全国の江戸時代の瓦と江戸遺跡出土の瓦を細かく対比しながら考えていく必要性を強調している（山崎 2008：371）。この分類に当てはまらない瓦当紋様、規格が、都内遺跡に留まらず全国に多数存在することは確かであり、その主張はもっともだと言える。一方でこれら三分類に当てはまる資料が各地から出土しているのは確かであり、またこれら以外に全国規模で分布するものも認められない。全体を概観するに当たってこの三分類を軸とする手法は順当だと考えられる。
(2) 山崎信二は、これらの資料を紋様、胎土、焼成から江戸産と解釈している。そして平部凹面に木目（木製の整形台の痕跡）が残るという特徴が認められる資料を、紀尾井町遺跡出土資料、東京大学構内遺跡・山上会館・御殿下記念館地点の「瓦2期」軒平瓦と共通することから、近世Ⅴ期（1657～1682年）の年代を当てている（山崎 2008：88）。
(3) 山崎信二は、一群を1670年代の整備時に比定し、「御用之瓦十三迄着岸」という文献に見られる記載から、江戸から持ち込まれた瓦群だと解釈している（山崎 2008：424）。また他の一群を18世紀前半から後半に比定し、紋様は江戸式だが地元で模し

て製作されたものだとしている(山崎 2008：424)。
(4) 山崎信二は、紋様に変化が見られることから工人が派遣されたのではなく、江戸に起源をもつ瓦工人の甲府在住を想定している(山崎 2008：368)。
(5) 山崎信二は、関東で比較的流行した唐草文軒平瓦の文様構成が導入されていると述べるに留め(山崎 2008：407)、江戸式の瓦当紋様を導入した在地産と解釈している。

引用・参考文献
石井龍太 2006a「琉球近世瓦関係文献資料の集成と諸問題の検証─琉球近世瓦の研究─」『よのつぢ　浦添市文化部紀要』浦添市教育委員会文化部　第2号　11-19頁
石井龍太 2006b「琉球近世瓦瓦当紋様集成と型式学的分類〜琉球近世瓦の研究その2〜」『東京大学考古学研究室研究紀要』研究科・文学部　考古学研究室　第20号　109-148頁
石井龍太 2007a「八重山諸島における琉球近世瓦関係文献資料の集成と諸問題の検証─琉球近世瓦の研究─」『よのつぢ　浦添市文化部紀要』浦添市教育委員会文化部　第3号　1-9頁
石井龍太 2007b「湧田古窯の再評価─湧田古窯跡の軒丸瓦─」『南島考古』沖縄考古学会　第26号　275-288頁
石井龍太 2008a「沖縄本島と石垣島　琉球近世瓦の展開─琉球近世瓦の研究─」『沖縄文化研究』法政大学沖縄文化研究所　三十四号　181-215頁
石井龍太 2008b「溶姫御殿と幕末近世瓦〜瓦文化と近世アジア世界〜」『江戸遺跡研究会会報』江戸遺跡研究会　No.112　2-13頁
石井龍太 2008c「湧田古窯の再評価─湧田古窯跡の軒平瓦─」『南島考古』沖縄考古学会　第27号　79-91頁
石井龍太 2008d「島嶼の瓦文化　琉球近世瓦の研究」『東南アジア考古学会研究報告　東南アジアの生活と文化Ⅰ：住まいと瓦』第6号　25-34頁　東南アジア考古学会
岩本由輝 1973「瓦屋・青山国丸氏、蛸壺製造今野福身氏聞書」『磐城民俗』9号　1-11頁
柏木秀俊 1995「近世軒平瓦の分類について─甲府城を例にして─」『研究紀要』11　23-38頁　山梨県立考古博物館　山梨県埋蔵文化財センター
加藤晃 1989「江戸時代の瓦における江戸式の展開」『史学研究集録』14　國學院大學日本史学専攻大学院会編　43-61頁
金子智 1996「江戸遺跡出土資料に見る近世軒平瓦・軒桟瓦の地方色」『古代』第101号　144-160頁　早稲田大学考古学会
金子智 2000「9.瓦から見た江戸と国元」『江戸遺跡研究会第13回大会　江戸と国元　発表要旨』157-167頁　江戸遺跡研究会
金子智 2007「江戸の瓦」『考古学ジャーナル』553　33-36頁

河西学 1995「第5章 甲府城出土瓦の胎土分析（Ⅲ）」『山梨県指定史跡甲府城跡Ⅴ』
　58-67頁　山梨県埋蔵文化財センター
中尾正治 1999「江戸時代以降の瓦葺き工法について—京都南部における瓦師の動向—」
　『江戸遺跡研究会　江戸の物流—陶磁器・漆器・瓦から—　第12回大会発表要旨』
　197-198頁　江戸遺跡研究会
函館市史編さん室　1990『函館市史　通説編第2巻』函館市
宮崎勝美 2000「10.　大名屋敷の作事・普請と江戸遺跡」『江戸遺跡研究会第13回大会 [発
　表要旨] 江戸と国元』168-171頁　江戸遺跡研究会
山崎信二 2008『近世瓦の研究』同成社
山本正昭・上田圭一・矢作健二・石岡智武 2007「首里城跡御内原西地区発掘調査出土瓦
　の胎土分析とその検証」『紀要　沖縄埋文研究』5　77-110頁　沖縄県立埋蔵文化財セ
　ンター
臺灣銀行經濟研究室編輯 1971『使琉球録三種（第二冊）』臺灣銀行
<報告書>
会津若松市教育委員会 1995『史跡会津若松城跡』
会津若松市教育委員会 1999『史跡若松城跡Ⅲ』
尼崎市教育委員会　歴博・文化財担当 2007『尼崎城跡第43・46次調査概要』
財団法人石川県埋蔵文化財センター 2000『松任城二の丸・三の丸跡』
財団法人石川県埋蔵文化財センター 2002『金沢市前田氏（長種系）屋敷跡』
財団法人石川県埋蔵文化財センター 2002『金沢城跡1（三の丸第2次調査・新丸第2次
　調査）』
財団法人石川県埋蔵文化財センター 2007『小松市小松城跡』
財団法人いわき市教育文化事業団 1992『泉城跡』
財団法人いわき市教育文化事業団 2006『平城跡　中・近世城館跡』
新発田市教育委員会 1987『新発田城跡発掘調査報告書（Ⅰ〜Ⅲ区）』
新発田市教育委員会 1997『新発田城跡発掘調査報告書Ⅱ（第7〜10地点）』
新発田市教育委員会 2008『新発田城　発掘調査報告書・Ⅴ（第19地点）』
仙台市教育委員会 2006『仙台城跡　登城路　1次調査』
仙台市教育委員会 2008『仙台城跡8』
函館市 1978『函館市史　別巻　亀田市編』
函館市教育委員会 1990『特別史跡　五稜郭跡　箱館奉行所跡発掘調査報告書』
函館市教育委員会 2006『特別史跡　五稜郭跡　箱館奉行所跡発掘調査報告書』
函館市史編さん室 1990『函館市史　通説編第2巻』
人吉市教育委員会 1977『史跡人吉城跡　塩蔵跡』
人吉市教育委員会 1989『史跡　人吉城跡Ⅳ　「侍屋敷跡」の発掘調査報告書』
弘前市・弘前市教育委員会・三の丸庭園発掘調査団 1984『史跡弘前城跡保存修理事業

三の丸庭園発掘調査報告書（Ⅲ）出土遺物集―瓦』
松前市教育委員会 1985『史跡福山城　昭和59年度発掘調査概要報告』
松前町教育委員会 1989『史跡福山城Ⅵ　昭和63年度発掘調査概要報告』
松前町教育委員会 1991『史跡福山城Ⅷ　平成元年度発掘調査概要報告』
松前町教育委員会 1993『史跡福山城Ⅹ　平成4年度発掘調査概要報告』
山梨県埋蔵文化財センター 1994『山梨県指定史跡甲府城跡Ⅳ』
山梨県埋蔵文化財センター 1995『山梨県指定史跡甲府城跡Ⅴ』
山梨県埋蔵文化財センター 1996『山梨県指定史跡甲府城跡Ⅵ』
山梨県埋蔵文化財センター 1996『山梨県指定史跡甲府城跡Ⅶ』
山梨県埋蔵文化財センター 1998『山梨県指定史跡甲府城跡Ⅷ』
山梨県埋蔵文化財センター 2001『甲府城下町遺跡　北口二丁目（桜シルク跡）発掘調査報告書』
山梨県埋蔵文化財センター 2002『甲府城下町遺跡　武田二丁目（いちやまマート駐車場跡）発掘調査報告書』
山梨県埋蔵文化財センター 2005『県指定史跡　甲府城跡―上巻―』
山梨県埋蔵文化財センター 2008a『県指定史跡甲府城跡　平成19年度調査・整備報告書』
山梨県埋蔵文化財センター 2008b『甲府城下町遺跡（北口県有地）』
山梨県埋蔵文化財センター 2009『県指定史跡甲府城跡　平成20年度調査・整備報告書』

図の出典

表1　付図、金子1996：148-149
図3-1　人吉市教育委員会1989：50、2　人吉市教育委員会1989：36、3　人吉市教育委員会1977：50、4・6　財団法人いわき市教育文化事業団1992：93、5　財団法人いわき市教育文化事業団1992：76、7　財団法人いわき市教育文化事業団1992：64、8・9　弘前市・弘前市教育委員会・三の丸庭園発掘調査団1984：86
図4-1・2　山梨県埋蔵文化財センター1995：46、3～5　新発田市教育委員会1997：74、6. 7　会津若松市教育委員会1999：36（断面実測図再トレース）、8　会津若松市教育委員会1999：79（断面実測図再トレース）
図5-1　松前町教育委員会1993：45、2　松前町教育委員会1993：63（断面実測図再トレース）、3・4　財団法人いわき市教育文化事業団2006：39、5　仙台市教育委員会2006：32、6　尼崎市教育委員会　歴博・文化財担当2007：45
その他の図版は筆者が作成した（図2-1　沖縄県立埋蔵文化財センター所蔵資料、2　石垣市教育委員会所蔵資料、3～6　石垣市立八重山博物館所蔵資料）。

近世の薬種需要と唐薬貿易
――中国製唐薬瓶の分析から――

堀　内　秀　樹

はじめに

　中世東アジアの貿易ネットワークは、16世紀にヨーロッパ人の参入によって再編成される。江戸時代の日本の貿易記録からみえる状況は、原材料を輸入し、加工品を輸出するといった現代的貿易構造とはまったく逆の様態が看取できる。すなわち、金・銀・銅といった鉱物資源を輸出し（江戸時代後半は海産物が増加する）、織物、砂糖、薬、香木などの加工品、奢侈品などを輸入していた。輸入品の中に多い品目の1つとして薬がある。これは江戸期を通じて安定的に国内需要があった貿易品であった。

　以前筆者は、江戸遺跡から出土する中国製小瓶について唐薬との関係を指摘し、近世江戸において商品消費と社会的環境との関係性を説明するケーススタディとして取り上げた（堀内2005）。しかし、小瓶についてその後いくつかの興味深い出土事例と新しい知見が得られた。本稿では、江戸、長崎、沖縄の出土事例を取り上げ、書かれている文字の分析から日本の薬種需要と中国との唐薬貿易について考えてみたい。

1　小瓶の分類と書かれている文字

(1)　**形態・成形による分類**（図2）

　出土品・伝世品で確認された小瓶は、形態、成形技法から以下のように分類

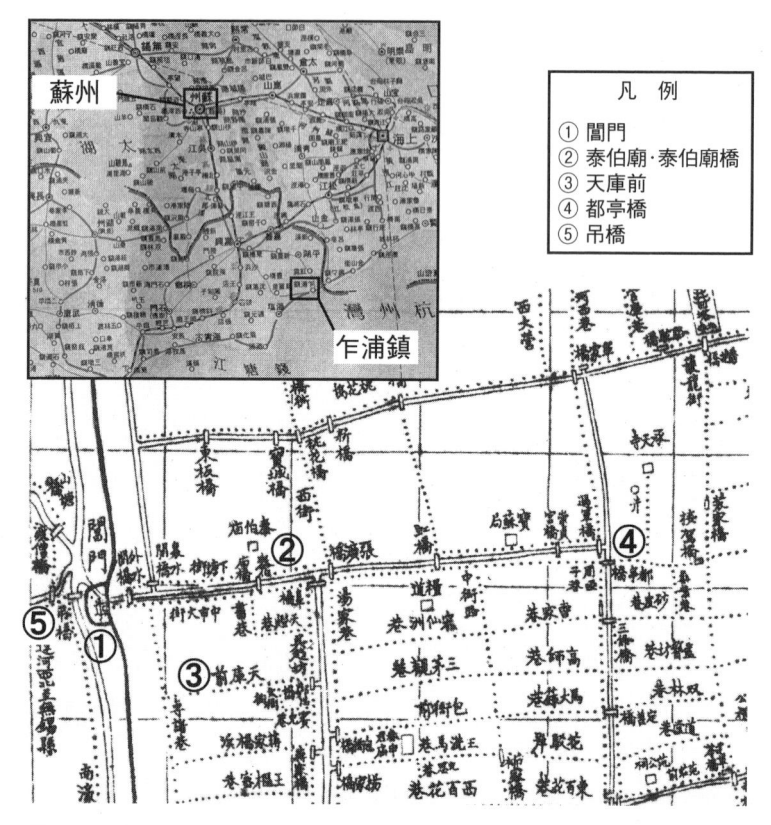

図1　関係場所の位置　(古呉軒出版社2004『蘇州古城地図集』のうち「蘇州城廂図」、「最新蘇州地図1938年」を一部改変)

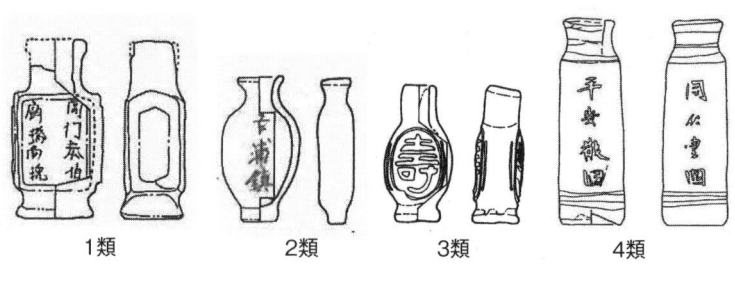

凡　例
① 閶門
② 泰伯廟・泰伯廟橋
③ 天庫前
④ 都亭橋
⑤ 吊橋

図2　小瓶の分類

1類：型による片側成形の貼り合わせ。断面「ハ」の字状に開くやや大きい底部に長方形、円形、不定形の胴部をもつもの。すべて青花である。

2類：型による片側成形の貼り合わせ。小さい底部に断面楕円形の胴部をもつもの。大型のものと小型のものがある。青花が多い。

3類：型による片側成形の貼り合わせ。多くは浮文をもつ。大型のものと小型のものがある。白磁、青磁、瑠璃釉である。

4類：ロクロ成形。底部から胴部にかけて円筒形を呈しているもの。すべて青花である。

(2) 書かれている文字のバリエーション

　上記分類1類、2類、4類には文字が書かれている。ここに書かれている文字は、以下の11種類が確認されており、中に入れられていた薬品、生産された場所や店舗名などが推定できるもので、流通、消費に関する有力なデータを提供してくれる（表1、図3〜6）。なお、瓶は貼り合わせやロクロ成形なので表裏の区別がつかない。一覧の表裏は表記上の区別と考えていただきたい。

　①「朝陽堂」・「閶門泰伯／廟橋南塊」

　図化した45例中15例確認されており、最も出土数が多い事例である。裏面に書かれている「閶門」は、中国江蘇省蘇州（別名は「姑蘇」）城北西にある城門で（図1①）、「泰伯廟」は閶門の内側約500m、東へ延びる「閶門大街」（図1では「中市大街」、現在の「西中市」）の北側に現存する。閶門から閶門大街に沿って運河が並走し、泰伯廟橋は閶門大街から泰伯廟にいたる途中の運河に架かる橋である（図1②）。したがって、「朝陽堂」はこの運河に架かる泰伯廟橋の南側にあったと推定される。表記と地理的位置関係に齟齬はない。

　②「誦芬堂雷」・「姑蘇閶門／内天庫前」

　2例出土している。裏面に書かれている「姑蘇」は蘇州、「閶門」は蘇州城の北西側の城門である（図1①）。「天庫前」は閶門内、南東にある通りである（図1③）。「誦芬堂」はここにあったと推定される。「誦芬堂」については後述

したい。「雷」は誦芬堂の創始者「雷允上」のことを指すと思われる。表記と地理的位置関係に齟齬はない。

③「姑蘇 養生堂」・「丁家巷／内西首」

千代田区四番町遺跡1例のみの出土である。表面に書かれている「姑蘇」は蘇州のことである。裏面の「丁家巷」は地図にないが、閶門の外側（西側）、東西に走る街路である。おそらく養生堂は丁家巷の西端にあった薬店であろうと推定される。養生堂の詳細については不明である。表記と地理的位置関係に齟齬はない。

④「姑蘇 天元堂」・「閶門内都／亭橋東首」

伝世品に確認できる（図6-48）。「閶門」は、蘇州城北西の門（図1①）であり、「都亭橋」は城内に四条ある南北運河の西から二条目（第二直河）にかかる橋で、泰伯廟より内（東）側の閶門大街に位置する（図1④）。「天元堂」はその橋の東側にあった薬店であろう。表記と地理的位置関係に齟齬はない。

⑤「勞桧寿堂」・「閶門吊橋」

「閶門」は、蘇州城北西の門（図1①）であり、「吊橋」は閶門外を巡る南北運河に架かる橋で、虹橋ともいう（図1⑤）。「勞桧寿堂」は吊橋付近にあった薬店であったと思われる。

⑥「利済堂製」・「人馬平安散」

「人馬平安散」は、後述するが「江戸買物独案内」、「薬種荒物寄」、紀州藩士酒井伴四郎の日記、大田南畝の書簡などから、輸入、販売、使用が確認できる薬種である。「利済堂」の詳細は不明である。

⑦「同仁堂」・「平安散」

3例確認されている。「平安散」は、⑥の「人馬平安散」と同じであろう。「同仁堂」については後述したい。荒木町例（図3-14）は、「平安散」のみで、裏には草花文が描かれている点で違いが認められる。

⑧「宏済堂」・「乍浦鎮」

2例確認されている。「乍浦鎮」は、中国浙江省嘉興市、杭州湾北岸に位置する港湾都市である（図1上参照）。「宏済堂」の詳細については不明である。

⑨「太□堂」・「乍浦鎮」

長崎市岩原目付屋敷跡のみの出土である。「乍浦鎮」は前述のように杭州湾に面した港湾都市である。

⑩「乍川 □生堂」・「臥龍丹」

本例は、長崎唐人新地例のみである。「乍川」は乍浦鎮の別名であり、店名は判読できなかったが、⑦や⑧と同様、乍浦鎮の薬店であろう。「臥龍丹」は気付け薬である。

⑪文様（色絵）・「□色佳人喜／歓楽□几時」

本例は、文字、形態とも類例が確認できない。文字は赤・黒絵具で上絵付けされている。表の文様は交合図と考えられ、文字の内容と勘案して媚薬としての効能のある薬が入れられていたと推定している。

⑫文字なし

3類は、文字が書かれていない。白磁、青磁、瑠璃釉などに草花文や「寿」などの文字が浮文されている。したがって、本例が確実に文字のある製品と同様の用途であったかは、断定はできない。類例は、生産遺跡では福建省華安県東渓窯で出土しており、流通遺跡では1823年にインドネシアスマトラ島の東で沈没したテクシン・カーゴの引き上げ資料から確認できる（図7）。テクシン・カーゴは厦門から出航した船で、引き上げられた陶磁器は、いずれも福建・広東諸窯で生産された製品であると思われる。

(3) 形態・成形と文字の関係

形態・成形と文字の組み合わせを示した。

1類－①、②、③、④、⑤、⑥、（⑪）

2類－⑧、⑨、⑩

3類－なし

4類－⑦

一類型に重複する文字が確認できない状況から、類型と文字とに対応関係を持つと判断される。

表1　出土磁器小瓶一覧

番号	出土遺跡	出土遺構	文字 表	文字 裏	年代	共伴資料	土地利用
江戸遺跡							
1	飯田町	一括	朝陽堂	圓門泰伯/廟橋南塊	−		大名(高松松平)
2	荒木町	430号遺構	朝陽堂	圓門泰伯/廟橋南塊	19-3	木型打込	大縄地
3	市谷仲之町	遺構外	朝陽堂	圓門泰伯/廟橋南塊	−		大縄地
4	市谷本村町	320号遺構	朝陽堂	?	19-2	湯呑碗	大名(尾張)
5	汐留	4J-086	朝陽堂	圓門泰伯/廟橋南塊	19-3	木型打込	大名(伊達)
6	汐留	4H-249	朝陽堂	圓門泰伯/廟橋南塊	19-1	端反碗	大名(伊達)
7	東大構内(エ14)	SU2	朝陽堂	圓門泰伯/廟橋南塊	19-3	型皿	大縄地
8	日影町	197号土坑	朝陽堂	圓門泰伯/廟橋南塊	−		町地
9	本郷追分	1号大型土坑	朝陽堂	?	19-2	湯呑碗	大縄地
10	水野原	51号遺構	朝陽堂	?	19-3	型皿	大名(尾張)
11	日影町	37号土坑	誦芬堂雷	姑蘇圓門/内天庫前	19-1	端反碗	町地
12	四番町	604号遺構	姑蘇　養生堂	丁家巷/内西首	19-3	幅広高台	旗本
13	水野原	a層	利済堂製	人馬　平安散	−		家老(尾張家老水野家)
14	荒木町	192a・b号遺構	(草花文)	平安散	19-1	端反碗	大縄地
15	浅草寺(二天門)	80号遺構	同仁堂	平安散	19-3	木型打込	町地
16	千駄木三丁目南	8号遺構	宏済堂	乍浦鎮	19-3	西洋硬質陶器	町地(植木屋)
17	新宿六丁目	遺構外	宏済堂	乍浦鎮	−		大名(広瀬松平)
18	昌林院跡	第34号遺構	勞桧寿堂	圓門吊橋	19-3	型皿	寺地
19	新宿六丁目	遺構外			−		大名(広瀬松平)
20	愛宕下	1層			−		大名(毛利)?
21	千駄木三丁目南	1号遺構	(浮文)		19-4	コバルト製品	町地(植木屋)
22	四谷一丁目南	172号遺構	(浮文)		19-2	湯呑碗	大縄地
23	愛宕下	1層	(浮文)		−		大名(毛利)?
24	北青山	遺構外	(浮文)		−		大名(稲葉)
25	荒木町	166号遺構	色絵	□色佳人喜/歓楽□几中	19-3?	陶器小坏	大縄地
長崎遺跡							
26	出島	南側護岸石垣前	朝陽堂	圓門泰伯/廟橋南塊	−		出島
27	長崎奉行所	SD38	朝陽堂	圓門泰伯/廟橋南塊	−		武家地(奉行所)
28	桜町	土壙2	朝陽堂		19-2	湯呑碗	町地
29	新地唐人荷倉跡	石垣外	?	泰伯/南塊（上部欠損）	19-3	「慶応」銘磁	唐人町
30	築町	遺構外	誦芬堂雷	姑蘇圓門/内天庫前	−		町地
31	出島	西側護岸石垣前	姑蘇　養生堂	丁家巷/内西首	−		出島
32	岩原目付屋敷跡	Ⅳ層	太□堂	乍浦鎮	−		武家地
33	新地唐人荷倉跡	石垣外	乍川　延生堂	臥龍丹	19-3	「慶応」銘磁	唐人町
34	出島(乙名部屋)	表土	(浮文)		−		出島
35	築町	遺構外	(浮文)		−		町地
36	新地唐人荷倉跡	石垣外	(浮文)		19-3	「慶応」銘磁	唐人町
37	出島	慶応築足Ⅶ層	(浮文)		19-3	(遺構の下限)	出島
38	桜町	3号土坑	(浮文)		−		町地
39	勝山町	2区1層			19-3	(層の比定)	
40	勝山町	1区1層	宏済堂	?	19-3	(層の比定)	
41	勝山町	2区1層	(染付文様)		19-3	(層の比定)	
42	勝山町	2区土坑37	朝陽堂	?	19-3	(層の比定)	
沖縄							
43	湧田	攪乱	堂（上部欠損）	安散（上部欠損）	−		
44	湧田	攪乱2	(上部欠損)		−		
45	湧田	第3層	同（下部欠損）		−		

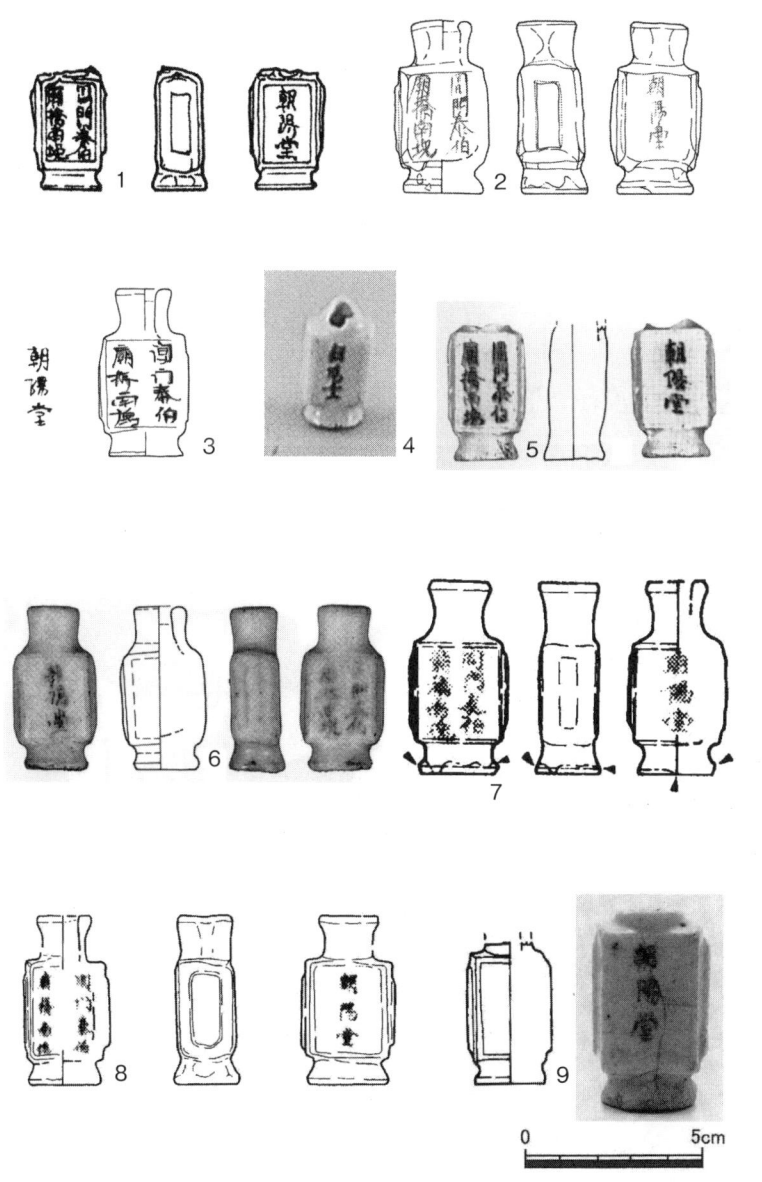

近世の薬種需要と唐薬貿易 233

図3 江戸遺跡出土磁器小瓶(1)

234

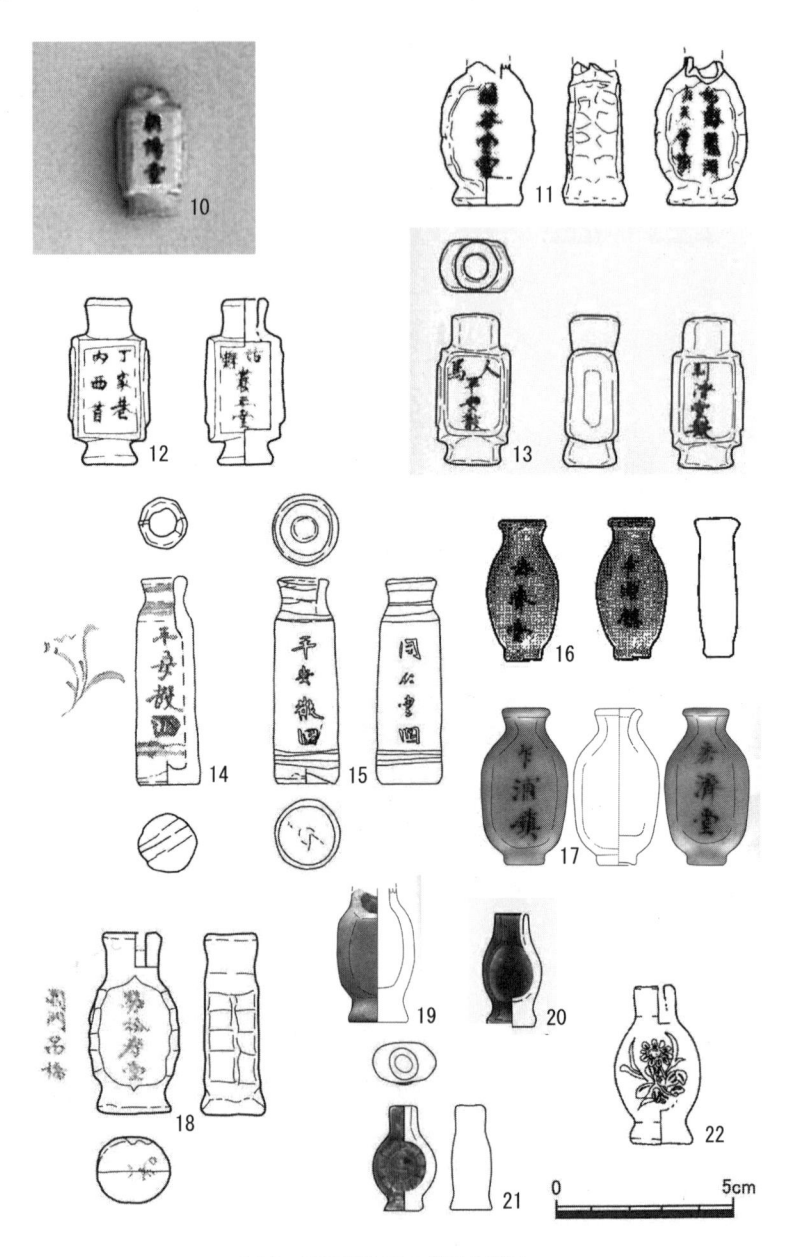

図3 江戸遺跡出土磁器小瓶(2)

近世の薬種需要と唐薬貿易　235

図3　江戸遺跡出土磁器小瓶(3)

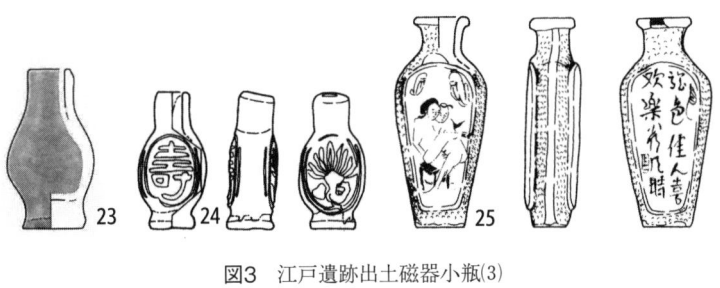

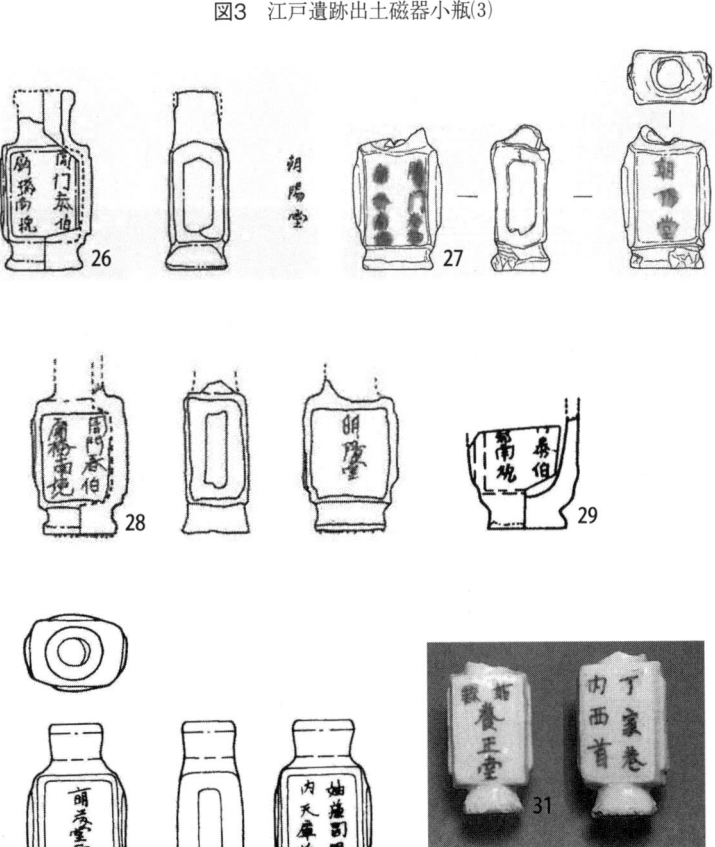

図4　長崎遺跡出土磁器小瓶(1)

236

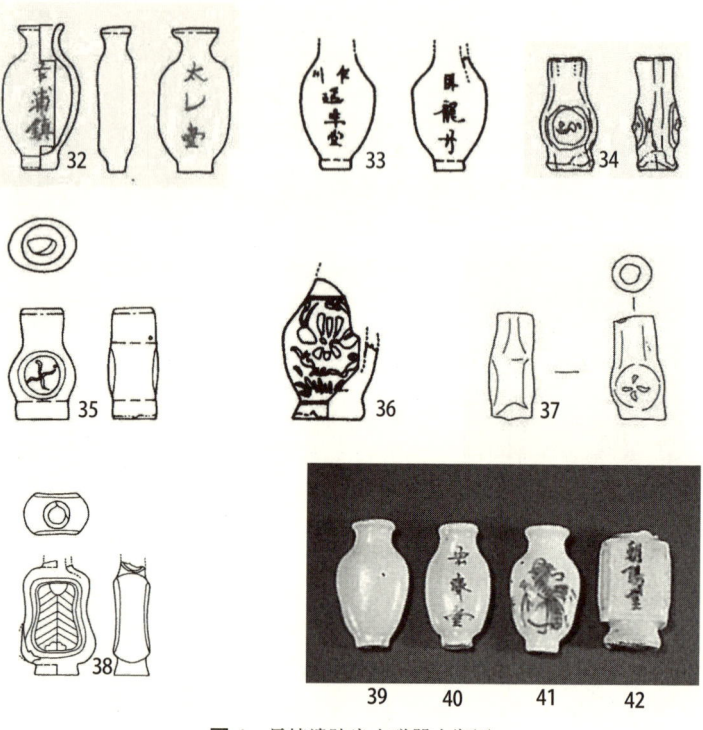

図4　長崎遺跡出土磁器小瓶(2)

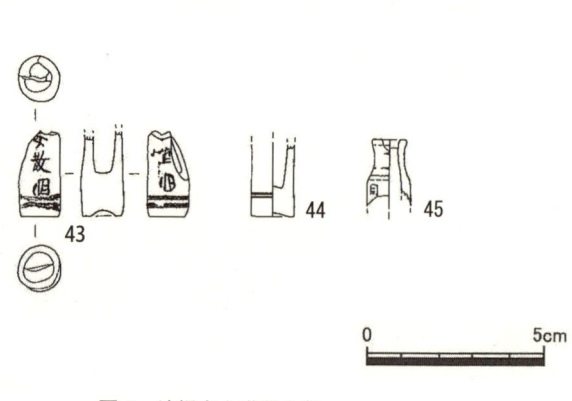

図5　沖縄出土磁器小瓶

大型の1類は、⑥、⑪の場所が特定できない例を除くと、閶門内外の場所が示されており、いずれも蘇州に関係している。また、「誦芬堂雷」の文字を持つ瓶は、長方形（図4-30）、円形（図6-47）、方形（図6-46）、不定形（図1-11）など形態的バリエーションを多く有するのが特徴である。

2類に書かれている場所はいずれも乍浦鎮である。ただし、長崎勝山町遺跡から出土している製品（図4-39～41）は、「宏済堂」例の他に無銘のもの、文様のものなどバリエーションがある。「宏済堂」例は千駄木三丁目南遺跡例（図3-16）と同形態であることから乍浦鎮のものと考えられるが、他は不明である。

3類は、すべて無銘である。

4類は、「同仁堂」の銘から北京であろうと思われるが、荒木町例（図1-14）には同仁堂とは書かれていない。また、伝世品49右の平安散銘は「摘（?）井堂」と書かれており、同仁堂以外にも同様の瓶を用いて平安散を販売していたことがわかる。ただし、荒木町例には、「平安散」の下に確認できる方形の銘款が確認される。この銘款は「同仁堂」と書かれた浅草寺例（図3-15）、湧田例（図5-43、45）、伝世品49左など共通したものであり、荒木町例も同仁堂のものと推定している。

以上のように形態と文字の対応関係をみると、1類が蘇州、2類が乍浦鎮、4類が北京と、薬種や店舗ではなく、地域と相関する可能性がある。

2　小瓶の出土状況

表1は、近世遺跡から出土した小瓶を集成したものである。出土した遺跡とその土地利用、推定される遺構の廃棄年代（四半世紀ごとに表記）とその根拠となる共伴している最も新しい資料や知見を呈示した。

確認できた小瓶は、釉調、素地の特徴、書かれている文字の内容などから中国景徳鎮もしくは福建諸窯であると判断される。国内の出土は、管見の限り45例である。江戸遺跡、長崎遺跡に加えて沖縄からも確認できた。江戸、長崎、

238

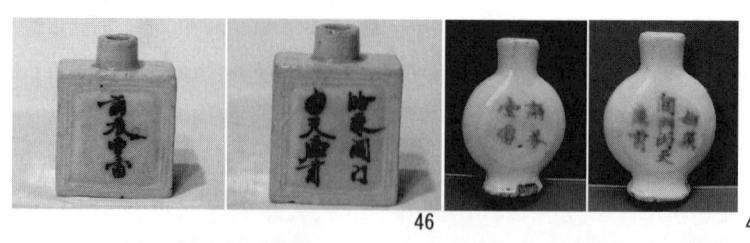

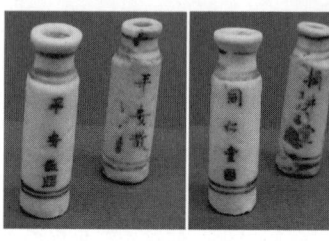

46 47

48 49

図6　伝世品小瓶

図7　テクシン・カーゴ引き上げ資料

表2　唐船出帆地一覧　　　　（永積1987より抜粋）

	1735	1742	1749	1765	1781	1832
南京	3	4	3			
寧波	3	2	1	3		
乍浦		2	5	9	14	5
厦門		2	4			
台湾		1				
定海		1				
広東	1		2			
バタビア	1	1				
ビルマ	1	1				
不明	3	3				
計	12	17	15	12	14	5

沖縄以外に全国の近世遺跡の出土例を精査したわけではないので、他に出土事例もあると思われるが、量的な傾向を変えるほど出土しているとは考えていない(1)。

(1) 江戸遺跡（図3）

25例出土している。文字が書かれているものが19例、書かれていないものが6例である。書かれている文字は「朝陽堂」が10例で最も多い。出土している年代は、19世紀第1〜第3四半期に集中している。第4四半期に降るものは千駄木三丁目南遺跡例のみであるが、これも遺物群の年代的な中心は幕末〜近代初頭である。出土している場所は、大名屋敷が11（尾張藩家老水野家を含む）、旗本1、大縄地7と武家地が多く、町地は4例のみである。ただし、武家地においても大名など上級武家層に強い偏差は感じられない。文字が書かれていないものも8例出土しており、江戸で一定量流通していたと判断できる。

(2) 長崎遺跡（図4）

長崎遺跡では16例出土している。江戸と長崎の調査面積を勘案するならば、長崎の出土数は多いと思われる。出土している瓶は、「朝陽堂」、「誦芬堂」、「養生堂」、「宏済堂」、浮文のみの小型のものなどで、江戸で出土しているものと共通性が高い。出土している年代は19世紀で、江戸で出土する年代を大きく遡る資料は確認できない。

(3) 沖　縄（図5）

3例出土している。形態的にはいずれも4類で、欠損して判読できない例も含めて平安散の瓶であると思われる。また、これ以外に首里城跡で4類「平安散」例を確認している(2)。沖縄では、それ以外の瓶は確認できない。

(4) 伝世品（図6）

46、47は、「誦芬堂雷」、「姑蘇閶門／内天庫前」の文字が書かれているが、

出土資料にはみられない形態を呈している。事由は不明であるが、同じ薬店で異なる瓶が使われていることが確認できた。48は、「姑蘇天元堂」・「閶門内都亭橋東首」で、これは出土品には見られない。49は、右が「同仁堂」、「平安散」であるが、左は同じ4類の瓶であるにもかかわらず、「摘（？）井堂」と異なる薬店名が書かれている。

　これら伝世品は出土品と異なり、江戸期に中国から日本に輸入された製品であるとは限らず、流通の分析には適さない。

3　書かれた文字の分析

　出土している瓶に書かれている文字を呈示したが、以下のように内容が場所を示したもの、店名を示したもの、薬名を示したものに大別される。

(1)　場所を示した文字－蘇州、乍浦鎮－

　場所を示した文字は、①、②、③、④、⑤が蘇州、⑦がおそらく北京、⑧、⑨、⑩が乍浦鎮であった。蘇州――とくに閶門付近――、乍浦鎮が多く確認でき、以下に掲げる点も踏まえて、蘇州、乍浦鎮が薬種貿易のキーステーションであった可能性が高い。

　蘇州は、呉の閶閭の都として作られた都市であり、清代には「中国で経済・文化がもっとも発展した都市」で、とくに閶門付近は、「呉の閶門から楓橋鎮まで、二十里ほども店舗がつらなる」と殷賑をきわめた場所であったことが指摘されている（范 2003）。

　1759年に清朝の宮廷画家徐揚が蘇州の風俗を詳細に描いた「姑蘇繁華図」といわれる絵巻がある。この中には多くの商家が立ち並び、人や舟が行き交う閶門付近の繁華な様子が描かれている。閶門付近を概観すると、門内には二階建ての建物に「川貴薬材、道地薬材、膏丹、人参、丸散」、門外には南運河沿いの二階建ての建物に「薬材」、門外山塘橋付近に「薬酒、内店人参、丸散膏丹、同地薬材」など薬舗が見つけられ、閶門内外は薬店舗が集まっている場所であっ

たことがうかがえる。范金民によると「薬材を経営する商人は、主として江西商人と河南商人」（前出、范 2003）で、蘇州は外地から運ばれてきた薬材の集散所として重要な場所であったと指摘している。この他、閶門内には①「朝陽堂」瓶に書かれている、呉の太祖である周の太王の子泰伯（太伯）を祀った泰伯廟も描かれている。

　乍浦鎮は、長崎貿易にとって重要な拠点であった。17世紀には――遷海令が出された17世紀中葉～後半には解禁を犯して――、鄭氏に関係する福州、泉州、漳州、厦門など福建商人の商船が盛んに長崎に往来していた。遷海令解除後、その主力商品である湖州産の白糸、蘇州や杭州の絹織物などの交易が江・浙商人によって行われるようになったため、しだいに圧迫されるようになる。元禄元（1688）年の幕府による来航唐船の制限では、福建船25隻、江・浙船25隻であったものが、正徳5（1715）年には福建船4隻、江・浙船21隻の割り当てにとなった。この辺りの研究は山脇悌二郎の研究に詳しい（山脇1960）。

　表2は、18世紀中葉以降の唐船の出帆地一覧であるが、これを見るとすでに福州、泉州、漳州などの福建の船はみられず、乍浦鎮が18世紀後葉以降では独占的に長崎貿易の出帆地として関わっていたことがわかる。こうした背景には、乍浦鎮の地理的環境を考える必要があろう。乍浦鎮は、北から北京、天津、聊城、徐州、鎮江、蘇州、杭州と結ぶ大運河南端の杭州湾口に位置しており、こうした意味で蘇州とも近い位置にあると言える。また、出土している「乍浦鎮」の瓶はいずれも19世紀の製品の可能性が高く、日本への貿易の窓口であった乍浦鎮の薬店が薬種貿易に関係していたことも首肯できる。劉序楓によると乍浦鎮に対日貿易拠点が置かれた点について、日本に近い、南北往来の中継港である、商業の中心である蘇州と運河によって連絡しているなどの地理的条件と、乍浦鎮には清朝海軍の拠点があり、海防の要地であったことが指摘されている（劉 2009）。

(2) 店名を示した文字－誦芬堂、同仁堂－

　判読できる店名と思われる文字を列挙すると、「朝陽堂」、「誦芬堂」、「養生堂」、「天元堂」、「勞桧寿堂」、「利済堂」、「同仁堂」、「宏済堂」がある。このうち「誦芬堂」と「同仁堂」は、有名な薬店として現存し、その略歴も伝わっている。

　「誦芬堂」は、閶門内の閶門大街に現存している。誦芬堂の由緒によると、1734年雷允上という医者が創設した薬屋で、雷允上は医薬一体の治療が名声を博し、「北有同仁堂、南有雷允上」と称されるようになった。その後、1860年に太平天国の乱によって蘇州の薬店は壊され、上海に移ったとされている。誦芬堂の名薬は、「六神丸」と呼ばれる内臓の薬で、その他「諸葛行軍散」、「臥龍丹」などを生産していた。この「諸葛行軍散」と瓶にも書かれてる「人馬平安散」は同じ薬種であると考えられ、また、「臥龍丹」は長崎から瓶が出土している。「誦芬堂」例には、薬種名と思しき文字は書かれていないが、こうした薬種であった可能性もあろう。

　「同仁堂」は、おそらく「北京同仁堂」であると思われる。同仁堂は1669年に小さな内服薬の製薬店として創始され、1723年に清朝皇宮用となり、清朝代々の特権的御薬房として務めた。薬には丸、散、膏、丹があり有名である。「同仁堂」とともに瓶に書かれている「平安散」もこの内であろう。一族の支店は、上海、天津、漢口、長春、西安、長沙、福州などにある（中華書房 1965）。

(3) 薬名を示した文字－人馬平安散、臥龍丹－

　瓶に書かれている「人馬平安散」、「平安散」、「臥龍丹」は以下の分析により、薬種名であろうと推定した。

　図8は、文政7（1824）年に出版された「江戸買物独案内」の中に確認できる「人馬平安散」の広告である。「江戸買物独案内」は、現代のガイドブックのような本で、江戸市中にある料理屋、呉服屋、煙草屋、傘屋など多くの問屋や店舗が紹介されている。薬屋も「薬種問屋」として掲載されており、市中には多くの薬屋が存在したことが確認できる。「人馬平安散」は麹町十一丁目

堺屋長兵衛、四谷忍町　冨山勘左衛門、赤坂紀伊國坂　加賀屋治郎兵衛、本町三丁目　鰯屋藤右衛門の4カ所の薬種問屋で確認される。このうち冨山勘左衛門の広告が最も詳細で、それによると人馬平安散は、鼻から吸い込んで使用する薬で、気付、風邪から狐憑き、馬、牛まで効く万能薬のように書かれている。また、冨山勘左衛門店、加賀屋治郎兵衛店には「諸葛孔明　行軍秘方」と書かれており、これらから「誦芬堂」の「諸葛行軍散」と同じ薬種であると推定している。由緒によると人馬平安散は、臥龍丹とともに中国三国時代蜀漢の諸葛孔明の行軍秘方薬で、孔明が南方に遠征した際、風土病に罹った人馬を治した薬とされている。

また、大田南畝から中村李園に宛てた文化10（1813）年の書簡に「何より之平安散御投恵忝。久々にてかぎ申候」（大田著、濱田編1989）と書かれていること、万延元（1860）年に江戸勤番になった酒井伴四郎の日記にも楽しみに買い求めた「人馬平安散」を叔父に飲まれてしまったことなどが確認でき（青木2005）、19世紀には江戸で評価の高い薬であったと判断される。消費の記録の他に流通段階の記録もある。文化元（1804）年～文久2（1862）年までの村上屋の輸入薬種記録である『薬種荒物寄』には、唐薬として平安散の輸入記録が確認できる（宮下1997）。

中国においても「人馬平安散」が服用されていたことは、森島中良によって集められた「惜字帖」から理解できる（森島1804）。「惜字帖」は蘭学医でもある森島中良が天明年間（1781～88）ごろから中国、西洋、日本、朝鮮、琉球の広告、商標、拓本などを集めたスクラップ・ブックのような本である。その中に「人馬平安散」の商標として「沐泰山堂人馬平安散」、「人馬平安散　諸葛武侯行軍秘製」が確認でき、その効能を記した箋が、2点貼付されている。また、「街談文々集要」には、文化13（1816）年に奄美大島から薩摩に帰国する船が難破し、広東に漂着した薩摩人の記録が掲載されている。難破船の乗組員たちは、約8カ月後に長崎に帰国するが、その際に持参した品物に薬種もあり、竜眼肉、広東人参、丸薬とともに平安散が確認できる。とくに注目したいのは、これらは持ち帰りと貰い物と分けて、それぞれ「平安散　二瓶」、「平安

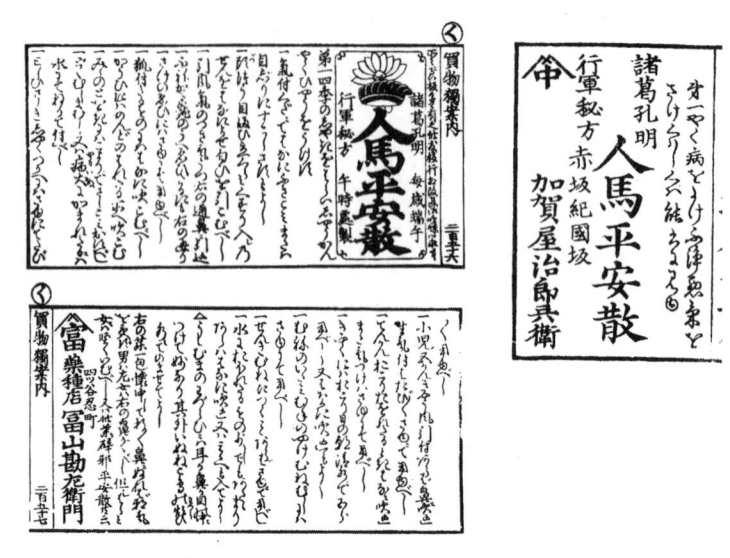

図8 『江戸買物独案内』に確認できる「人馬平安散」

表3　長崎における唐船の輸入高　　　（今井1976より抜粋）

	慶安三年(1650)	正徳元年(1711)	文化元年(1804)
総　　高	15,299貫415匁余	――	7,345貫378匁余
生　　糸	185,586斤	50,267斤	2,413斤
織　　物	156,318反	202,146反	14,366反
砂　　糖	797,110斤	4,475,490斤	1,285,600斤
鉱　　物	251,045斤	332,762斤	270,543斤
薬　　種	182,934斤	778,860斤	909,218斤
皮　　革	61,003枚	85,821枚	2,294本350枚
染料塗料		570,814斤	412,298斤

散　三十瓶」（傍点筆者）と書かれいることで、平安散が瓶に入れられていたことが確認できるものである（石塚編 1993）。これらは、遺跡で出土している小瓶と対応できると考えられる。

「人馬平安散」に関する史料の年代であるが、「惜字帖」が18世紀に遡る可

能性があるが、その他はいずれも19世紀のものであり、平安散が19世紀に輸入・使用されていたことが確認できる。

臥龍丹は、長崎唐人荷蔵跡から出土した1例である。唐人の使用品の可能性もあり、貿易品とは断定できない。効能や名前の由来は、人馬平安散と同様である。瓶には「乍川」（乍浦鎮）とあるが、蘇州の「誦芬堂」の名薬として「諸葛行軍散」、「臥龍丹」が確認できることから当時の一般的な薬であったかもしれない。

4　唐薬薬種貿易と都市江戸

これまで出土した薬瓶とそれに書かれた文字の分析から、輸入された唐薬の瓶としての機能と輸入された地域、薬店、薬種などについて述べた。ここでは江戸時代の薬種貿易の状況と江戸の消費状況を概観し、その関連性について触れたい。

(1) 江戸時代の薬種貿易の概要

表3は、今井修平によって示された長崎における唐船よりの輸入高である。これによると薬種が生糸・織物、砂糖などど並んで、日本の主要な輸入品であったことがうかがえる。薬種をみると、総輸入高が慶安3 (1650) 年と文化元 (1804) 年では半分程度になっているのにもかかわらず、薬種輸入は、慶安3年が18万2934斤、正徳元 (1711) 年が77万8860斤、文化元年は90万9218斤と貿易量全体が縮小していく中で急激に増加しており、薬種需要が増加している状況が看取される。

このうち正徳元年は、唐船54隻が長崎に来航している。積荷目録の中に記されている薬種は上述のように77万斤強であるが、消費状況と照射するためには薬種の種類が重要である。記録では内容がわからない薬種色々（45万9534斤）を除いた31万9326斤の中で、山帰来（19万5240斤、61％）、大楓子（9万5760斤、30％）が飛び抜けて多く、この両者で9割以上を占めている。

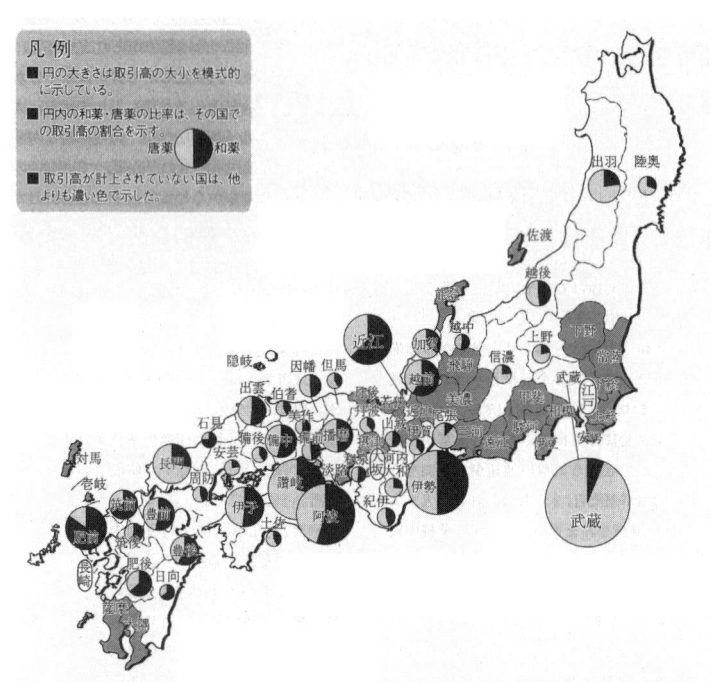

図9　安永9（1780）年における道修町中買仲間から諸国への販売高
（今井2007を一部改変）

表4　山帰来、大楓子、桂枝の輸入量の変化（山脇1995より抜粋）

山帰来

暦　　年	輸入量
1641（寛永18）	77,310斤
1644（正保元）	54,810
1650（慶安3）	143,200
1653（承応2）	105,930
1657（明暦3）	87,880
1711（正徳元）	195,240
1754（宝暦4）	681,250
1755（宝暦5）	218,123
1761（宝暦11）	183,815
1764（明和元）	166,600
1778（安永7）	284,980
1780（安永9）	204,200
1783（天明3）	351,100
1813（文化10）	221,952

大楓子

暦　　年	輸入量
1650（慶安3）	38,000斤
1651（慶安4）	39,500
1710（宝永7）	54,760
1711（正徳元）	97,080
1712（正徳2）	53,050
1804（文化元）	3,570
1831（天保2）	47,513

桂枝

暦　　年	輸入量
1656（明暦2）	61,618斤
1657（明暦3）	219,110
1658（万治元）	72,600
1754（宝暦4）	113,318
1755（宝暦5）	72,276
1756（宝暦6）	36,060
1778（安永7）	91,683
1779（安永8）	100,362
1780（安永9）	60,388
1781（天明元）	100,790
1782（天明2）	10,385
1783（天明3）	188,299

山帰来は、最も多く輸入されている唐薬種である。輸入高は特別に多い宝暦4（1754）年を別にすると、おおむね17世紀は10万斤前後であったものが、18世紀後半以降には20〜30万斤、2〜3倍に増加していることが看取できる（表4）。大楓子もやや量的な幅があるが、17世紀よりも18世紀以降に増加している傾向がうかがえる。また、正徳元年の記録では2568斤のみの記録しか確認できないが、山帰来、大楓子とともに多量に輸入されている唐薬が、桂枝（肉桂）である。これも量的幅を有するが、10万斤前後の量が輸入されている。

(2) 江戸の薬種需要

図9は安永9（1780）年における大坂道修町薬中買仲間から諸国への薬種販売高が記された文書を図にしたものである（今井 2007）。この図から看取できる特徴は、武蔵への薬種販売高が全国で最も多いことと、武蔵の唐薬の比率が他国と対比して非常に高いことが挙げられる。ただし、販売高は総量の20％以上が武蔵に販売されているが、関東や東海などの諸国の記載がないため、武蔵（江戸）経由でこれらの国に流通していた可能性も高く、江戸の薬種消費の正確な実態ではないと思われる。

一方、武蔵に販売した唐薬と和薬はそれぞれ銀150貫105匁、10貫530匁となっており、唐薬が90％以上を占めている。比較的販売量が多い近江、伊勢、安房、讃岐などは讃岐を除けば和薬が多く、それ以外の国においても唐薬が9割以上を占める場所は確認できない。したがって、この割合は江戸の消費状況と関連が強いと考えられる。また、この文書には代銀とともに量（斤高）が書かれており、和薬と唐薬を対比することができる。総販売高は、和薬30万8833斤強で代銀515貫486匁強に対して、唐薬10万5999斤強で代銀713貫110匁となっており、和薬は唐薬の3倍程度の量でも、代銀は唐薬より少ない。換算すると唐薬は和薬の4倍程度の値段であったことがわかる。

多量に輸入された唐薬の消費動態は、服用する薬種の量と比例すると考えられる。したがって、18世紀以降増加している状況、江戸地域に最も多く流通している状況は、江戸の薬種需要が、貿易に少なからず影響を与えていると思

われる。前述した輸入量の最も多い山帰来は、別名土茯苓（どぶくりょう）といい、梅毒（唐瘡）の薬であった。永積洋子によれば、山帰来は唐薬、土茯苓は和薬であったらしい（永積1987）。慶長12（1607）年に死亡した徳川家康の次男結城秀康や四男松平忠吉なども梅毒が死因であり、すでに17世紀初頭には罹病者が多くいたと推定できる。注意したいのは、貿易量が18世紀後半ごろから増加したことである。蘭医学者杉田玄白の『形影夜話』には、毎年1000人くらいの患者を治療したが、そのうち700～800人は梅毒を診療したとの記載があり（杉田著、芳賀編1971）、18世紀後半ごろに江戸市中で多くの梅毒患者がいたことがわかる。また、その治療のために山帰来が使用され、18世紀後半ごろから罹病者が増加したと推定される。大坂の薬種中買仲間が、宝暦6～7（1756～57）年に江戸に販売した薬種の量を示した記録があるが（大阪薬種業誌刊行会1935）、ここでも山帰来が最も多く、江戸の需要が大きかったことがわかる。また、大楓子は癩病、桂枝は結核の薬である。両者とも江戸期を通じて貿易量は大きく、患者数も相当数に上ったであろうと推定される。[3]

5 小　結

薬種の流通研究は、これまで輸入された後の長崎や大坂など国内流通に関する研究が多かった。今回、断片的ではあるが唐薬輸出の拠点として中国の蘇州、乍浦鎮、誦芬堂、同仁堂など具体的な場所や薬店舗、また、薬の種類が復元できた。そして日本国内で流通し消費地で評価を得ていた、生産から消費のプロセスが解明できたことは成果だと考えている。また、輸入されている薬種が生

表5　江戸町方男女別人口の推移

調査年	総数	男女内訳（人、%）			
		男	比率	女	比率
享保18（1733）年	536380	340277	63	196103	37
延享4（1743）年	512913	322493	63	190420	37
天保3（1832）年	543623	297536	55	248087	45
弘化元（1844）年	559497	290861	52	268636	48

薬のみならず製品も含まれていることも確認できた。

　筆者は、都市江戸の特質とそれによっておこる江戸独特の消費傾向について指摘したことがある（堀内2007・2008など）。ここで関連する特質は偏った性別比率である。江戸の人口は100万人と言われているが、50万人いたとされる武士は全員男性であり、大名屋敷はその多くが参勤交代で江戸にやってくる成人の単身赴任者である。女性や子供は大名の家族と江戸定府の家臣の家族および幕臣の家族などに限られる。一方、町人においても都市建設当初は男の人口が多いことは想像に難くないが、統計でも男女の比率がほぼ等しくなるのは江戸後期を待たねばならない（表5）。ここでみられた薬種の流通動態は、女性が非常に少ない江戸という都市が内包する特質に起因し、江戸独特の需要と相関していると考えている。これに加えて、18世紀後半以降、江戸の消費が変化する時期と合致する。すなわち、消費を支える能力（＝経済的余力）を有している購買層が、武士から町人層に移行する過渡期にあたり、こうした社会的変化の中における傷病（梅毒など）の増加が、唐薬需要が伸張した要因となったと思われる。

謝辞

　本稿を草するにあたり、新垣力、井上美奈子、小池聡、島弘、仲座久宜、中野高久、成瀬晃司、ニコル・ルマニエールの各氏には大変お世話になりました。感謝いたします。

追補

　本稿脱稿後、鹿児島県祇園之洲砲台跡から4類（図3-15、浅草寺出土例）と類似する「同仁堂」・「平安散」例が出土していることを御教示いただいた。4類は沖縄で出土例もあり、流通ルートの問題からも興味深い事例である。

註

(1) 後述するが、輸入された薬種は大坂の唐薬問屋に集積され、全国に流通するシステムになっていた。これらから報告例は確認できなかったが、大坂から出土する可能性は高いと考えている。
(2) 沖縄県立埋蔵文化財センター新垣力の御教示による
(3) 山脇悌二郎によれば、正徳元（1711）年の9万7080斤の大楓子の輸入量は、大楓子70匁で15日分の丸薬ができ、それを150日間服用すると書かれた「癩病之妙方」

の処方で換算すると、4万4378人分の癩病患者の治療に当てることができると算定している。また、薬を購入できない階層は、実際にはこの10倍程度、50万程度は癩病に罹患していると推定している。

引用・参考文献

青木直己 2005『幕末単身赴任 下級武士の食日記』生活人新書
石塚豊芥子編 1993『近世庶民生活史料 街談文々集要』三一書房
今井修平 1976「江戸中期における唐薬種の流通構造」『日本史研究』169 1-29頁
今井修平 2007「近世薬種の流通とその意義」『なにわの海の時空館 講演録』第1集 36-45頁
大阪薬種業誌刊行会 1935『大阪薬種業誌』第1巻
大田南畝著、濱田義一郎編 1989『大田南畝全集』19 岩波書店
沖縄県教育委員会 1993『湧田古窯跡（Ⅰ）』
鹿児島市教育委員会 1998『祇園之洲砲台跡』
北青山遺跡調査会 1997『北青山遺跡』
共和開発株式会社 2007『東京都文京区 千駄木三丁目南遺跡 第2地点』
共和開発株式会社 2009『東京都新宿区 水野原遺跡Ⅳ』
古呉軒出版社 2004『蘇州古城地図集』
商務印書館出版 1992『姑蘇繁華図』
新宿区荒木町遺跡調査団 1998『東京都新宿区 荒木町遺跡Ⅱ』
新宿区遺跡調査会 1995『東京都新宿区 市谷仲之町遺跡Ⅱ』
新宿区市谷本村町遺跡調査団 1995『東京都新宿区 市谷本村町遺跡』
杉田玄白著、芳賀徹編 1971『日本の名著22 杉田玄白平賀源内司馬江漢』中央公論社
大成エンジニアリング 2004『東京都新宿区 四谷一丁目南遺跡Ⅱ』
台東区文化財調査会 2005『東京都台東区 浅草寺遺跡 日本堤消防署二天門出張所地点』
千代田区四番町遺跡調査会 1999『東京都千代田区 四番町遺跡』
中華書局 1965『辞海』
東京大学埋蔵文化財調査室 2006『工学部14号館地点』
東京大学雨水調整池遺跡調査会 1994『本郷追分』
東京都埋蔵文化財センター 2000『汐留遺跡Ⅱ』
東京都埋蔵文化財センター 2003『汐留遺跡Ⅲ』
東京都埋蔵文化財センター 2005『新宿区 新宿六丁目遺跡』
東京都埋蔵文化財センター 2009『港区 愛宕下遺跡Ⅰ』
都立学校遺跡調査会 2000『日影町Ⅲ』
長崎県教育委員会 1998『桜町遺跡』
長崎県教育委員会 2005『出島』

長崎県教育委員会 2005『長崎奉行所(立山役所)跡 岩原目付屋敷跡 炉粕町遺跡』
長崎市教育委員会 1997『築町遺跡』
長崎市教育委員会 2001『出島和蘭商館跡』
長崎市教育委員会 2003『勝山町遺跡－長崎市桜町小学校新築に伴う埋蔵文化財発掘調査報告書－』
長崎市教育委員会 2008『出島和蘭商館跡』
長崎市埋蔵文化財調査協議会 1996『新地唐人荷蔵跡』
永積洋子 1987『唐船輸出入品数量一覧 1637〜1833年』創文社
なにわの海の時空館 2007『海を巡った薬種』
花咲一男編 1974『江戸買物独案内』渡辺書房
范金民 2003「清代蘇州都市文化繁栄の実写—『姑蘇繁華図』—」『都市文化研究』2 147-176頁
堀内秀樹 2000「江戸遺跡出土陶磁器の段階設定とその画期」『竹石健二先生・澤田大多郎先生還暦記念論文集』213-231頁
堀内秀樹 2005「江戸における情報と考古資料」『江戸の名産品と商標』江戸遺跡研究会 279-292頁
堀内秀樹 2007「17世紀の陶磁器からみた江戸社会」『関西近世考古学研究』15 84-110頁
堀内秀樹 2008「都市江戸とやきものの消費」『江戸時代の暮らしと備前焼』備前市教育委員会 3-11頁
堀内秀樹 2009『近世陶磁器の消費に関する考古学的研究』
森島中良 1804『惜字帖』
山脇悌二郎 1960『近世日中貿易史の研究』吉川弘文館
山脇悌二郎 1964『長崎の唐人貿易』吉川弘文館
山脇悌二郎 1995『近世日本の医薬文化』平凡社
宮下三郎 1997『長崎貿易と大阪 輸入から創薬へ』清文堂
吉岡信 1994『江戸の生薬屋』青蛙房
劉序楓 2009「清代外銷商品的市場流通」『東亜文化意象之形塑』1-10頁
渡辺祥子 2006『近世大坂 薬種の取引構造と社会集団』清文堂
NAGEL AUCTIONS 2000 TEK SING TREASURES

接合法から考える土器技術論
―― パプア・ニューギニア東部の土器作り民族誌から ――

根 岸 　 洋

はじめに

　粘土紐を積み上げて作られた土器の断面を観察すると、接合の向きが何種類かあることに気づく。これを分類することによって、土器の成形法にいくつかの種類があったことを知ることができる。このことを初めて指摘したのは大山柏（1923）である。大山は土器破損面の観察をもとに、胴部・底部の接合形態を図示した。このような土器の製作技術の研究や、機能研究の目指すところは、本来的に「土器型式の構造やその変容の要因を規定する重要な属性」（阿部1999：4）を明らかにすることであったはずである。しかしながら一部の例外的研究を除き、「土器型式」を理解するための方法論として定義づけた研究は、意外なほど少ない。この種の研究が個別的な性格をもっていて、単発的に進められてきたことも原因のひとつであるが、土器製作動作の持つ連鎖的性格の重要性が周知されていない点が最大の要因であると筆者は考えている。

　その典型的な例が、西日本の初期弥生土器（遠賀川式土器）と外傾接合法をめぐる議論である。接合（面）の向きが、内傾（外面側に高く内面側に低い）か外傾（内面側に高く、外面側に低い）であるかという点が、縄文土器と弥生土器を分け、朝鮮半島からの技術導入を示す重要な指標になったことは良く知られている。ところが、この基準だけが独り歩きし、そもそも製作動作全体において接合法はどのような役割を持つ属性なのか、弥生時代前期だけでなく、縄文時代・弥生時代を通じて重要な属性たりえるのかどうか、深く考えられて

いないのが現状である。接合法をそれ自身で完結するような静的なものとしてとらえて、場面を切り取るような研究をいくら蓄積しても、製作動作全体の流れをとらえた研究へと昇華させることは難しい。製作技術の研究が型式学と接点を持つことは困難なままであれば、異なる集団同士の接触をあつかう集団論へと発展させることはできないだろう。その一方、民族調査の具体例から先史時代への接近方法を提示すべき土器民族考古学的な研究も、ますます考古資料から離れる傾向をみせている。

　本論文はこうした現状を踏まえ、筆者が民族調査を実施したパプア・ニューギニア東部の事例をもとに、接合法もふくめた土器技術論の枠組みを素描することを目的とする。本論文の構成は次の通りである。まず冒頭でふれた粘土紐の接合方法について、これを巡る議論、考古学的属性としての側面、スタイル論の材料としての位置づけについてそれぞれの研究史を紹介する（1章）。このように研究史を3つに分けるのは、従来違った方向で進められてきた三者を統合し、土器技術論という共通の土俵に立たせることを狙いにしているからである。2章では、パプア・ニューギニア東部で実施した民族調査成果をもとに、上位の属性である「粘土素地の扱い」が、接合方法を含めた動作連鎖全体を規定している例を紹介する。また模倣土器製作者の技術的スタイルについても、製作工程における意思決定プロセスという観点から検討する。さらに3章では、このような技術形態の差が有意な差であるか否か検証するために、歴史・言語・製作者個人の移動範囲という3つの観点から、技術的スタイルの相対的位置づけを試みる。

1　技術論の材料としての接合の向き

(1)　接合の向きに関する研究史

　冒頭に触れた西日本の初期弥生土器の研究は、成形法の違いに対して明確な歴史的意義が付された初めての例と捉えることができる。この分類基準について家根祥多（1984）は、粘土紐の幅が狭い（1.5〜2cm）内傾接合法が西日本

の縄文晩期土器に見られるのに対し、粘土紐の幅が広い（4〜5cm）外傾接合法が、朝鮮半島の孔列文土器および松菊里型土器に見られるという、具体的な指摘を行った。さらに外傾接合法の普及の度合いを基準に、夜臼式から板付Ⅰ式甕の成立へと至るプロセスを示した（同 1993）。

こうした外傾接合をめぐる研究が重要であるのは、型式論の枠組みをこえたレベルで、成形技術の伝播や集団の動きを扱っているからである。また、完成品としての土器の外見からは、他の製作者に模倣できないであろう接合方法が、「器体構造」[(1)]の1つとして、つまり考古学者に認識できる属性として資料に刻まれていることを示した点が重要である。

家根の成果を基礎にして展開された初期弥生土器の製作技術の研究は、器体構造が生産システム全体と深く結びついていたことを示した点で、従来の弥生土器研究とは異なっていた。すなわち、「器種を超えて一連の工程で様々な器形が作られる系統樹にも似た工程」（田崎 2000）が、畿内第Ⅰ様式（深澤 1985）、板付Ⅰ式（田崎　同前）両方に観察できたのである。深澤（同）は、外傾接合法がつねに外側に粘土帯を積み上げる「側面積上法」とセットになっており、幾度か半乾燥を繰り返して粘土帯を積み上げることで、複数の器種を作り分けていたことを示した。外傾接合法に関しては、拇指を外面に、残る指を内面にあて、粘土紐を下に向けて押し付けた結果だとしている[(2)]。また田崎（同前）は、半乾燥時に刷毛目による器面調整を行って成形が行われていたことを指摘した。つまり、刷毛目調整と外傾接合法が密接に関係していることが示された。中尾（2008）は積み上げ接合部から何らかの理由で破損したと考えられる「接合部剥離資料」を資料化し、粘土原体の復元を行った。その結果、①接合面の幅が器厚の2倍程度に決められていたこと、②粘土紐の全周長は、土器の部位に関わらず同径のものが用いられたこと、などの成形に関わる規格性について言及した。さらに田畑（2008）は遠賀川式土器全体に共通する技法として、東南アジアにおける民族誌や自身の実験を参照した結果、「両手押し延ばし技法」（粘土帯積み上げ技法）で成形されたと推測した。これは「太い粘土紐の使用に伴う接合面を確保するための一方法」（同前：8）と考えられ、外傾

接合法は効率的な土器生産が志向された結果、採用された方法であるとした。

　これらの研究成果は、型式学的研究と比較・統合することを必ずしも志向するものでないが、土器の「成形」動作の連鎖的側面を扱ったものとして理解することができる。つまり、完成品の外見からはわからない接合方法と、刷毛目に代表される「整形」、そして完成品のバリエーションとして残る器種構成とが、製作行為全体の時間軸の中で有機的に結びついていたことを論証しているからである。こうした連鎖する技術的なふるまいを、石器製作技術の研究（長井2009：200-201）に倣い、土器の動作連鎖'Chaîne Opératoire'と呼んでおく（本章(3)で詳述）。

(2) 考古学的属性の階層化

　それでは土器製作行為の中に、考古学的に観察可能な属性である「接合の向き」は、どのように埋め込まれていると考えたらよいだろうか。考古学者が考える属性には、この他に調整・文様施文・焼成・使用などに関わるいくつかの痕跡があるが、それらは製作工程と一対一の対応関係でとらえるのが一般的である。このような図式的理解からすれば、接合の向きは「土器成形」という工程の中に含まれるひとつにすぎないとも言える。しかしながら、前節で検討したように、「接合の向き」は「成形」・「整形」工程、さらに器種構成までも規定している、技術的かつ規定的な要素として機能する場合があるらしい。このような規定的要素は、当然のことながら遠賀川式土器に限って存在するのではないし、また同じ要素（接合方法）が必ずしも規定的要素になるとも限らないと予想できる。

　「接合の向き」のような規定的要素を、製作に関わる諸属性から抽出するためには、土器型式を非等価なものの集合（「多相配合」）として扱う方法論（林1990b）が求められると言える。具体的には、考古学的属性をそれぞれの歴史的文脈にもとづき、階層化させて理解する方法である。こうした方法は型式論の基本的な部分でもあり、対象となる時代の違いをこえてすでに実践されている。ここでは縄文土器研究の内から、わかりやすい例をいくつか取り上げてお

く。林（1990a：159）は、文様施文を「じかに目に見える（みようみまねのできる）要素 overt elements」、粘土素地の調整を「じかに目には見えない（みようみまねの利かぬ）要素 covert elements」として区別した。たとえ同じ型式の土器を作るのであっても、後者の要素が異なるのであれば、結果として「まったく違った技術システムの産物」になるとした。ここでいう粘土素地の違いについて西田（1984）は、精製土器と粗製土器の違いを取り上げ、文様でみる精粗以上の違いを見出している。これは少なくとも、混和材の混ぜ方という粘土の扱い方が、土器の作り分けにまで影響を与えていた可能性を示唆する例である。このほか大塚（1990）は、文様施文時に器面が乾燥していたか否かという「施文のチャンス」の視点（小林1983：9-10）から、九州（逆位）／本州・四国（正位）で異なる「土器と作り手との位置関係」の違い（「土器扱い」の違い）を読み解いた（1990：20）。また近年、鈴木・西脇（2003）は、接合前の土器破片の観察から外傾／内傾の接合痕の割合を算出し、その時期別推移を論じていて興味深い。この他、阿部（前掲）が挙げている製作技術研究の事例も、その多くが同じ問題意識を共有したものであり、この種の研究の総括的な論文となっている。

　ここに列挙した例は、いずれも「外見上模倣することのできない」と判断された属性を、分類に言わば階層性をもたせて解釈を加えたものである。これらと模倣可能な属性を対峙させることで、集団あるいはアイデンティティーの違いを読み解くことも可能となる。また時期別に並べてみれば、技術変容の一端を明らかにすることもできよう。しかしこのような解釈にまで踏み込む研究は、組織的に行われることがないため少数派である。多くの属性から規定的要素を抽出するための、方法論の整備が急務であることがわかる。

(3)　土器作り民族誌とスタイル論
　土器作り民族誌を援用して行われる土器民族考古学（Ceramic Ethnoarchaeology）は、さまざまな地域や文化を対象にして行われてきた。その研究史の中で、土器製作の動作連鎖とスタイルの関係性についての研究は、

接合法をはじめとする技術形態を取り上げるものであるから、石器研究と同じくもっと参照されてよい分野であろう。Schlanger（2005：25）は石器製作と並列する形で、土器製作の動作連鎖を構成する要素を挙げている（粘土採取、粘土への混和材添加、成形、装飾［施文］、焼成）。すでに触れた成形技術に関わる動作間の結びつきは、動作連鎖全体を形成するひとつの要素となる。また動作連鎖概念は、アイデンティティーや社会的領域を論じる上で、有効な道具のひとつ（Stark 2003：211-212）である。土器の技術的スタイル論をレビューすることは本稿の目的ではないので触れないが、土台とするところが本質的に異なる2つの研究の方向性を挙げることで、筆者の立場を表明しておきたい。

ひとつは、物質文化の人類学的研究に向かうものである。後藤（1997）はCarrらによるスタイル理論に関する論集（1995）を受けて、東部インドネシアの土器作り民族誌について実践的研究を行った。「製作過程におけるさまざまな決裁（decision-making）も階層的に行われる」（同：131）という見通しを述べ、物質文化研究としての「スタイル階層論」を展開している。成形や文様施文など、製作の各工程における技術の多様性に言及した方法論は、土器製作技術の動作連鎖論の手本と言えるものである。だが「製作デザイン」の動態的理解そのものを目的に据えている点に、注意しておきたい。またStark et al.（2000）はフィリピン・カリンガ族の2つの村落を調査対象に、粘土を選択する志向性の地域的差異について、また1970年代のLongacreによる調査開始時から現在までの経年変化について、それぞれ検討している。結果として、文化的慣習である粘土選択性の違いが、器形や文様装飾よりも強く社会的領域を反映すると論じた。つまり考古学者の持つ静的な視点から、民族誌における社会領域を捉えなおすことを目的としている[3]。

これらは製作動作の階層化を意識的に行う点で、考古学的な技術論と類似している面も大きい。しかし注意しておかなければならないのは、こうした研究が最終的に、民族誌（Ethnography）、あるいは民族史（Ethno-history）そのものの再構成を目的としていると考えられる点である。対象を特定集団に絞って民族誌調査を行う方法では、研究者自身が設定した閉じた空間軸、時間軸に

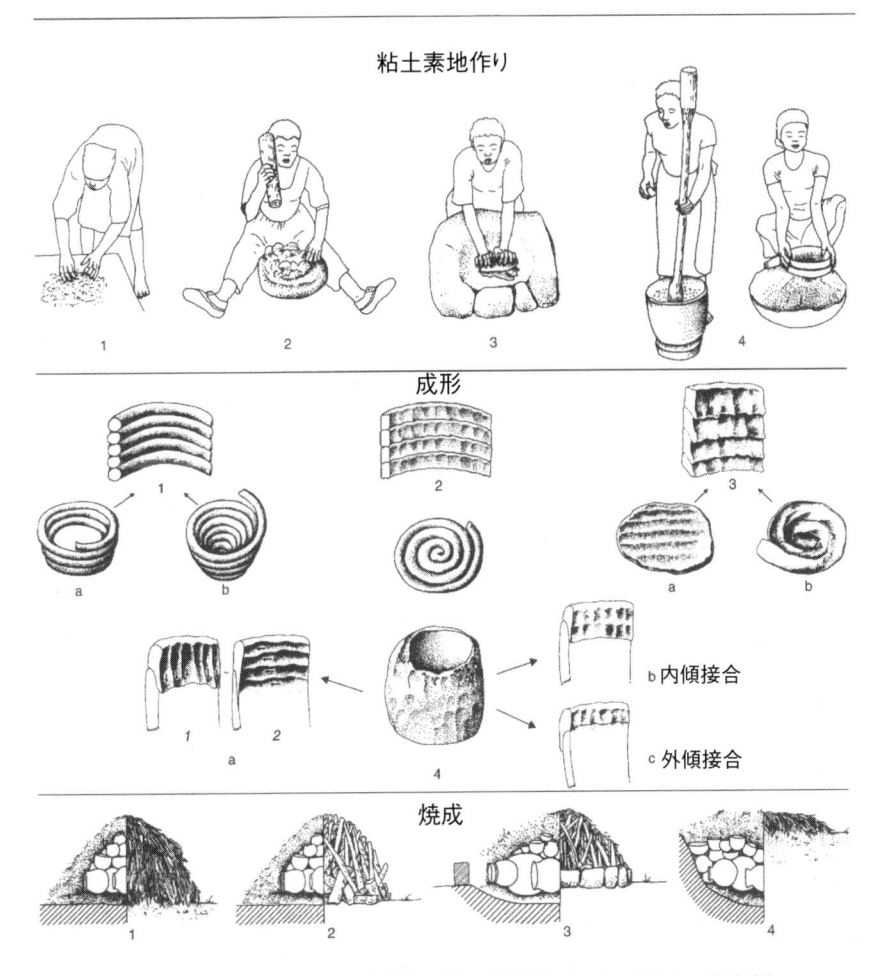

図1 カメルーン南部における各製作工程の種類（Gosselain 2001を一部改変）

規定されるところが予想以上に大きい。製作動作の階層化の基準は、研究者自身が演繹的に設定した仮説の枠を出るものではないということになる。

その一方、先史考古学への援用を目的としたものもある（Gosselain 1992・1998・2000、Pétrequin et al. 1999）。土器製作者の動作連鎖から論をはじめる点では前者と共通するが、民族誌にみる技術的スタイルの地域間比較によって、

考古学的な土器研究に寄与することを目的としている。前者との意識の違いは、調査対象をできるだけ広い地域に求め比較を行う点、土器製作を取り巻く環境条件を最大限に考慮する点、言語領域や土器製作者の移住などを検討対象とする点などに如実に表れている。とくに個別製作者の婚姻形態まで考慮に入れるのは、物質文化の類似を社会的交流の結果とみなしていた、1960年代の Deetz-Longacre 仮説（Deetz 1965、Roe 1995：51）を再検討する意味合いもあるのだろう。カメルーン南部を主要なフィールドに、アフリカ全土の土器文化の類型化をも試みた Gosselain は、「土器製作における全ての場面が、スタイル表現の軌跡である」(1998：82) とみなした上で、動作連鎖を3つのレベルに分けて説明する（Gosselain 2000：191-193）。すなわち、①完成した土器から認識しやすい属性（文様装飾、器種構成など）、②原材料の粘土の選択・胎土の素地作り・土器焼成、③成形技術の3つである。なかでも③の成形技術の地理的分布が、言語集団や製作者の移動範囲と最も一致する（図1）と結論づけている。これは動作連鎖における規定的要素というべきものである。

　前者と後者の違いは、土器民族考古学という分野の定義の仕方から生まれた違いである。元よりどちらが正しいという類の違いではないが、同じ民族誌であってもより多くの検討材料をもとに、考古学者が持つ視点の幅を広げることを企図しているのは間違いなく後者である（David and Kramer 2001：146-151）。この意識――つまり、土器作り民族誌が位置する歴史的・文化的文脈を、技術的スタイルの階層的理解を基軸として読み解き、規定的要素を抽出することで考古資料の動的な理解へ役立てようという意識――をもって先史考古学へ接近しようという試みには、学ぶべき点が多いように思う。少なくとも日本人の土器民族考古学者はこうした技術論の成果を参照し、可能ならば実践する必要があるだろう。

2　パプア・ニューギニア東部の民族調査とスタイル論の実践

　本章では Gosselain 等の技術的スタイル論者にならい、製作動作における2

つの規定的要素（接合法と粘土素地の扱い方）が、製作者の移動や出自と密接に結びつく民族誌を紹介することで、土器民族考古学の新たな試みを実践していく。筆者の狙いは、製作動作を決定づけている要素には多様性があって、単純にひとつには絞りきれないということを示すことである。基本的な分析の流れはGosselainが示した方法論にもとづくが、接合の向きという技術形態や「模倣製作者」も検討材料に入れることで、より具体性のある方法論の提示を試みることにしたい。

筆者らがパプア・ニューギニア東部で実施した調査成果はすでに一部報告されている（高橋他2007・2008・2009）ので、調査内容などの詳細は割愛し正式報告書に譲ることとする。よって土器製作法の詳細、調査した村落名、土器製作者、親族調査の成果など、事実記載的な記述については必要最小限に留めることを御容赦いただきたい。

本題に入る前に、この地域を調査地として選択した理由と調査研究の経緯について簡単に触れる（本章の(1)）。なぜ細かな技術形態に着目した動作連鎖論をこの地域で展開するのかについてあらかじめ言及し、後の議論（本章の(2)、(3)）をわかりやすくするためである。

(1) 調査の概要

パプア・ニューギニア東部（図2）をフィールドとして選んだのは、輪積みと粘土板作りという2種類の成形方法が知られている（本章(3)で後述）こと、クラ交易を代表例とする伝統的交易網が発達しており土器も交易されていること、すでに全生産地を網羅した書籍が出版されていること（May and Tuckson 1982）、動作連鎖による予備的検討（Pétrequin et al. 1999）の4点があらかじめわかっていたからである。また現代の土器作り伝統の由来を知る上で重要な、オーストラリアの調査隊による民族調査と、過去1000年間を対象とする発掘調査が行われていたこと（Irwin 1985など）も有利な条件のひとつであった。民族調査を実施する土地における土器文化の歴史を知ることによって、観察できる製作動作を歴史的・技術的に解釈するための、多少なりと

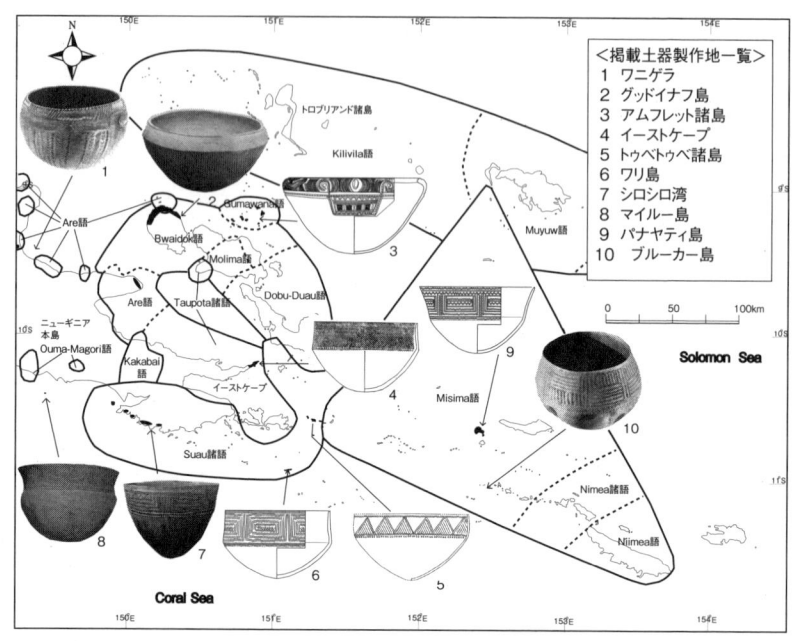

図 2 マッシムの言語地図と土器製作の観察された地域（黒塗りが 1970 年代前半の土器製作地、1〜10 は掲載土器の番号）（根岸 2007・Ross 1994 より作成）

も emic な視点を獲得できるはずである。

　行政区でいうところのミルンベイ州のうち、中部・南部で民族調査を実施した。主な調査対象地は、ニューギニア本島の最東端にあたるイーストケープ（図 2：4、以下 EC と表記する）であるが、予備的な調査をトゥベトゥベ諸島（同：5）、ワリ島（同：6）、シロシロ湾（同：7）で行った。これらの生産地では、女性が個人単位で土器を作る自家生産規模であることや、輪積み成形・貝殻による整形・櫛歯による施文・野焼きという基本工程が共通するが、器種構成や、本論文で取り上げるような細かな技術形態に違いが見られた。

(2) 動作連鎖における接合の向き

　粘土紐の接合の向きに確実な違いが見られたのは、同じ製作法（粘土紐作り）

で似たような土器が生産されているECとワリ島であった。すなわちECでは内傾接合法が、ワリ島では外傾接合法が一般的に見られた。これは遠賀川式土器の場合と同じく、破損した土器の断面（図3）からも見分けられる違いである。

ECとワリ島は直線距離で80kmほど離れており話される言語も異なる（図2）ため、

内傾接合（イーストケープ）　　外傾接合（ワリ島）

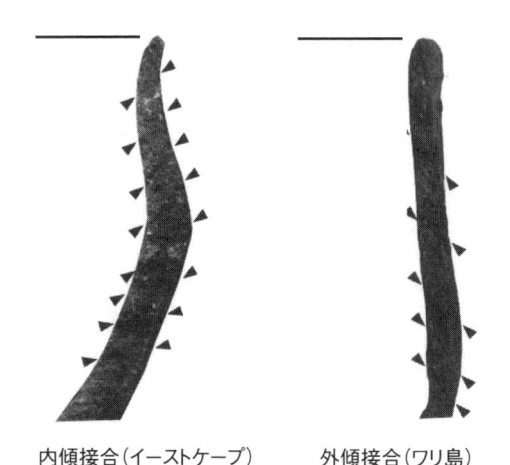

図3　粘土紐接合法の二者

この違いは単純に考えて地域差と言える。かりにこの両者が排他的な関係性にあって、間に継続的な人の移動がないのであれば、相方の成形技術を動作連鎖として捉えて比較する意味はあまりなくなる。しかしECにはワリ島産の土器が多く搬入されており、作り方を真似た模倣器種さえ確認することができた。逆にワリ島では、EC産の土器は一点も搬入されていなかった。

　これを踏まえると、ワリ島からECへという方向で何らかの形での技術導入があったと推察すべきである。この導入プロセスを探ることで、粘土紐の接合法にいかなる技術的スタイルが表れているのか、また「他のスタイルを模倣する」とはどのようなレベルでの技術導入のことをいうのか、階層的な理解が可能となるであろう。そこで①ECスタイルの器種構成と模倣土器の分布、②動作連鎖論から見た2つのスタイル、③模倣土器製作者の技術、という順序で、ワリスタイルという「外来系土器」の「技術導入」の様相に分析を加えてみたい。この分析手順は、「模倣器種」という製作者全体が共有する概念のレベルから、「外来系土器」を模倣する製作者個人の技術という順序で進む。

　①**器種構成と模倣土器の分布**　ECにおける技術導入のもっともわかりやすい例は、「外来系」と名称から区別された器種が作られていることである（表1、

表1 イーストケープで確認した器種名

	器種	用途	器種名の意味（Tawala語）
在地	nau/giluma/nauhota	儀礼・日常用炊事	一般的な土器
	pidola/ogu-pelopelo	日常用炊事・埋葬	段がついた土器
	habaya	スープ状調理	
	gumasila/wogo-kalakala-pupu	日常用炊事・水甕	gumawana島から来た土器
	nu-kikei	子供用	子供のための土器
模倣	wogo-wale-wale	儀礼・日常用炊事	wali島をまねた土器
	wogo-mai-mailu		mailu島をまねた土器
搬入	wali島・misima島・mailu島		
	gumawana島・goodenough島	日常用炊事	

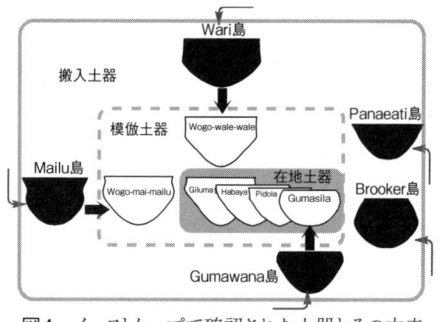

図4 イーストケープで確認された土器とその由来

Negishi 2008、高橋他 2009）。ECで作られる在地系統の土器は基本的に4器種（nu-kikeiを除く）であり、日常用調理・儀礼用調理・埋葬など用途によって作り分けられている。このほか、少なくとも5つの島から土器が搬入されており、さらにワリ島・マイルー島に限って模倣土器（器種）が作られている。また在地系統の4器種の中にも別生産地の名前をうかがわせるもの（gumasila）があり、模倣器種である可能性が高い。

　この在地・模倣・搬入というレベルの違いを図示すると（図4）、ワリ島・マイルー島の土器を選択的に真似て模倣器種が製作されていることがわかる。またこの模倣器種は、在地系統の中でも一般的な煮沸形態であるgiluma（ギルマ）という器種に相当するもので、多くが大形土器であり儀礼用調理に使われる。これはECに最も多く搬入されているワリ島産の土器の用途と共通している。[5]

　次に、在地・模倣・搬入という3つのレベルに区分される土器（ギルマ）の、それぞれの地理的分布（図5）を考察してみよう。これは集落内で現在使われているか、もしくは家や倉庫に保管されているギルマを数えたものである。結

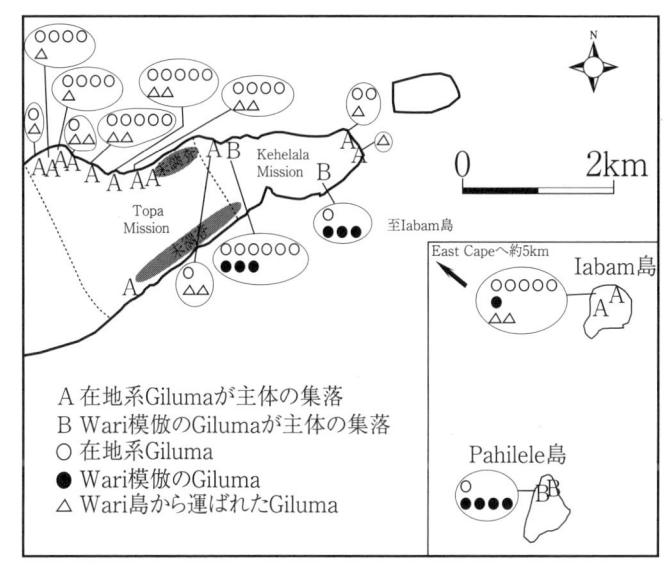

図5　各集落(hamlet)におけるギルマの分布

果、ECで作られたギルマ51点のうち11点が模倣土器（ワリ系ギルマ）であり（21.5%）、ギルマを所有していた18集落のうち、模倣土器が主体的に分布する（同：B）集落は4つであった（22.2%）。在地産のギルマとワリ島からの搬入土器両方を所有するのが一般的なセットであり、模倣土器を持つ集落は特定地域に限定されていると言える。また、（すでに死亡していた人物を含め）確認できた土器製作者31名のうち4人のみが模倣土器を製作する（12.9%）が、彼らの居住地は模倣土器がある集落またはその周辺に限られている。このような特別な製作者の出自および技術については後述する（③）が、さしあたってその分布が半島東部（Kehelala教区）・Pahilele島の2つに限定されていた（図5）ことに注意しておく。

②**土器製作の動作連鎖論**　さて、模倣土器の製作者という興味深いテーマを掘り下げる前に、EC・ワリ島両者に見られる製作技術の連鎖的構造（後藤1997）を示そう。つまり接合の向きが、動作連鎖全体の「規定的要素」となり得ているかどうかを検証する作業である。細かい技術形態とその繋がりに着目

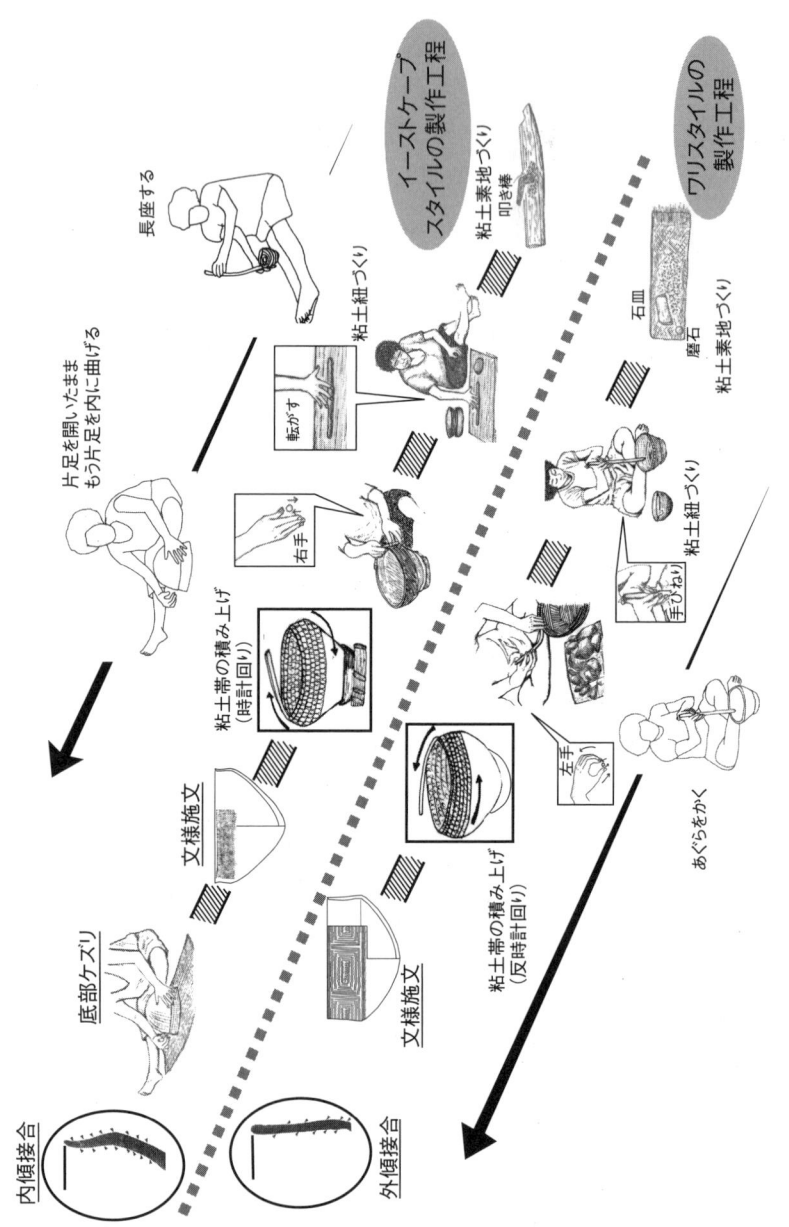

図6 土器スタイルの二者と動作連鎖

すると、両者の違いが明らかになった（図6）。

・粘土の扱い：叩き棒で細かく粘土を砕き、礫を除く作業をして素地作りをするのがECであるが、水簸法によって礫を除いた粘土を、さらに石皿と磨石まで使って細かい礫まで除き、より純度の高い素地を作るのがワリ島である。さらにいうと、前者が土器製作に入る際にその場でこねるのに対し、後者はあらかじめ良く練った素地塊をつくり、寝かせる工程を踏む。前者には粘土を表す用語がひとつしかないが、後者には粘土原料・礫を除いた素地という2つの用語が知られている(7)。

・粘土紐の扱い：粘土扱いを前提とした違いが見られる。礫が比較的多く含まれるため粘土が固いECでは、木板の上で粘土紐を転がして太さを均一にする。粘土が柔らかいワリ島では木板を用意する必要がなく、両手を擦り合わせる手びねりによって粘土紐を作る。

・接合法：両者とも粘土紐ひねりつぶし技法（田畑2008）であるが、時計回りもしくは反時計回りに積んでいく。これは粘土紐を接合のためつぶす手が、右手か左手かという違いになる。より大きな力を加えられる親指が、土器の内面にくるか外面にくるかによって、外傾／内傾の違いが生まれると考えられる。粘土紐をある程度積み終わったら、接合面を指ナデして整形し、半乾燥させる手順を挟む。また粘土紐を平たく横に押しつぶして接合するのでぶ厚い器壁を形成するECに対し、ワリ島では粘土紐を縦に伸ばして接合面を傾けるため器壁が薄い。このため、直立する頸部の幅を長くできると考えられる。

・文様施文のタイミング：胎土に礫を含むECでは、器面が乾燥しない内に施文する必要がある。工具の当たり方によって、捲れ上がりが生じる割合も高くなる。これに対して1日以上の乾燥期間を置くワリ島では、器面の荒れも少なく櫛歯の通りもスムーズである。

粘土紐の接合の向きは、確かに器形全体の作り方や器壁の厚さという属性を規定している要素であるとは言える。しかしむしろ粘土素地の作り方（粘土扱い）こそが、土器作りに際しての身体姿勢(8)、粘土紐の作り方や接合法、さらに

表2　製作者の出自とスタイル

	出生地	製作技術を習った人	在住地	使用粘土	スタイル
製作者ア	EC	母・祖母（ECスタイル）	EC	EC産	EC
製作者イ	EC	叔母（EC）親戚（ワリ）	EC→Pahilele	EC産	ワリ系EC
製作者ウ	Pahilele	夫の母（ワリスタイル）	Pahilele⇔ワリ	EC産ワリ産	ECワリ

表3　ギルマの製作デザインと土器スタイルの相関

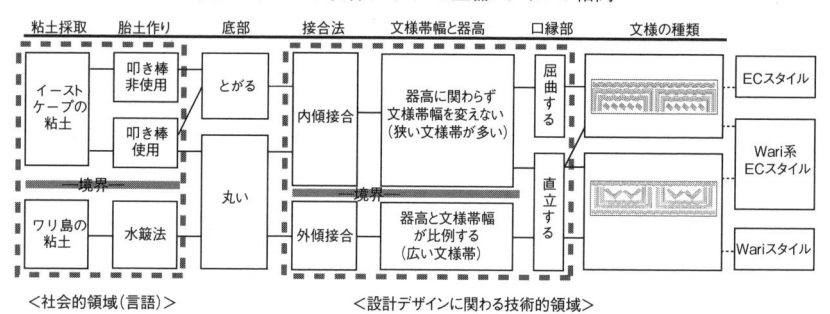

<社会的領域（言語）>　　　　　　　　　<設計デザインに関わる技術的領域>

は文様施文のタイミングまでも規定している「規定的要素」であることに気づく。この点において本例は、粘土素地の違いがスタイルの伝播を阻んだとは考えられていない、遠賀川式土器の場合とかなり異なっている。

　③**模倣土器製作者の技術的スタイル**　視点を製作者個人に移し、両者の中間的形態としての模倣土器製作者の技術的スタイルを把握する。つまり②で扱った動作連鎖の流れを、各工程における意思決定プロセスとして捉え直し、模倣土器製作者がどのようにして生まれたのかを個別具体的に論じることにする。

　ECに住む製作者31人のうち、典型的な例として出自や婚姻形態の異なる製作者ア・イ・ウの3人を取り上げる（表2）。このうちアがECスタイル、イがワリスタイルを模倣した（ワリ系）ECスタイル、ウがワリ・EC両方のスタイルの土器製作者である。彼ら3人の土器作り技術が生まれた背景（表2）、3人が作るギルマの器形（図7）を比較検討した結果、製作デザインとスタイルの相関を製作に関する意思決定プロセスとして表現してみた（表3）。これ

接合法から考える土器技術論　269

製作者ア（ECスタイル）　　　製作者イ（Wari系ECスタイル）　　　製作者ウ（Wariスタイル）

屈曲する（口縁は外反）　　　直立（口縁は外反）　　　直立

とがる　　　丸い　　　丸い

ECの粘土　　　ECの粘土　　　EC・Wari島の粘土

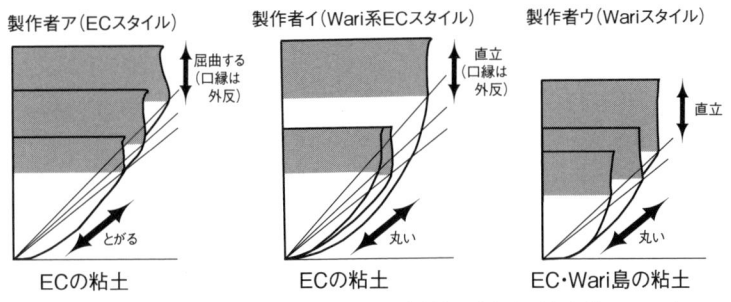

図7　製作者類型別に見たギルマの器形（斜線は底部と肩部を結んでいる）

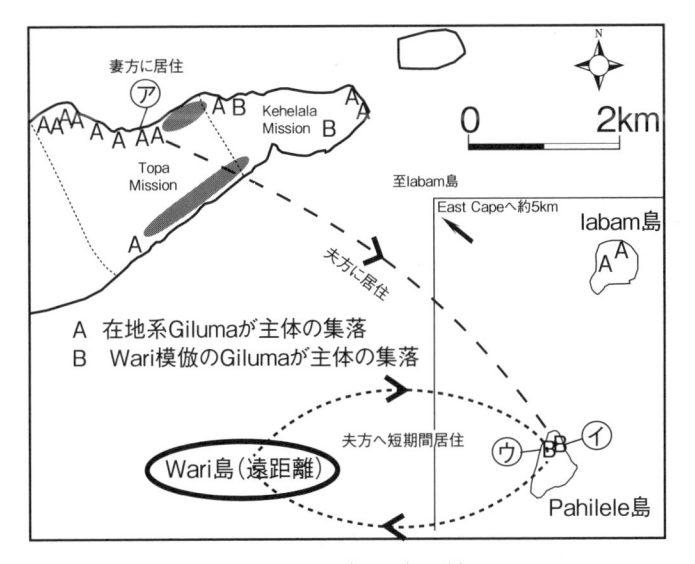

妻方に居住

A　在地系Giluma が主体の集落
B　Wari 模倣のGiluma が主体の集落

Wari島（遠距離）

夫方へ短期間居住

図8　制作者（ア～ウ）の動き

らから模倣技術の習熟度の差を反映する属性を挙げていこう。

　まず②で論じたように、粘土採取から粘土素地作りの工程は、実際にワリ島に住んで社会生活を営まない限り習得し得ないものである。ワリ島出身の夫を持つ製作者ウは定期的にワリ島に住むことがある（図8）。結婚前、EC では粘土素地作りまでしか習わなかった彼女は、ワリ島に住む夫の母からすべての製作プロセスを教わった後、Pahilele 島で EC の土器作りを学び直した。2つのスタイルを作り分けられる彼女ですら、外見や感触が異なる EC の粘土を、ワ

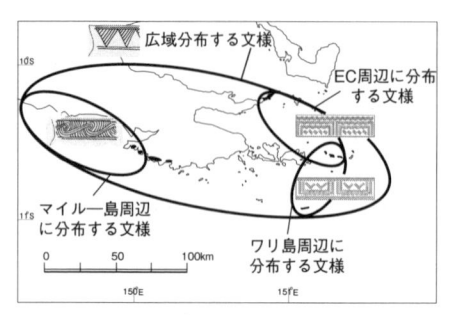

図9 マッシム南西部における代表的なギルマ文様の分布（Irwin 1985と筆者の調査成果より作成）

リ島の流儀で調整することができないのである。彼女の他にもワリ島で素地作りを学んだ製作者が2名いたが、やはりECの粘土をワリ島の粘土のように柔らかく調整することはできないという。ましてやECで生まれ、妻方居住している製作者アにとって、ワリ島産の粘土と粘土扱い、それに連鎖するワリスタイルの技術は、まったく想像もできない別の技術のものである。このように粘土—粘土素地作り（胎土）の差は、集団や出自の差（社会的領域）を最も直接的に反映する属性であると言える。

集団差を表す別の属性としては、接合方法（外傾／内傾接合）および器高全体に対しての文様帯幅の割合がある。ワリ系ECスタイルの土器製作者イは、叔母から伝統的なECスタイル、製作者アと同じような出自を持つ親戚からワリスタイルの製作法を（ECにて）学んだ後に、Pahilele島にある夫方集落へと移住した（図8）。底部の作りや文様こそワリスタイルの模倣ができるが、外傾接合法を用いて、かつ文様帯幅を広げるという技術の模倣ができていない点に注意したい（図7）。口頸部を直立させて文様帯幅を広げることはできるが、器高に対する割合はECスタイルの枠を出ることがないのである。これは土器全体の設計デザインに関わる技能差であると言え、粘土紐を積む数や整形のタイミングなど他の技術にも当然表れていると考えられる。

この2つにくらべて比較的模倣されやすいのは、口縁部下に施文される文様である。ある程度広い文様帯幅さえ確保してしまえば、製作者イでもワリ島のモチーフに類似した文様を描くことができる。本論では取り上げないが、名人と称される製作者（高橋他2008）はさまざまな系譜に連なる文様を模倣することができる。ただし他の工程を模倣することができないが、ワリスタイルの文様だけを真似する製作者はいないことに注意したい。

基本となる文様モチーフには地域差がある。マイルー島からECまでの範囲で、主要な文様モチーフの分布範囲を見てみる（図9）と、それぞれの島周辺でしか見られないものと、広域分布するものの2種類があることがわかる。製作者イ・ウは、文様を施文する際の選択（表3）において、ワリ島を主体として狭い範囲に分布する文様を模倣していると言える。

結局のところ、今回の調査地における土器の「接合の向き」は、技術的スタイルの規定的要素ではなく、副次的要素であったと結論づけられる。粘土扱い、すなわち粘土と粘土素地作りの技術が、規定的な covert element（林1990a）として機能していたのであり、それに連鎖する動作のひとつに接合の向きの違いがあったと言える。

3　技術的スタイルの背景にあるもの

ECとワリ島での間で見られた技術的スタイルの差は、粘土扱い（粘土と粘土素地作りの技術）によって規定されていたと言える。これは成形技術が粘土扱いに優越するカメルーン南部の事例（Gosselain 1998）とは異なる。メラネシアの島嶼地域は、集落から粘土産出地までの距離が世界的に見ても小さい（Arnold 1985：39-44）ため、粘土利用権が限定される傾向があるからである。とはいえ少なくとも、成形技術が必ずしも規定的要素となるとは限らない、ということを明らかにできたことは確かである。

また技術形態の細かな違いは、単なるマイナーチェンジにすぎないのではないかという批判もあろう。つまり容易に変化しうる属性であって、模倣することも簡単におこるのではないか、という疑問である。確かにECスタイルとワリスタイルは、製作技術の分類から見れば同じ技術伝統に属しているように見える。粘土紐による輪積み成形で櫛歯を施文工具とした文様があるという点では、両スタイルの間の共通性は疑いをはさみようがない。

この疑問に対しては、技術形態の違いが集団差を表す有意な違いであることを示す必要がある。よって2章で提示した2つの技術的スタイルが、どの程度

の時空間的広がりをもった現象なのか検証する作業が求められる。ECとワリ島は、類似した物質文化や文化伝統を持つことからマッシム（Massim）（ニューギニア島東端部と周囲の島嶼地域；図2）と総称される地域に含まれる。土器文化の歴史・言語・製作者の移動領域の3点から、両者の技術的スタイルの、マッシム全体における位置づけを行ってみたい。

(1) マッシムにおける土器文化の歴史

マッシムには10以上の土器生産地がある（図2）が、これらは製作技術の違いから、北部の貼付文伝統（同：1～3）、南部の櫛描文伝統（同：4～10）の2つに大別される（根岸2007）。前者は口縁から底部の順番で逆位に土器を作るもので、太い粘土板を貼り合わせて作られ、底部成形に叩き技法が用いられる。後者は底部から口縁の順番で正位に作るもので、細い粘土紐による輪積み成形がなされる。ちなみにEC・ワリ島はこちらの伝統に入る。これら2つの違いは、まったく異なる製作システム・動作連鎖にもとづいており、新石器時代の人類拡散ルートの違いに起因するのではないかとされている（Pétrequin et al. 1999）。

考古学的調査の成果を総合（根岸2007、Negishi 2008、Negishi and Ono 2009）すると、両伝統の違いは少なくとも1000年前にさかのぼるらしい。AD 1500年より新しい文化層では、黒曜石・貝製装飾品・遠隔地の土器などの交易物資が出土するようになり、クラ交易が開始されたと判断できる。北部・南部とも似たようなサイズの浅鉢を作るようになり、現在知られる土器生産地がほぼできあがったと考えられる。

発達した長距離交易網の中核であり大規模土器生産地でもあった、マイルー島（図2：8）にて実施された発掘調査（Irwin 1985）によって、過去500年間のうちに器形・文様・サイズ・器壁の厚さなどの諸属性が均一化したことがわかった。こうした均一化された製作システム（Negishi and Ono 2009）は、器形はひとつだがサイズによって器種を作り分けるワリ島でも見られた。一方で、8種類以上の器種を作るECのような生産地もあることを考慮すると、ワ

リ島・マイルー島のような大規模生産地ほど、交易用の均一化した器種を製作する技術が発達していると思われる。

　ところで現在のマッシムでは、ワリ島産の土器が最も多く流通している（根岸 2008）。ワリ島は州都アロタウから遠く離れた小島で環境収容量も非常に少ないが、経済的な成功を遂げ、人口密度・増加率ともに州内で突出している。ワリ島を「社会的な首都」（Foale 2005：24-26）と表現した Foale は、漁業による現金収入が多い上、村落同士が隣接しており、教会を中心とした共同体の結びつきが強い点を指摘している。確かに教会の互助組織の結束は強く、組織的な土器製作が行われ現金収入源となっている。こうした社会的・経済的背景のもとで土器生産技術の規格化が進んだとするならば、他の生産地では見られない技術的工夫（粘土の素地作り・接合法）が発展したのも頷けるだろう。

(2) 言語と技術的スタイルの関係

　マッシムはオーストロネシア語族に分類される諸言語のうち、Proto Papuan Tip の分布圏に入る（Ross 1994）。Ross（同上：390）はこの言語グループの系統樹を推定復元した。図2で示す範囲のうち、北部の North Mainland/ D'Entrecasteaux network（NMDX）と、南部の Proto Suauic (SUA) の2つが、先史時代の早い段階で分かれたということになる。前者の分布範囲には貼付文伝統・櫛描文伝統の両者が入り、後者には櫛描文伝統の土器製作地（図2：5～7）が入る。後者 (SUA) では技術による区分と言語区分とが対応している。つまりワリ島および隣接する生産地群で共通する技術的スタイルは、言語の共通性によっても追認されるといえる。

　その一方で EC は、言語（Tawala 語）の点では貼付文伝統と同じグループ（NMDX）に位置づけられるのに対し、技術的スタイルは櫛描文伝統と一致する。この矛盾に対しては、製作技術から見た「伝統」の分類に問題がある、あるいは技術が歴史的に変容したが言語だけが変わっていない、などの可能性が考えられるが、確定はできない。ここでは、EC・Panaeati 島（同：9）・Misima 島（同：10）の技術的スタイルの中に見られる貼付文伝統的な要素を

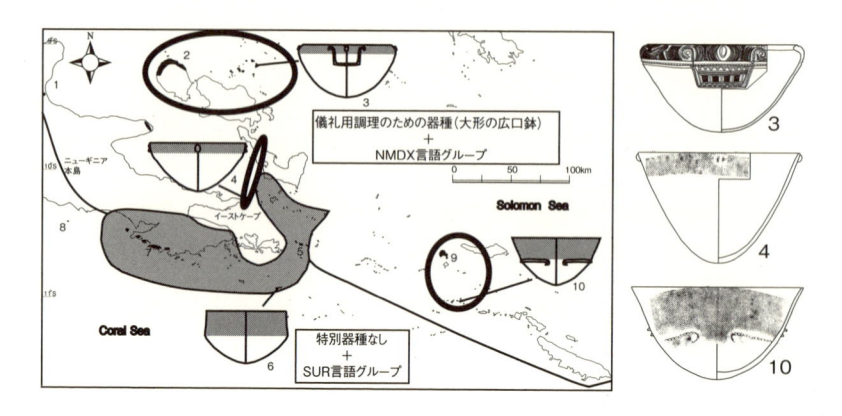

図10　儀礼用調理のための器種をもつ生産地と言語グループの分布

いくつか抜き出し、ワリスタイルとの違いを指摘するのにとどめたい。つまり、粘土素地にあまり手を加えない点、粘土紐の扱いの違い（幅広；内傾接合）、部分的に貼付文がある点、器種構成の枠組みがAmphlett諸島（同：3）と一致している点、儀礼用調理のための器種（大形の広口鉢）がある点、等である。最後の点はとりわけ特徴的であり、ECのhabaya（表1）に相当する器種は、NMDXグループにしかないことがわかる（図10）。

　こうした側面からみると、ECの製作者によるワリスタイルの模倣という現象は、中間的な土器生産地であるECから、婚姻（夫方居住）によって言語の境界を越えてなされた技術導入であった、ということができる。これはワリ島と同じ言語領域内にある土器生産地の場合とは区別する必要があろう。たとえばワリ島と地理的にも近く、クランなど親族関係が共通するTubetube諸島（図2：5）の製作者たちが、1970年代に頻繁に土器製作を習いにきていたこと（Macintyre 1983：370）とは質的に異なるのである。

(3)　土器製作者の移動範囲

　マッシムの地域社会は母系制社会であり、部分的に都市化が進んだ現在であっても、土器作りを行う村落では妻方居住が基本である。本論文で検討した

例のうち、EC で生まれ EC スタイルを保持する製作者アのような例が一般的であるが、さまざまな事情から夫方居住が選ばれる場合も少なくないため、「土器製作者の婚出」が土器スタイルの分布に影響を及ぼすことは十分に考えられる。婚姻関係は、日常的・直接的な交易相手となる島々と結ばれることが多い。EC はクラ交易網の外に隣接する位置にあり、別の交易網と接続している（図11）。1970 年代の EC は、北部のノルマンビー島、交易の要衝である南部のトゥベトゥベ諸島、土器の大規模生産地であるワリ島の３者と直接に交易関係を結んでいたため、婚入関係も想定されてよいと言える。

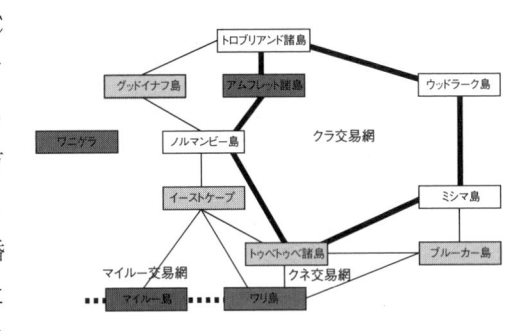

図11　交易網と土器生産地の関係

これにくらべて、ワリ島やトゥベトゥベ諸島は対照的である。直接的な交易関係はあっても、女性は夫が教会関係・学校関係の職に就いていない限り、居住することはない。また居住したとしても粘土を使う権利を持っていないため、土器を製作することができない。そうしてみれば、短期間でも夫方のワリ島で暮らし、ワリスタイルを習得した製作者ウのような製作者はごく少数派であるものの、そうした婚入自体が現代にのみ起こる例外的なものとして切り捨てるわけにはいかない。

以上３つの視点からの検証作業から言えることをまとめておく。

・EC スタイルは、言語領域や器種構成では貼付文伝統、製作方法では櫛描文伝統に区分されるため、中間的な性格を持つと言える。
・ワリ島は Proto Papuan Tip の中でも古い言語グループ（SUA）に属し、櫛描文伝統の中でも中核的部分をなす。また土器属性の均一化は、過去 500 年の間にワリ島・マイルー島の両方で起こっている。ワリスタイル

の粘土扱い・接合法の変化も、土器生産体制の効率化という歴史的流れの中に位置づけられる。
・ECの婚姻圏の中でワリ島は縁辺にあるから、短期間でもワリ島での夫方居住を選び、ECスタイル・ワリスタイルの両方を学んだ製作者ウのような例は珍しい。

結論と展望

　本論文では、粘土紐の接合法（外傾／内傾）から説き起こし、土器民族考古学の実践例のひとつとして、製作工程を動作連鎖――連鎖する技術的な振る舞い――として捉える方法とその枠組みを示してきた。紹介したパプア・ニューギニア東部の民族例では、粘土・粘土素地の調整法（粘土扱い）が規定的要素として、粘土紐の接合法が副次的要素として機能していた。外の地域のスタイルを真似て土器を作るためには、まず本場に婚入し、粘土を採集する権利を得て、粘土素地を適切に作る方法を習得する必要があった。つまり粘土を扱う作法にこそ、地域・集団・アイデンティティーの差を含んだ、技術的スタイルの違いが最も良く表れていると言える。粘土扱い・接合法は製作者の身体に深く根付いており、彼らにとって「他の選択肢がない」（Gosselain 1992：572）ほど自明なことなのである。
　そこでもう一度冒頭の問題提起――粘土紐の接合の向き――に立ち戻りたい。土器の製作動作全体を動作連鎖とみなすと、接合の向きが初期弥生土器の例において規定的要素をなしていたからと言って、他の時代や地域の土器型式を同一視するわけにはいかないことに気づかされる。いまかりに、ある土器型式の接合法に種類があるとして、われわれの眼から見て模倣しにくい（covert）属性と考えられても、それは結局のところ個人差に帰せられてしまい、むしろ文様の付け方にこそ集団差が表れるという場合も当然あり得る。土器作り民族誌を参照することによって、こうした規定的要素の多様さと、それらが製作工程の中で密接に結びついている様相に、気づくことができるのである。

同じような視点は、型式論の研究史の中にいくつか見つけることができる。しかしそれらと製作技術論との接点を探ろうとする試みは、ほとんどないと言ってよい。先史時代の解明という同じゴールを目指すのであるから、型式論と製作技術の研究とは対立するものであってはならないと筆者は捉えている。なぜなら、すでに設定された土器型式に技術論的側面が反映されていたり、ある技術が特定の土器型式と結びついていたりするのは、むしろ一般的であるからだ。

　こうした現状を踏まえると、土器民族考古学の方法論を用いた技術的スタイル論ができることは、この両者をつなぐ場を作ることに他ならないと考えている。このような問題意識にもとづく試みを、民族考古学だけでなく型式論・製作技術論の場でも実践していきたい。

註
(1) 阿部の定義する「器体構造」とは、「胎土の成形や器面の調整、そして焼成にいたる各段階で、土器の表面には殆ど観察できず、むしろ破損した断面において観察できる」諸属性である（阿部1999：4）。
(2) この推定は、基本的に森岡（2005）と同じ動作復元である。ただし深澤は幅のある粘土帯の積み上げを想定しているのに対し、森岡は粘土紐をひねる方法を想定している点に違いがある（田畑2008）。森岡の言う「粘土紐ひねりつぶし技法」（田畑同前）は、筆者の民族調査でも観察された方法でもある（後述）。
(3) こうした見解は、スタイルと対立するものとして物理的・機械的機能を捉えてきた、従来的なカリンガ・プロジェクトの研究傾向への、反省に根差すものであろう（Stark1998）。Starkと同じくカリンガ土器を対象として土器の文様分析を行った小林（2000）も、解釈こそ違うが同じ問題意識に立っているようである。小林は土器の属性のうち実用的機能を仮説的に設定し、これと理念上対立すると定義した象徴機能（「意識の上での憧れやライバル関係」）の重要性を挙げている。
(4) 2007〜2008年度の調査は、日本学術振興会科学研究費補助金（「未開社会の土器生産と縄文社会の比較研究」、代表：高橋龍三郎）によって実施された。筆者は2006〜2008年度にわたり同特別研究員奨励費によって高橋らの調査に加わる形で参加した。イーストケープに関わる調査成果は、基本的に高橋にプライオリティがあることを明記しておく。よって本論では調査の中で筆者が担当した項目を中心に、あくまでその概要を紹介するに留めている。データの詳細については、正式な報告書の刊行を待って言及することにしたい。

(5) 初めて民族誌が記された 19 世紀末から現在までの 120 年ほどの間で、アムフレット諸島産土器からワリ島産土器へと、「流行」している産地が移り変わっている（根岸 2008）。
(6) ここでいう「技術形態」について大塚 (2002) は「土器扱い」、長井 (2009) は「石器扱い」という概念を説いている。つまり「石器と作り手の位置関係を問題とした見方」（長井同前：73）であり、筆者もこのような見方に従う。
(7) EC では採取地点により黄色、赤色、茶褐色と、粘土の色にバリエーションがありいずれも礫を多く含む。一方、暗褐色を呈するワリの粘土は採取時から柔軟性があるように感じられたので、鐘ヶ江賢二（鹿児島国際大学）に依頼して、胎土分析の観点から粘土鉱物の評価を行っていただいている（別途発表予定）。
(8) 身体技法の違いとして製作者の動作の根幹、すなわち土器を作るという労働効果をも規定している。製作時の姿勢の違いによっても明らかである。製作開始時の長座から、片足を伸ばしたままもう片足を内に曲げる姿勢に移る EC に対し、ワリ島では一貫してあぐらの姿勢を取り続ける。

引用文献

阿部芳郎 1999「遺物研究　道具としての縄文土器―型式・技術・機能のトライアングル―」『縄文時代』10　1-21 頁

大塚達朗 2002『縄紋土器研究の新展開』同成社

大山柏 1923『土器製作基礎的研究』明治聖徳記念学会編

可児通宏 2005『縄文土器の技法』考古学研究調査ハンドブック②　同成社

小林達雄 1983「1．総論―縄文土器の生態―」『縄文土器Ⅲ』縄文文化の研究 5：3-17 頁　雄山閣

小林正史 2000「カリンガ土器の変化過程」小川英文編『交流の考古学』134-179 頁　朝倉書店

後藤明 1997「実践的問題解決過程としての技術―東部インドネシア・ティドレ地方の土器製作―」『国立民族学博物館研究報告』22-1

鈴木信・西脇対名夫 2003「北海道縄文晩期後葉の土器製作技法について―江別市対雁 2 遺跡土器集中 1 の事例から」『立命館大学考古学論集』Ⅲ(1)　123-142 頁

高橋龍三郎・細谷葵・井出浩正・根岸洋 2007「パプア・ニューギニアにおける民族考古学的調査（3）」『史観』156　74-94 頁

高橋龍三郎・細谷葵・井出浩正・根岸洋・中門亮太 2008「パプア・ニューギニアにおける民族考古学的調査（4）」『史観』158　74-99 頁

高橋龍三郎・井出浩正・根岸洋・中門亮太・根兵皇平 2009「パプア・ニューギニアにおける民族考古学的調査（5）―ミルンベイ州トパにおける調査概報」『史観』160　72-89 頁

田崎博之 2000「壺形土器の伝播と受容」『突帯文と遠賀川』土器持ち寄り会論文集刊行会
田畑直彦 2008「外傾接合と弥生土器」『土器づくり民族誌における成形／施文／焼成』第12回「東アジアの歴史と文化」懇話会発表レジュメ　早稲田大学
長井謙治 2009『石器作りの考古学－実験考古学と縄文時代のはじまり－』ものが語る歴史⑱、同成社
中尾智行 2008「初現期の弥生土器における接合部剥離資料―粘土帯積み上げによる土器成形技法の復元―」『大阪文化財研究』33　1-18頁
長友朋子 2006「弥生時代における覆い型野焼きの受容と展開」『日本考古学』22　1-14頁
西田泰民 1984「精製土器と粗製土器―胎土からの検討」『東京大学考古学研究室研究紀要』3　1-25頁
根岸洋 2007「土器作り民族誌と考古学―ラピタ以後のニューギニア、マッシムの土器文化」『物質文化』84　1-22頁
根岸洋 2008「"流行"の移り変わり―クラ交易網における土器生産地の転換」『日本考古学協会2008年度大会』
根岸洋 2009「第5章　先史時代の交易　メラネシア」『オセアニア学』京都大学出版会
林謙作 1990a「素山上層式の再検討―M・Y・Iの主題による変奏曲―」『伊東信雄先生追悼　考古学古代史論攷』105-162頁　伊東信雄先生追悼論文集刊行会編
林謙作 1990b「縄紋時代史　6．縄紋土器の型式（1）」『季刊考古学』32　85-92頁
深澤芳樹 1985「土器のかたち―畿内第I様式古・中段階について―」『財団法人東大阪市文化財協会　紀要I』41-62頁
家根祥多 1984「縄文土器から弥生土器へ」『縄文から弥生へ』49-78頁　帝塚山考古学研究所
家根祥多 1993「遠賀川式土器の成立をめぐって―西日本における農耕社会の成立」『論苑考古学』267-329頁
Arnold, D.E. 1985 *Ceramic Theory and Cultural Process.* Cambridge University Press.
Carr, C. and J.E. Neitzel (eds.) 1995 *Style, Society, and Person: Archaeological and Ethnological Perspectives.* New York: Plenum Press.
David, N. and C. Kramer 2001 *Ethnoarchaeology in Action.* Cambridge University Press.
Deetz, J.F. 1965 *The Dynamics of Social Change in Arikara Ceramics*: Illinois Studies in Anthropology No.4; University of Illinois Press
Foale, S. 2005 *Sharks, Sea slugs and Skirmishes: Managing Marine and Agricultural Resources on Small, Overpopulated Islands in Milne Bay, PNG.* RMAP Program, RSPAS, ANU.
Gosselain, O.P. 1992 Technology and Style: Potters and Pottery among Bafia of Cameroon. *Man* 27: 559-586.

Gosselain, O.P. 1998 Social and Technical Identity in a Clay Crystal Ball. in M.T.Stark (ed.) : 78-106.

Gosselain, O.P. 2000 Materializing Identities: An African Perspective. *Journal of Archaeological Method and Theory* 7-3 : 187-217.

Irwin, G. 1985 *The Emergence of Mailu: As a Central Place in Coastal Papuan Prehistory*. Terra Australis 10. Canberra: Department of Prehistory, Australian National University.

May, P and M.Tuckson 1982 *The Traditional Pottery of Papua New Guinea*. University of Hawaii Press.

Pétrequin, P. and A.M. Pétrequin. 1999 La Poterie en Nouvelle-Guinée: Savoir-faire et Transmission des Techniques. *Journal de la Société des Océanistes* 108-1 : 71-101.

Pryor, J. and C. Carr 1995 Basketry of Northern California Indians: Interpreting Style Hierarchies. In C.Carr and J.E. Neitzel (eds.) : 259-296.

Roe, P.G. 1995 Style, Society, Myth, and Structure. In C. Carr and J.E. Neitzel (eds.) : 27-76.

Ross, M.D. 1994 Central Papuan Culture History: Some Lexical Evidence. in A.K. Pawley and M.D. Ross (eds.) *Austronesian Terminologies: Continuity and Change:* 389-479. Pacific Linguistics Series C-127, RSPAS, ANU

Schlanger, N. 2005 The Chaine Operatoire. In C.Renfrew and P. Bahn (eds.) *Archaeology: The Key Concepts*: 25-31. Routledge.

Stark, M.T. (ed.) 1998 Technical Choices and Social Boundaries in Material Culture Patterning: An Introduction. In M.T. Stark (ed.) *The Archaeology of Social Boundaries*. : 1-11. The Smithsonian Institute Press.

Stark, M.T. 2000 Ceramic Technology and Social Boundaries: Cultural Practices in Kalinga Clay Selection and Use. *Archaeological Method and Theory* 7-4 : 295-331.

Stark, M.T. 2003 Current Issues in Ceramic Ethnoarchaeology. *Journal of Archaeological Research* 11-3: 193-242.

Macintyre, M (1983) Kune on Tubetube and in the Bwanabwana Region of the Southern Massim. *The Kula: The New Perspectives on Massim Exchange*: 369–379. Cambridge University Press.

Negishi, Y. 2008 Comb and Appliqué: Typological Studies of Two Ceramic Traditions during the Last Thousand Years in the Eastern Papua New Guinea. 東京大学考古学研究室研究紀要 22 : 119-161.

Negishi, Y. and R. Ono 2010 Kasasinabwana Shell Midden: The Prehistoric Ceramic Sequence of Wari Island in the Massim, Eastern Papua New Guinea. *People and Culture in Oceania* 25 : 23-52.

あ と が き

　ついに論集『南海を巡る考古学』を上梓することができた。

　この論集の出版計画は、今村啓爾先生の指導を受けた昔の学生の中から、先生の東京大学退任（2010年3月）を機会に記念論集を献呈したいという声が上がったことに端を発した。1991年に今村先生が東京大学考古学研究室の助教授に就任された際、初代の指導学生となった山形眞理子、西村昌也、吉開将人の3名である。いずれも今村先生にしたがってベトナム・ランヴァク遺跡の調査に参加したことで、人生の方向が大きく変わり、今も東南アジア考古学と深く関わっている。この3名に現役の指導学生である石井龍太が加わって、発起人会を立ち上げた。しかし今村先生の気性をよく存じ上げている私たちには、先生がこの計画に容易に同意なさらないだろうことも最初からわかっていた。予想通りというべきか、先生はご自身の退任記念という意味づけを超えて、南方の考古学に関する力強い論文集を世に送り出そうという、より高い目標を私たちに投げ返してこられた。

　折しも2010年はランヴァク遺跡発掘調査開始からちょうど20年の節目である。ランヴァクは越日共同調査の幕開けを告げ、日本人研究者があらたな東南アジア考古学を切り拓いた記念碑的な遺跡である。あのころ若手として量博満先生や今村先生を手助けした私たちも、今は若手を指導する立場となった。ランヴァクのあと自分たちが歩んできた20年の歳月を思うと、論集を形にしたいという意欲は益々高まった。

　今村先生と個人的に親しい方々にも声をかけ、「南海」をキーワードとして執筆者を募った。ランヴァク調査で日本隊のパートナーとなったファン・ミン・フエン氏、東京大学大学院留学中に今村先生の指導を受けた郭素秋氏も執筆を快諾してくださった。先述の発起人会が頼りなかったために、執筆を名乗り出

た皆様には迷惑ばかりおかけしてしまった。それにもかかわらず多様な論考が出揃ったときには、南海を舞台とする考古学の様々な可能性が、一気に開花したように感じられた。

　多くの日本人が台湾へ、東南アジアへ、オセアニアへと旅する時代となり、これらの地域との経済的な結びつきも年ごとに強くなっている。しかし学問の世界で日本人の関心が南に向いているかというと、必ずしもそうではない。日本人考古学者の関心は北に偏りがちであり、日本列島の南に広がる広大な地域の考古学については、大学で学べる機会も少なくなってきている。20年後の日本で同じタイトルの論集を編むことができるであろうか。将来に不安を抱えながら、私たちは今後、今村先生の世代から船頭役を受け継ぎながら、新しい南方航路へと再び漕ぎ出さなければならない。

　最後になったが、編集全体に目をくばられた今村先生はもちろんのこと、あまり売れそうもない本の刊行を引き受けてくださった同成社をはじめ、この論集の刊行に協力してくださったすべての方々に衷心より感謝申し上げたい。

　2010年8月

山形眞理子記

編者・執筆者一覧（五十音順）

〔編者〕

今村啓爾（いまむら・けいじ）
　1946 年、東京都生まれ
　東京大学大学院人文科学研究科博士課程中退　博士（文学）
　（現在）東京大学名誉教授
　（主要著作論文）Prehistoric Japan（ロンドン大学出版、1996 年）（ベトナム語版、2005 年）。『土器から見る縄文人の生態』同成社、2010 年。

〔執筆者〕

安里嗣淳（あさと・しじゅん）
　1945 年、マリアナ諸島テニアン島生まれ
　琉球大学大学院人文社会科学研究科修士課程修了
　（主要著作論文）『日本の古代遺跡　47 沖縄』（共著）保育者、1993 年。「南琉球の原始世界―シャコガイ製貝斧とフィリピン」『海洋文化論―環中国海の民俗と文化』凱風社、1993 年。「多和田編年成立の背景と後期区分の再評価」『南島考古』No. 26、沖縄考古学会、2007 年。

石井龍太（いしい・りょうた）
　1979 年、千葉県生まれ
　東京大学大学院人文社会系研究科博士後期課程修了　博士（文学）
　（現在）日本学術振興会特別研究員（東京大学）
　（主要著作論文）「湧田古窯の再評価―湧田古窯跡の軒丸瓦―」『南島考古』第 26 号、2007 年。「琉球近世の植木鉢」『東南アジア考古学会紀要』第 28 号、2008 年。「近世琉球王国の防火」『よのつぢ　浦添市文化部紀要』第 4 号、2008 年。

菊池誠一（きくち・せいいち）
　1954 年、群馬県生まれ
　学習院大学大学院人文科学研究科修士課程修了　博士（学術）
　（現在）昭和女子大学大学院教授
　（主要著作論文）『ベトナム日本町の考古学』高志書院、2003 年。『近世日越交流史―日本町・陶磁器』（編著）柏書房、2002 年。「ベトナム出土の肥前陶磁器」『世界に輸出された肥前陶磁』九州近世陶磁学会、2010 年。

郭　素秋（Kuo Suchiu）
　　1966 年、台湾基隆生まれ
　　東京大学大学院人文社会系研究科博士課程修了　博士（文学）
　　（現在）台湾中央研究院歴史語言研究所助研究員
　　（主要著作論文）「福建"庄辺山上層類型"彩陶的源流及其与浙南地区的関係」『中央研究院歴史語言研究所集刊』74（3）、2003 年。「福建閩江下游幾何印紋陶文化遺存研究述評」『中央研究院歴史語言研究所集刊』78（2）、2007 年。

西野範子（にしの・のりこ）
　　1972 年、京都府生まれ
　　金沢大学大学院社会環境科学研究科博士課程単位取得退学
　　（現在）NPO 法人東南アジア埋蔵文化財保護基金　副代表
　　（主要著作論文）「The Book of Tea」岡倉天心著　ベトナム語訳（翻訳）、世界出版社（ベトナム）、2009 年。「ヴェトナム施釉陶器の技術・形態的視点からの分類と編年―10 世紀以降の施釉碗皿を中心に―」（共著）『上智アジア学』23 号、2005 年。「フーラン村における窯業の生産・流通システムの変遷 1930 年代から 2003 年まで」『ベトナムの社会と文化』5 号、2005 年。

西村昌也（にしむら・まさなり）
　　1965 年、山口県生まれ
　　東京大学大学院人文科学研究科博士課程単位取得退学　論文博士
　　（現在）関西大学文化交渉学教育研究拠点助教
　　（主要著作論文）*Excavation of Da Kai : a Neolithic circular settlement site in the upper reach of Dong Nai river, southern Vietnam. Southeast Asian Archaeology Data Monograph*, No.1. (eds.), The foundation for safeguarding the underground heritage in Southeast Asia, 2009. 「紅河平原とメコン・ドンナイ川平原の考古学的研究」東京大学大学院人文社会研究科提出学位論文、2006 年。「東南アジア・南中国の旧石器時代」『日本の考古学』旧石器時代（下）、青木書店、2010 年。

根岸　洋（ねぎし・よう）
　　1979 年、秋田県生まれ
　　東京大学大学院人文社会系研究科博士課程単位取得退学
　　（現在）青森県教育庁文化財保護課
　　（主要著作）「先史時代の交易　メラネシア」『オセアニア学』京都大学出版会、2009 年。Kasasinabwana Shell Midden: The Prehistoric Ceramic Sequence of Wari Island in the Massim, Eastern Papua New Guinea. *People and Culture in Oceania* 25. 2010.

Phạm Minh Huyền（ふぁん・みん・ふえん）
　1945 年、ハノイ生まれ
　ハノイ総合大学歴史学部卒業　博士（ベトナム教育指導省考古学分野）
　（現在）ベトナム考古学院副教授
　（主要著作論文）*Dong Son Drums in Vietnam* (eds.), 1990.『ドンソン文化：多様性の中の統一』科学出版社（ハノイ）、1996 年。Metal age in the north Vietnam. in Ian Glover, Peter Bellwood (ed.), *Southeast Asia From prehistory to history*. Routledge Curzon Press, 2004.

堀内秀樹（ほりうち・ひでき）
　1961 年、東京都生まれ
　日本大学文理学部史学科卒業　論文博士（東京大学大学院人文社会系研究科）
　（現在）東京大学埋蔵文化財調査室助教
　（主要著作論文）「オランダ消費遺跡出土の東洋陶磁器」『東洋陶磁』36 号、2002 年。『現代考古学事典』（共著）同成社、2004 年。

山形眞理子（やまがた・まりこ）
　1960 年、山梨県生まれ
　東京大学大学院人文科学研究科博士課程単位取得退学　博士（文学）
　（現在）立教大学学校・社会教育講座学芸員課程　兼任講師
　　　　　早稲田大学文学学術院　非常勤講師
　　　　　昭和女子大学国際文化研究所　客員研究員
　（主要著作論文）The early history of Lin-i viewed from archaeology. *ACTA ASIATICA* 92. 2007.「ベトナム出土の漢・六朝系瓦」『中国シルクロードの変遷』雄山閣、2007 年。「移動と交流—考古学が語る東南アジアの古代史—」『アジア学のすすめ　第 3 巻　アジア歴史・思想論』弘文堂、2010 年。

吉開将人（よしかい・まさと）
　1967 年、愛知県生まれ
　東京大学大学院人文科学研究科博士課程中途退学　博士（文学）
　（現在）北海道大学文学研究科准教授
　（主要著作論文）「ドンソン系銅盂の研究」『考古学雑誌』80-3、日本考古学会、1995 年。「嶺南史における秦と南越」『東洋学報』84-4、東洋文庫、2003 年。「東亜考古学と近代中国」『岩波講座「帝国」日本の学知』3、岩波書店、2006 年。

南海を巡る考古学
　なんかい　めぐ　こうこがく

2010年9月10日発行

編　者	今　村　啓　爾
発行者	山　脇　洋　亮
印　刷	㈱平河工業社
製　本	協栄製本㈱

発行所　東京都千代田区飯田橋4-4-8　**㈱同成社**
　　　　（〒102-0072）東京中央ビル
　　　　TEL　03-3239-1467　振替　00140-0-20618

Ⓒ Imamura Keiji 2010. Printed in Japan
ISBN978-4-88621-536-9 C3022